실무자를 위한

C언어
100제

실무자를 위한
C언어 100제

초판 1쇄 인쇄 | 2023년 3월 20일
초판 1쇄 발행 | 2023년 3월 30일

지 은 이 | 강병익
발 행 인 | 이상만
발 행 처 | 정보문화사

편 집 진 행 | 노미라
교정 · 교열 | 김혜영

주   소 | 서울시 종로구 동숭길 113 정보빌딩
전   화 | (02)3673-0037(편집부) / (02)3673-0114(代)
팩   스 | (02)3673-0260
등   록 | 1990년 2월 14일 제1-1013호
홈 페 이 지 | www.infopub.co.kr

I S B N | 978-89-5674-924-2

실무자를 위한

C언어
100제

강병익 지음

정보문화사
Information Publishing Group

머리말

이 책은 C언어 고급 과정에 대한 내용입니다. 어디서부터 어디까지가 고급 과정인지는 프로그래머마다 의견이 다를 수 있습니다. 그렇다면 C언어의 기초 과정은 어디부터 어디까지일까요?

C언어는 일반적으로 프로그램을 처음 접하는 사람들이 공부하는 언어입니다. 아주 오랜기간 동안 가장 기본이 되고 널리 사용되고 있는 언어이기 때문입니다. 그래서 초보 프로그래머가 C언어 공부를 한 학기 정도 하게 되면 기본적으로 프로그램의 개념을 알게 됩니다. 기본적인 프로그램의 개념은 변수, 함수, 입출력, 조건판단, 반복 등의 프로그램 흐름 제어를 얘기한다고 할 수 있습니다.

C언어로 한 학기 정도 프로그램을 공부해보면 기본적인 프로그램의 개념을 알게 됩니다. 하지만 이 수준이 프로그램을 잘하는 단계라고 보기는 어렵습니다. 프로그램을 잘하려면 데이터를 저장하고 활용하는 자료구조와 문제 해결을 위해 알고리즘을 구현하는 제어문의 활용에 능숙해야 합니다.

이 책은 C 프로그램의 기초를 이해한 수준의 사람들이 C 프로그램의 고수가 되기 위한 내용을 담고 있습니다. 그렇다고 자료구조나 알고리즘에 관한 책은 아닙니다. 자료구조와 알고리즘을 배우기 전 단계에서 C 프로그램에 능숙한 프로그래머가 되기 위한 내용이라고 할 수 있습니다. 기초 과정은 생략하고 배열과 포인터에서부터 시작하여 다양한 실전 문제를 통해 프로그래밍에 익숙하게 하는 것이 목적입니다. 당연히 처음 프로그램하는 사람들에게는 어려운 내용이고 한 학기 정도 프로그램을 공부한 사람들이, 또는 프로그램을 처음 배우면서도 더 잘하고 싶은 사람들이 문제를 풀어보면서 프로그래밍 실력을 향상시키는 것에 목표를 두고 있습니다.

프로그램을 잘하려면 많은 프로그램을 작성해야 합니다. 특히 주어진 문제를 스스로 고민하면서 해결하는 과정이 필요합니다. 이 책은 이런 분들을 위해 다양한 문제를 해결하면서 점차 프로그래밍의 고수가 되는 길을 안내할 것입니다. 이 책에 있는 문제들을 풀어보면서 자신이 어느 수준의 프로그래머인지 확인하고 어느 부분이 약하고 어느 부분이 강한지를 확인하면서 100문제를 풀 수 있다면 어디에 가서도 프로그램 잘하는 사람이라고 인정받을 수 있을 것입니다.

이 책에 제시된 코드가 가장 좋은 코드라고 얘기할 수는 없습니다. 제시된 코드는 문제 해결을 위한 하나의 예라고 생각하고 여러분들이 더 좋은 프로그램을 만들 수 있도록 노력하시기 바랍니다. 한 문제 한 문제 공부하고 해결하다 보면 어느덧 프로그램의 고수가 되어있는 자신을 발견할 것입니다.

강병익

차례

PART 01 배열과 포인터의 활용

중급

PART

02

자료구조와 알고리즘의 활용

고급

차례

차례

PART 04 다양한 실용 문제와 이미지 처리

실무

PART 05 실무 프로젝트 개발

개발

❶ 예제 제목

해당 예제의 번호와 제목을 가장
핵심적인 내용으로 나타냅니다.

❷ 학습 내용

해당 예제에서 배울 내용을 핵심
적으로 나타냅니다.

❸ 힌트 내용

예제에 대한 힌트나 시간을 절약
할 수 있는 방법, 앞에서 설명한
내용과 관련된 또 다른 과정, 일
반적으로 알려진 기본 방법 이외
에 숨겨진 기능을 설명해줍니다.

❹ 예제 소스

해당 단락에서 배울 내용의 전체
예제(소스)를 나타냅니다.

❶ 006 원주율의 계산

❷ 학습내용 반복문을 이용하여 원주율 π를 계산합니다.
❸ 힌트내용 라이프니츠의 원주율 공식을 프로그램합니다.

원주율은 원둘레와 지름의 비 즉, 원의 지름에 대한 둘레의 비율을 나타내는 수학 상수입니다. 지름
이 1인 원의 둘레를 나타냅니다. 그리스 문자 π로 표기하고, 파이(π)라고 읽습니다.
독일의 수학자 라이프니츠의 원주율 공식이 널리 알려져 있습니다. 다음의 식에서 항수를 늘릴수록
정확도가 높아집니다.

$$\pi = 4(\frac{1}{1} - \frac{1}{3} + \frac{1}{5} - \frac{1}{7} + \frac{1}{9} - \frac{1}{11} + \frac{1}{13} - \frac{1}{15} + \frac{1}{17} \cdots)$$

반복문을 이용하여 원주율 π를 계산합니다. 항수에 따라 원주율 π가 어떻게 계산되는지 출력합니
다. 위의 계산식에서 한 번은 덧셈, 한 번은 뺄셈을 수행하기 때문에 부호를 바꾸기 위한 sign이라는
플래그 변수를 사용합니다. 반복문은 1, 3, 5, 7, 9,⋯ 와 같이 루프 변수를 2씩 증가시키고 아주 큰
수까지 계산합니다.

❹ 소스 a006_findingPi.c

```c
1   #include <stdio.h>
2   #include <stdbool.h>
3
4   int main()
5   {
6       bool sign = false;
7       double pi = 0;
8
9       for(int i = 1; i <= 1000000000; i+=2) {
10          if(sign == false) {
11              pi += 1.0 / i;
12              sign = true;
13          }
14          else {
15              pi -= 1.0 / i;
16              sign = false;
17          }
```

```
18        if(i < 20 || i > 999999990)
19          printf("i = %10d, pi = %.18f\n", i, 4 * pi);
20      }
21  }
```

❺ 줄 번호

2 ⟨stdbool.h⟩는 true와 false를 사용할 수 있게 해줍니다. ❺

예제 소스에서 해당 줄에 대한 설명을 명쾌하게 보여줍니다.

9~20 정확도를 높이기 위해 10억 번 반복합니다.

10~17 한 번은 덧셈, 한 번은 뺄셈하기 위해 부울 변수 sign을 사용합니다. 사용 후에는 바로 true, false 값을 바꾸어 줍니다.

18~19 앞에서 10개, 맨 뒤에서 5개의 결과값을 출력합니다. 소수점 18자리까지의 파이값은 3.141592653589793238…로 알려져 있습니다. %.18f를 사용하면 소수점 아래 18자리까지 출력이 됩니다.

❻ 결과 화면

| 결과 ❻

```
i =           1, pi = 4.000000000000000000
i =           3, pi = 2.666666666666666963
i =           5, pi = 3.466666666666666785
i =           7, pi = 2.895238095238095610
i =           9, pi = 3.339682539682540252
i =          11, pi = 2.976046176046176495
i =          13, pi = 3.283738483738484426
i =          15, pi = 3.017071817071817819
i =          17, pi = 3.252365934718876694
i =          19, pi = 3.041839618929403244
i = 999999991, pi = 3.141592651589257823
i = 999999993, pi = 3.141592655589257710
i = 999999995, pi = 3.141592651589257823
i = 999999997, pi = 3.141592655589257710
i = 999999999, pi = 3.141592651589257823
```

예제를 실행해본 결과값을 바로 확인해볼 수 있습니다.

01 PART 중급

배열과 포인터의 활용

C언어
100제

001 정수를 배열에 저장하고 최소값, 최대값, 평균값 계산하기

■ 학습내용 배열의 사용법을 공부합니다.
■ 힌트내용 배열과 반복문을 사용합니다.

C언어의 배열을 알아봅니다. 배열은 데이터를 저장하는 가장 기본적인 자료구조이며 거의 모든 프로그래밍 언어에서 기본 문법으로 제공합니다. 배열은 같은 형의 자료를 여러 개 저장할 수 있는데, 메모리 안에서 인접한 공간에 자리 잡고 있으므로 처리 속도가 가장 빠르고 효율적인 자료구조입니다.

int a[10]으로 배열을 선언하면 10개의 정수를 저장할 수 있는데 이때 배열의 인덱스는 a[0]에서 a[9]까지입니다. 잘못하여 a[10]에 값을 쓰거나 a[10]의 값을 가져오려고 하면 배열의 범위를 넘어서 사용하게 되므로 다음과 같은 런타임 에러가 발생합니다.

```
Run-Time Check Failure #2 - Stack around the variable 'a' was corrupted.
```

배열에 10개의 데이터를 저장한 후, 평균값을 계산하고 가장 큰 수와 가장 작은 수를 찾아서 출력하는 프로그램을 작성해봅시다.

📄 a001_array.c

```
1   #define _CRT_SECURE_NO_WARNINGS
2   #include <stdio.h>
3
4   int main()
5   {
6       int a[10];
7       int min, max;
8       int sum = 0;
9
10      for(int i = 0; i < 10; i++) {
11          printf("%d번째 숫자를 입력하세요: ", i+1);
12          scanf("%d", &a[i]);
13      }
14
15      for(int i = 0; i < 10; i++)
```

```
16          printf("%6d", a[i]);
17      printf("\n");
18
19      min = max = a[0];
20
21      for(int i = 1; i < 10; i++){
22          sum += a[i];
23          if(a[i] < min)
24              min = a[i];
25          else if(a[i] > max)
26              max = a[i];
27      }
28      printf("min = %d, max = %d, average = %.2f\n", min, max, sum/10.0);
29 }
```

1   안전 함수를 사용하지 않아도 경고가 나오지 않도록 합니다.

2   표준입출력 함수가 정의된 〈stdio.h〉를 포함합니다.

6   10개의 정수를 저장할 수 있는 정수 배열을 선언합니다.

10~13   반복문으로 10개의 숫자를 입력받습니다.

15~17   배열에 저장된 10개의 숫자를 순서대로 출력합니다. %6d라는 형식 문자열은 정수를 6자리로 출력하라는 뜻입니다.

19   min과 max 값을 배열의 첫 번째 원소로 설정합니다.

21~27   배열의 끝까지 반복하면서 sum에 값을 더합니다. 현재의 min보다 작은 원소가 있으면 그 값을 min으로 설정하고 max보다 큰 원소가 있으면 그 값을 max로 설정합니다.

28   min과 max, 평균값을 출력합니다. %.2f라는 형식 문자열은 실수를 소수점 아래 두 자리까지 출력합니다.

```
1번째 숫자를 입력하세요: 45 [Enter]
2번째 숫자를 입력하세요: 66 [Enter]
...
10번째 숫자를 입력하세요: 50 [Enter]
        45      66      78      24      59      64      33      75      18      50
min = 18, max = 78, average = 51.20
```

[참고] int main() 함수는 정수를 return해야 하지 않나요?

1999년 발표된 C99 표준에서 main 함수의 반환 타입이 int이면 명시적으로 정수를 반환하지 않아도 main 함수가 끝나면서 0을 반환하게 됩니다. 따라서 int main 함수에서 return 0; 문장을 써주지 않아도 됩니다.

[참고] #define _CRT_SECURE_NO_WARNINGS는 무엇인가요?

scanf 함수는 콘솔에서 입력으로 받는 값이 준비된 저장 공간보다 큰 경우 버퍼 오버런이 발생합니다. 예를 들어 10개 문자를 받을 수 있는 배열에 11개 길이의 문자열을 입력하는 경우에 오류가 발생하게 됩니다. 이를 방지하기 위해 비주얼 스튜디오에서는 scanf 대신 scanf_s라는 함수를 사용하게 합니다(_s는 안전하다는 뜻입니다).

비주얼 스튜디오에서 scanf_s를 쓰지 않고 scanf를 사용하면 컴파일할 때 다음과 같은 에러가 생깁니다.

오류 C4996 'scanf': This function or variable may be unsafe. Consider using scanf_s instead. To disable deprecation, use _CRT_SECURE_NO_WARNINGS. See online help for details.

scanf_s 외에도 strcpy_s, strcat_s 등 매우 많은 함수가 보안이 강화된 함수 버전을 제공하는데 이러한 함수들은 비주얼 스튜디오를 사용할 때는 좋지만, C언어 표준이 아니기 때문에 선호되지 않는 경향이 있습니다. 이런 경고 없이 사용하기 위해서 프로그램의 첫 번째 줄에 _CRT_SECURE_NO_WARNINGS를 정의해줍니다. 다만 이 경우 프로그램이 안전하게 작동하게 하는 것은 온전히 프로그래머의 몫이 됩니다. 주의해서 사용해야 합니다.

002 랜덤 숫자 만들기

■ 학습내용 C에서 랜덤 숫자 만드는 방법을 공부합니다.
■ 힌트내용 랜덤 시드를 현재 시간으로 설정하고 랜덤 숫자의 범위를 지정합니다.

다양한 프로그램에서 랜덤하게 숫자를 만들 필요가 있습니다. C에서는 어떻게 랜덤 숫자를 만드는지 공부합니다.

C에서 랜덤 숫자를 사용할 때는 랜덤 시드를 설정하는 srand 함수와 랜덤 숫자를 반환하는 rand 함수를 사용합니다. 이 함수들은 〈stdlib.h〉에 정의되어 있습니다. 랜덤 시드가 같으면 랜덤값이 항상 일정한 패턴으로 발생합니다. 따라서 프로그램을 실행할 때마다 다른 랜덤값을 발행시키려면 time(0)로 시드를 설정하여 사용합니다. 현재 시각을 가져오는 time(0)는 프로그램이 실행될 때마다 다른 값이기 때문입니다. time 함수는 〈time.h〉에 정의되어 있습니다.

발생하는 랜덤 숫자의 범위는 0~RAND_MAX까지의 정수입니다. RAND_MAX는 16진수 0x7fff로 정의되어 있습니다. 즉, 10진수로 32767까지입니다. 주의해야 할 점은 생성되는 값이 0과 RAND_MAX를 포함한다는 것입니다. 즉 (0, 32767)이 아니고 [0, 32767]입니다.

주사위를 30번 던졌을 때 나오는 숫자를 시뮬레이션하기 위해 1~6까지의 정수를 랜덤하게 30개 만들어서 배열에 저장하고 확인하는 프로그램을 작성해봅시다.

소스 a002_random.c

```
1   #include <stdio.h>
2   #include <stdlib.h>
3   #include <time.h>
4
5   int main()
6   {
7       int a[10];
8       int dice[30];
9       int rand_min = 1;
10      int rand_max = 6;
11
12      srand(time(0));        // 현재 시간으로 랜덤 시드 설정
13      for(int i = 0; i < 10; i++)
14          a[i] = rand();
```

```
15
16      printf("RAND_MAX = %x, %d\n", RAND_MAX, RAND_MAX);
17      for(int i = 0; i < 10; i++)
18          printf("%6d ", a[i]);
19      printf("\n");
21
22      for(int i = 0; i < 30; i++) {
23          dice[i] = (double)rand() / RAND_MAX
24              * (rand_max - rand_min + 1) + rand_min;
25          // dice[i] = rand() % rand_max + rand_min;          // 이 방법도 가능
26      }
27
28      for(int i = 0; i < 30; i++)
29          printf("%6d%c", dice[i], (i+1)%10 != 0 ? ' ' : '\n');
30  }
```

1-3 ······ 헤더 파일을 추가합니다. 〈stdlib.h〉와 〈time.h〉는 랜덤을 위해 사용됩니다.

7 ······ 10개 크기의 정수 배열을 선언합니다.

8-10 ······ 주사위의 숫자를 저장하는 dice 배열과 1~6까지의 랜덤 숫자를 생성하기 위해 변수 rand_min과 rand_max를 선언합니다.

12 ······ 현재 시각으로 랜덤 시드를 설정합니다.

13-14 ······ 10번을 반복하여 랜덤값을 생성하여 배열에 저장합니다. 0과 32,767 사이의 랜덤값이 저장됩니다.

16 ······ RAND_MAX 값을 16진수와 10진수로 출력합니다.

18-20 ······ 배열에 저장된 값을 확인하기 위해 출력합니다.

22-26 ······ 30번을 반복하여 1~6까지의 랜덤 숫자를 생성하여 배열에 저장합니다.

25 ······ 1~6 사이의 랜덤 숫자를 생성하기 위한 또 다른 간단한 방법으로는 rand()를 6으로 나눈 나머지에 1을 더해주는 것입니다. 6으로 나눈 나머지는 0~5이고 거기에 1을 더해주면 1~6 사이의 값이 됩니다.

28-29 ······ 배열에 저장된 값을 한 줄에 10개씩 출력합니다. (i+1)%10 != 0 ? ' ' : '\n'은 (i+1)이 10으로 나누어떨어지지 않으면 빈칸을, 10으로 나누어지면 줄 바꿈을 한다는 뜻입니다. 10개마다 줄 바꿈을 하는 거죠. 조건연산자 ? : 를 사용하는 이런 출력 방법이 많이 사용되니 꼭 알아두세요.

```
 21977  13583  17310   8011   4711   4633   1448   6652  31531  31623
RAND_MAX = 7fff, 32767
     4      3      4      5      2      4      6      1      1      2
     6      4      5      4      1      4      3      3      2      5
     4      6      3      3      5      2      1      3      3      1
```

003 몬테카를로 시뮬레이션으로 크랩스 게임 확률 계산하기

■ 학습내용 몬테카를로 시뮬레이션으로 크랩스 게임의 확률을 계산합니다.
■ 힌트내용 두 개의 주사위를 던졌을 때 나오는 숫자의 합을 배열에 저장합니다.

크랩스(Craps)라는 게임이 있습니다. 카지노에서 주사위 두 개를 던져서 나온 숫자의 합이 내가 배팅한 숫자에 맞으면 이기는 게임입니다. 크랩스 게임에서 나올 수 있는 각 숫자의 확률을 계산해서 출력하는 프로그램을 만들어보겠습니다.

두 개의 주사위를 던지니까 주사위 숫자의 합은 2에서 12까지 나올 수 있습니다. 2와 12가 확률이 가장 낮고, 7이 가장 높습니다. 2는 두 주사위가 모두 1인 경우이고 12는 모두 6인 경우입니다. 7은 두 주사위의 값이 1-6, 2-5, 3-4, 4-3, 5-2, 6-1인 경우가 모두 해당하므로 확률이 훨씬 높게 됩니다. 랜덤하게 많은 횟수를 시도하면 수학적으로 계산한 확률의 근사치를 구할 수 있습니다. 이 방법을 몬테카를로 시뮬레이션이라고 합니다.

주사위 두 개를 백만 번 던져서 나오는 두 주사위 숫자의 합을 배열에 저장하고 확률을 출력하는 프로그램을 작성해봅시다.

소스 a003_craps.c

```
1   #include <stdio.h>
2   #include <stdlib.h>
3   #include <time.h>
4   #define TRIALS 1000000          // 주사위 던지는 횟수
5
6   int main()
7   {
8       int cnt[13] = { 0 };     // 2~12까지의 두 주사위 합을 저장하는 배열
9       int rand_min = 1;        // 한 주사위의 최소값
10      int rand_max = 6;        // 한 주사위의 최대값
11      int dice;                // 주사위의 합
12
13      srand(time(0));          // 랜덤 시드 설정
14
15      int v = rand_max - rand_min + 1;
16      for(int i = 0; i < TRIALS; i++) {
17          dice = (int)(rand() / ((double)RAND_MAX + 1) * v + rand_min);
```

```
18        dice += (int)(rand() / ((double)RAND_MAX + 1) * v + rand_min);
19        cnt[dice]++;
20    }
21
22    int total = 0;
23    for(int i = 2; i <= 12; i++) {
24        printf("cnt[%2d] = %8d, %5.2f%%\n",
25            i, cnt[i], (double)cnt[i] / TRIALS * 100);
26        total += cnt[i];
27    }
28    printf("TRIALS = %d\n", total);
29 }
```

1~3 ⁝ 헤더 파일을 추가합니다. 〈stdlib.h〉와 〈time.h〉는 랜덤을 위해 사용됩니다.

4 ⁝ TRIALS를 정의합니다. #define을 쓸 때는 대문자를 쓰는 것이 관례입니다.

8 ⁝ 주사위의 합을 저장하는 배열입니다. 주사위를 던졌을 때 합이 10이 나왔다면 cnt[10]의 값이 하나 증가합니다. 정수 배열을 초기화할 때는 반복문을 사용하는 대신 배열의 초기화 기능을 사용하여 { 0 }이라고 초기화하면 배열의 모든 원소가 0으로 초기화됩니다.

13 ⁝ 현재 시각을 랜덤 시드로 설정합니다.

15 ⁝ v는 1~6 사이의 랜덤값을 계산할 때 사용되는 값입니다. 반복 횟수가 커지면 TRIALS 횟수만큼 계산하는 대신 한 번 계산해서 변수에 저장해두고 사용하는 것이 효율적입니다.

16~20 ⁝ TRIALS 횟수만큼 주사위를 던지는 부분입니다. 1과 6 사이의 랜덤값을 두 번 생성하고 더해서 dice 변수에 저장하고 cnt[dice]를 하나 증가시킵니다. 주의할 점은 rand()로 생성되는 값이 [0~32767]의 정수이므로 32767이 나올 수 있다는 점입니다. 이 경우에 32767/RAND_MAX는 1이므로 주사위 값이 7인 경우가 생깁니다. 이를 방지하기 위해 rand()/((double)RAND_MAX+1)로 계산하는데 이때 RAND_MAX+1이 정수의 범위를 벗어나므로 RAND_MAX를 double로 캐스팅하여 사용해야 합니다.

23~25 ⁝ 2~12까지 주사위의 값이 몇 번 나왔는지 횟수와 확률을 출력합니다. printf 포맷 문자열의 %%는 % 문자를 출력할 때 사용합니다.

26 ⁝ total은 cnt[] 배열에 저장된 숫자의 합을 계산하기 위해서 사용합니다.

```
cnt[ 2] =  27574,  2.76%
cnt[ 3] =  55657,  5.57%
cnt[ 4] =  83216,  8.32%
cnt[ 5] =111058,11.11%
cnt[ 6] =138263,13.83%
cnt[ 7] =167077,16.71%
cnt[ 8] =138970,13.90%
cnt[ 9] =111262,11.13%
cnt[10] =  83654,  8.37%
cnt[11] =  55540,  5.55%
cnt[12] =  27729,  2.77%
TRIALS =1000000
```

004 겹치지 않는 랜덤 숫자 만들기

- 학습내용 겹치지 않는 랜덤 숫자를 만드는 방법을 공부합니다.
- 힌트내용 처음 나온 숫자인지 이미 나왔던 숫자인지를 판단하는 배열을 사용합니다.

카드 게임과 같은 프로그램을 만들 때 카드는 랜덤하게 나오지만 한 번 나온 카드가 다시 나오면 안 됩니다. 이 같은 경우에 겹치지 않는 랜덤 숫자를 만들 필요가 있습니다.

0~9까지 10개의 랜덤 숫자를 출력합니다. 그런데 이 랜덤 숫자는 중복되지 않아야 합니다. 생성된 랜덤 숫자가 이미 나온 숫자인지 처음 나온 숫자인지를 체크 해줍니다. 이미 나온 숫자라면 버리고 새로 랜덤 숫자를 만드는 과정을 반복합니다.

이 과정을 프로그램하려면 배열을 하나 사용해야 합니다. check[]라는 int 배열을 만들어서 0으로 초기화합니다. 랜덤 숫자가 생성되면 해당하는 인덱스의 배열 값을 확인해서 0이면 처음 나온 것이므로 값을 저장하고 check 배열의 해당 인덱스값을 1로 바꾸어 줍니다. 인덱스의 배열 값을 확인해서 1이라면 이미 나온 값이므로 버리고 새로 랜덤값을 생성합니다.

1에서 10까지 겹치지 않는 랜덤 숫자를 출력하는 프로그램을 작성해봅시다.

소스 a004_nonOverlappingRandom.c

```
1   #include <stdio.h>
2   #include <stdlib.h>
3   #include <time.h>
4   #define CNT 10
5
6   // 랜덤 숫자 1~10까지 1번씩 출력하는 프로그램
7   int main()
8   {
9       int check[CNT + 1] = { 0 };    // 중복 체크용
10      int rand_order[CNT] = { 0 };   // 생성된 랜덤 숫자
11      int rand_max = 10;
12      int rand_min = 1;
13
14      srand(time(0));
15
16      for(int i = 0; i < CNT; i++){
17          int x;
```

```
18          do {
19              x = (double)rand() / RAND_MAX * (rand_max - rand_min + 1) + rand_min;
20          } while (check[x] == 1);
21          check[x] = 1;
22          rand_order[i] = x;
23      }
24
25      for(int i = 0; i < CNT; i++)
26          printf("%3d", rand_order[i]);
27      printf("\n");
28  }
```

1-3 필요한 헤더 파일을 추가합니다. 〈stdlib.h〉와 〈time.h〉는 랜덤을 위해서 추가합니다.

4 10개의 숫자를 만들기 위해 CNT를 정의합니다.

9 만들어질 숫자가 1~10까지이므로 이를 인덱스로 사용하기 위해 배열은 11개로 생성하고 0으로 초기화합니다.

10 만들어지는 숫자를 순서대로 저장하기 위해 rand_order[] 배열을 정의합니다.

11-12 랜덤 숫자의 최소값 1과 최대값 10을 지정하는 변수를 선언합니다.

14 랜덤 시드를 설정합니다.

16-23 10번 반복하여 1~10까지의 랜덤값을 생성합니다. 이미 생성되었던 랜덤값인지를 check[] 배열에서 검사하여 중복되지 않은 값이 생성될 때까지 랜덤값을 생성합니다. 중복되지 않은 랜덤값이 생성되었으면 check[] 배열을 1로 세팅하고 rand_order[]에 저장합니다.

25-27 생성된 순서로 랜덤값을 출력합니다.

| 결과

| 5 | 10 | 8 | 9 | 2 | 6 | 4 | 1 | 3 | 7 |

005 플레잉 카드 한 벌을 랜덤하게 출력하기

- 학습내용 플레잉 카드 한 벌을 랜덤하게 출력하는 방법을 공부합니다.
- 힌트내용 카드마다 번호를 부여하고 겹치지 않는 랜덤 숫자를 만들어 출력합니다.

플레잉 카드 한 벌은 클로버, 하트, 스페이드, 다이아몬드의 네 가지 무늬와 1~13까지의 숫자로 이루어집니다. 모두 4*13 = 52장이죠. 0~51까지의 숫자를 랜덤하게 만들고 앞에서와 같이 이미 나왔던 숫자인지를 검사하기 위해 check[] 배열을 사용합니다. 카드를 출력할 때 숫자 0은 클로버 1번, 1은 클로버 2번과 같이 숫자와 카드를 매칭시킵니다. 12는 클로버 13, 13번은 하트 1, 14번은 하트 2와 같이 출력합니다.

0~51까지의 겹치지 않는 랜덤 숫자 52개와 이를 해석하여 카드로 출력하는 프로그램을 작성해봅시다.

소스 a005_playingCards.c

```
1    #include <stdio.h>
2    #include <stdlib.h>
3    #include <time.h>
4
5    #define CARDS      52
6    #define CLOVER     0
7    #define HEART      1
8    #define SPADE      2
9    #define DIAMOND    3
10
11   int main()
12   {
13       int check[CARDS] = { 0 };
14       int cards_order[CARDS] = { 0 };
15       int rand_max = 51;    // 랜덤: 0~51
16       char suit;            // 카드 무늬
17
18       srand(time(0));
19       for(int i = 0; i < CARDS; i++) {
20           int x;
21           do {
22               x = (int)((double)rand() / RAND_MAX * rand_max);
```

```
23        } while (check[x] != 0);
24        check[x] = 1;
25        cards_order[i] = x;
26    }
27
28    printf("cards_order[] :\n");
29    for(int i = 0; i < CARDS; i++)
30        printf("%-5d%c", cards_order[i], (i + 1) % 13 == 0 ? '\n' : ' ');
31    printf("\n");
32
33    printf("cards :\n");
34    for(int i = 0; i < CARDS; i++) {
35        int denom = cards_order[i] % 13 + 1;      // 카드 숫자
36        switch (cards_order[i] / 13) {
37        case CLOVER:
38                suit = 'C';
39                break;
40        case HEART:
41                suit = 'H';
42                break;
43        case SPADE:
44                suit = 'S';
45                break;
46        case DIAMOND:
47                suit = 'D';
48                break;
49        }
50        printf("%c %2d %s", suit, denom, (i+1)%13 == 0 ? "\n" : ", ");
51    }
52 }
```

1~3 필요한 헤더 파일을 추가합니다.

5 52개의 숫자를 만들기 위해 CARDS를 정의합니다.

6~9 숫자를 카드로 변환하기 위해 카드 무늬를 정의합니다.

13 만들어질 숫자가 0~51까지이므로 52개의 check[CARDS] 배열을 만듭니다.

14 만들어지는 숫자를 순서대로 저장하기 위해 cards_order[] 배열을 정의합니다.

¹⁵ 랜덤 숫자의 최대값 51을 지정하는 변수를 선언합니다.

¹⁶ 카드 무늬를 저장하는 문자 변수를 선언합니다.

¹⁸ 랜덤 시드를 설정합니다.

^{19~26} 52번 반복하여 0~51까지의 랜덤값을 생성합니다. 이미 만들어진 랜덤값인지를 check[] 배열에서 체크하여 중복되지 않은 값이 생성될 때까지 랜덤값을 생성합니다. 중복되지 않은 랜덤값이라면 check[] 배열을 1로 세팅하고 cards_order[]에 저장합니다.

^{28~31} 생성된 숫자를 한 줄에 13개씩 출력합니다.

^{33~51} 생성된 숫자를 카드로 변환해서 한 줄에 13개씩 출력합니다. 숫자/13은 #define 된 카드 무늬를 나타내고, (숫자+1)%13은 카드의 숫자를 의미합니다.

▌결과

```
cards_order[]:
27    34    44    40    0     33    6     1     30    32    39    41    17
24    22    11    45    12    10    19    28    42    49    18    9     36
14    29    43    15    20    38    7     21    31    4     46    37    26
50    25    5     35    16    8     23    13    48    2     3     47    51

cards:
S 2,  S 9,  D 6,  D 2,  C 1,  S 8,  C 7,  C 2,  S 5,  S 7,  D 1,  D 3,  H 5
H12,  H10,  C12,  D 7,  C13,  C11,  H 7,  S 3,  D 4,  D11,  H 6,  C10,  S11
H 2,  S 4,  D 5,  H 3,  H 8,  S13,  C 8,  H 9,  S 6,  C 5,  D 8,  S12,  S 1
D12,  H13,  C 6,  S10,  H 4,  C 9,  H11,  H 1,  D10,  C 3,  C 4,  D 9,  D13
```

006 원주율의 계산

■ 학습내용 반복문을 이용하여 원주율 π를 계산합니다.
■ 힌트내용 라이프니츠의 원주율 공식을 프로그램합니다.

원주율은 원둘레와 지름의 비 즉, 원의 지름에 대한 둘레의 비율을 나타내는 수학 상수입니다. 지름이 1인 원의 둘레를 나타냅니다. 그리스 문자 π로 표기하고, 파이(π)라고 읽습니다.

독일의 수학자 라이프니츠의 원주율 공식이 널리 알려져 있습니다. 다음의 식에서 항수를 늘릴수록 정확도가 높아집니다.

$$\pi = 4(\frac{1}{1} - \frac{1}{3} + \frac{1}{5} - \frac{1}{7} + \frac{1}{9} - \frac{1}{11} + \frac{1}{13} - \frac{1}{15} + \frac{1}{17} \cdots)$$

반복문을 이용하여 원주율 π를 계산합니다. 항수에 따라 원주율 π가 어떻게 계산되는지 출력합니다. 위의 계산식에서 한 번은 덧셈, 한 번은 뺄셈을 수행하기 때문에 부호를 바꾸기 위한 sign이라는 플래그 변수를 사용합니다. 반복문은 1, 3, 5, 7, 9,… 와 같이 루프 변수를 2씩 증가시키고 아주 큰 수까지 계산합니다.

소스 a006_findingPi.c

```c
1   #include <stdio.h>
2   #include <stdbool.h>
3
4   int main()
5   {
6       bool sign = false;
7       double pi = 0;
8
9       for(int i = 1; i <= 1000000000; i+=2) {
10          if(sign == false) {
11              pi += 1.0 / i;
12              sign = true;
13          }
14          else {
15              pi -= 1.0 / i;
16              sign = false;
17          }
```

```
18        if(i < 20 || i > 999999990)
19            printf("i = %10d, pi = %.18f\n", i, 4 * pi);
20    }
21  }
```

² 〈stdbool.h〉는 true와 false를 사용할 수 있게 해줍니다.

^{9~20} 정확도를 높이기 위해 10억 번 반복합니다.

^{10~17} 한 번은 덧셈, 한 번은 뺄셈하기 위해 부울 변수 sign을 사용합니다. 사용 후에는 바로 true, false 값을 바꾸어 줍니다.

^{18~19} 앞에서 10개, 맨 뒤에서 5개의 결과값을 출력합니다. 소수점 18자리까지의 파이값은 3.141592653589793238…로 알려져 있습니다. %.18f를 사용하면 소수점 아래 18자리까지 출력이 됩니다.

▌결과

```
i =          1, pi = 4.000000000000000000
i =          3, pi = 2.666666666666666963
i =          5, pi = 3.466666666666666785
i =          7, pi = 2.895238095238095610
i =          9, pi = 3.339682539682540252
i =         11, pi = 2.976046176046176495
i =         13, pi = 3.283738483738484426
i =         15, pi = 3.017071817071817819
i =         17, pi = 3.252365934718876694
i =         19, pi = 3.041839618929403244
i = 999999991, pi = 3.141592651589257823
i = 999999993, pi = 3.141592655589257710
i = 999999995, pi = 3.141592651589257823
i = 999999997, pi = 3.141592655589257710
i = 999999999, pi = 3.141592651589257823
```

007 몬테카를로 시뮬레이션으로 원주율 구하기

■ 학습내용 몬테카를로 시뮬레이션으로 원주율을 구합니다.
■ 힌트내용 랜덤하게 많은 수의 점을 만들어 그 점이 원의 내부에 있는지 외부에 있는지를 판단합니다.

컴퓨터에서 확률적으로 어떤 값을 찾는 방법을 몬테카를로 시뮬레이션이라고 합니다. 여기서 확률적 결과는 난수(random number)를 만들어서 사용하게 됩니다. 확률의 게임인 도박, 그리고 도박의 도시 몬테카를로. 그래서 몬테카를로 시뮬레이션이라는 이름이 붙은 모양입니다.

몬테카를로 시뮬레이션으로 원주율 π를 구해보겠습니다. [그림 4-1]을 보면 반지름이 r인 원과 원을 둘러싼 정사각형이 있습니다. 정사각형 한 변의 길이가 2r이므로 사각형의 면적은 $4r^2$이 됩니다. 원의 면적은 πr^2, 사각형의 면적과 원의 면적의 비율은 $4r^2/\pi r^2$이므로 (사각형 면적)/(원의 면적) = $4/\pi$입니다. 따라서 π = (원의 면적)/(사각형 면적)*4로 계산할 수 있습니다.

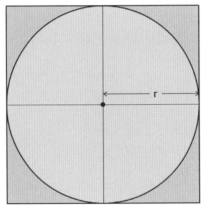

사각형의 면적 = $4r^2$
원의 면적 = πr^2

$$\frac{\text{사각형 면적}}{\text{원의 면적}} = \frac{4}{\pi}$$

π = 원면적/사각형면적*4

[그림 4-1] 반지름의 r인 원과 이를 내접한 사각형

그런데 π를 모르면 원의 면적을 계산할 수 없으므로, 여기서 몬테카를로 시뮬레이션을 사용합니다. 사각형 안에 위치하는 점을 랜덤하게 만듭니다. 이 점 중에 원 안에 위치하는 점과 바깥에 위치하는 점을 카운트합니다. 아주 많은 수의 점을 랜덤하게 만들면 확률적으로 점의 개수를 면적에 대한 비율로 사용할 수 있습니다. 즉 전체 점의 수가 N이라고 할 때, 원 안에 찍히는 점의 개수를 A라고 하면 π = A / N*4로 계산할 수 있습니다.

중심점이 (r, r)이고 반지름이 r인 원의 방정식은 $(x-r)^2 + (y-r)^2 = r^2$입니다. 따라서 랜덤하게 만든 점 (x, y)가 $(x-r)^2 + (y-r)^2 \leq r^2$ 를 만족하면 이 점은 원의 내부에 있는 점이 됩니다.

```c
1   #include <stdio.h>
2   #include <stdbool.h>
3   #include <stdlib.h>
4   #include <math.h>
5
6   bool isPowerOfTen(int x)
7   {
8       for(int i = 1; i < 10; i++)
9           if(x == pow(10, i))
10              return true;
11      return false;
12  }
13
14  int main()
15  {
16      int x, y;                // 점의 x, y 좌표
17      int iCnt = 0;            // 원의 내부에 있는 점의 수
18      int oCnt = 0;            // 원의 외부에 있는 점의 수
19      int radius = 50;         // 원의 반지름
20      double pi;
21
22      for(int i = 1; i <= 100000000; i++) {
23          x = rand() % 100;
24          y = rand() % 100;
25          if((x - radius) * (x - radius) + (y - radius) * (y - radius)
26              <= radius * radius)
27              iCnt++;
28          else
29              oCnt++;
30          pi = (double)iCnt / (iCnt+oCnt) * 4;
31          if(isPowerOfTen(i))
32              printf("i=%d, pi = %f\n", i, pi);
33      }
34      printf("iCnt=%d, oCnt=%d, pi = %f\n", iCnt, oCnt, pi);
35  }
```

6~12 x가 10의 지수 승이면 true를 반환하는 함수입니다. main 함수에서 출력을 위해 사용합니다.

22~33 x, y를 랜덤하게 생성하여 좌표를 만듭니다. 이 점이 원의 내부에 있으면 iCnt를 증가시키고 원의 바깥에 있으면 oCnt를 증가시킵니다. 정확도를 높이기 위해 10억 번 반복합니다. 중간 과정을 출력하기 위해 10의 지수 승 번 반복할 때 pi를 출력합니다.

34 반복이 끝나면 iCont, oCnt, pi 값을 출력합니다.

│ 결과

```
i=10, pi = 3.600000
i=100, pi = 3.240000
i=1000, pi = 3.140000
i=10000, pi = 3.123600
i=100000, pi = 3.132040
i=1000000, pi = 3.137876
i=10000000, pi = 3.138196
i=100000000, pi = 3.137970
iCnt=78449249, oCnt=21550751, pi = 3.137970
```

008 열거형으로 커피 가격표 출력하기

■ 학습내용 열거형 enum을 이용하여 커피 가격표를 출력하는 프로그램을 작성합니다.
■ 힌트내용 enum은 상수의 나열입니다.

열거형은 서로 관련 있는 상수들의 집합을 정의한 것입니다. 숫자에 특정한 명칭을 붙여주어 의미를 쉽게 이해할 수 있게 하는 용도로 사용됩니다.

예를 들어 프로그램에서 사과, 딸기, 오렌지의 3가지 과일을 사용하고 싶은데 각각 0, 1, 2라는 숫자를 부여해서 if(fruit == 1)과 같이 사용한다면 나중에 1이 무엇을 의미하는지 이해하기 어려울 수 있습니다. #define을 사용하여 다음과 같이 쓸 수도 있지만, 프로그램이 길어집니다.

```
#define APPLE 1
#define BANANA 2
#define ORANGE 3
```

이럴 때 enum을 사용하면 다음과 같이 보기 편한 코드를 만들 수 있고, 프로그램이 훨씬 이해하기 쉽게 됩니다.

```
enum Fruit { Apple, Banana, Orange };
Fruit fruit;
...
if(fruit == Apple)
    ...
```

원소로 기술된 명칭을 기호 상수라고 부르며 명시된 순서에 따라 디폴트로 0부터 순서대로 정수값을 갖게 됩니다. 몇 가지 예를 들어보겠습니다.

```
enum Day { Sun, Mon, Tue, Wed, Thu, Fri, Sat };
```

여기서 Sun는 0, Mon은 1, Tue는 2와 같이, 0에서부터 순서대로 정수값을 갖습니다.

```
enum Day { Sun=1, Mon, Tue, Wed, Thu, Fri, Sat=10 };
```

기호 상수의 값을 지정할 수도 있습니다. 위의 예에서 Sun을 1로 설정해 주었으므로 그 다음 원소부터 2, 3, 4,… 와 같은 값을 갖게 되며 맨 마지막 Sat는 별도로 10을 지정했으므로 10의 값을 갖게 됩니다.

소스 a008_enum.c

```
1    #include <stdio.h>
2
3    enum Size { Short, Tall, Grande, Venti };
4    char sizeName[][7] = { "Short", "Tall", "Grande", "Venti" };
5    int priceAmericano[] = { 3800, 4100, 4600, 5100 };
6    int priceCappuccino[] = { 4600, 5900, 6400, 6900 };
7
8    int main()
9    {
10       printf("커피 가격표(아메리카노)\n");
11       for(int i = Short; i <= Venti; i++)
12          printf("%10s : %5d\n", sizeName[i], priceAmericano[i]);
13
14       printf("커피 가격표(카푸치노)\n");
15       for(int i = Short; i<=Venti; i++)
16          printf("%10s : %5d\n", sizeName[i], priceCappuccino[i]);
17    }
```

3 ········ 4개의 원소값을 갖는 열거형 Size를 정의합니다.

4 ········ Size의 이름을 2차원 배열로 정의하고 초기화합니다.

5~6 ········ 아메리카노와 카푸치노의 가격을 저장하는 정수 배열을 정의하고 초기화합니다.

10~12 ········ Short에서 Venti는 숫자 0에서 3까지와 같습니다. 반복하며 해당하는 sizeName[] 배열과 priceAmericano[] 배열의 원소값을 출력합니다.

14~16 ········ 반복하며 해당하는 sizeName[] 배열과 priceCappuccino[] 배열의 원소값을 출력합니다.

결과

```
커피 가격표(아메리카노)
    Short : 3800
     Tall : 4100
   Grande : 4600
    Venti : 5100
커피 가격표(카푸치노)
    Short : 4600
     Tall : 5900
   Grande : 6400
    Venti : 6900
```

009 이중 반복문으로 피라미드 그리기

■ 학습내용 이중 반복문을 공부합니다.
■ 힌트내용 반복의 규칙을 찾아내는 것이 핵심입니다.

프로그램을 잘하기 위해서는 반복문에 익숙해져야 합니다. 특히 반복문 안에 반복문이 들어있는 이중 반복문이 중요합니다. 이번 장에서는 반복문을 연습하기 위해서 다양한 형태의 피라미드를 출력하는 프로그램을 작성합니다. 먼저 다음과 같이 한 줄에 10개의 별표를 5줄 출력해보세요.

```
* * * * * * * * * *
* * * * * * * * * *
* * * * * * * * * *
* * * * * * * * * *
* * * * * * * * * *
```

출력은 줄 단위로 이루어지기 때문에 별 하나를 출력하는 것을 10번 반복하는 안쪽 루프가 5줄을 출력하기 위해 5번 반복(바깥쪽 루프)됩니다. 별표를 10번 출력하고 난 후에는 줄 바꿈이 필요합니다. 이를 코드로 바꾸면 다음과 같습니다. 이 기본형을 익숙하게 익히십시오.

```c
for(int i=0; i<5; i++) {
    for(int j=0; j<10; j++)
        printf("*");
    printf("\n");
}
```

출력 결과와 같이 다양한 모습의 피라미드를 프로그램합니다. 피라미드 프로그램을 위해서 안쪽 루프와 바깥쪽 루프의 규칙을 찾아야 합니다.

```c
1   #include <stdio.h>
2
3   int main()
4   {
5       // (1)
6       for(int i = 1; i <= 5; i++) {
7           for(int j = 1; j <= i; j++)
8               printf("*");
9           printf("\n");
10      }
11      printf("\n");
12
13      // (2)
14      for(int i = 1; i <= 5; i++) {
15          for(int j = 1; j <= 2 * i - 1; j++)
16              printf("*");
17          printf("\n");
18      }
19      printf("\n");
20
21      // (3)
22      for(int i = 5; i >= 1; i--) {
23          for(int j = 1; j <= i; j++)
24              printf("*");
25          printf("\n");
26      }
27      printf("\n");
28
29      // (4)
30      for(int i = 1; i <= 5; i++) {
31          for(int j = 1; j <= 5 - i; j++)
32              printf(" ");
33          for(int j = 1; j <= i; j++)
34              printf("*");
35          printf("\n");
36      }
37      printf("\n");
38
```

```
39          // (5)
40          for(int i = 1; i <= 5; i++) {
41              for(int j = 1; j <= 5 - i; j++)
42                  printf(" ");
43              for(int j = 1; j <= 2 * i - 1; j++)
44                  printf("*");
45              printf("\n");
46          }
47          printf("\n");
48
49          // (6)
50          for(int i = 5; i >= 1; i--) {
51              for(int j = 1; j <= 5 - i; j++)
52                  printf(" ");
53              for(int j = 1; j <= 2 * i - 1; j++)
54                  printf("*");
55              printf("\n");
56          }
57      }
```

6~10 (1)번 문제입니다. 바깥 루프가 i = 1~5까지 변하면서 안쪽 루프는 1~i까지 별표를 출력합니다. 즉 별표는 1, 2, 3, 4, 5개가 출력됩니다. 안쪽 루프가 끝나면 줄 바꿈을 해야 합니다.

14~18 (2)번 문제입니다. 바깥 루프가 i = 1~5까지 변하면서 안쪽 루프는 별을 1, 3, 5, 7, 9개 출력합니다. 그래서 안쪽 루프의 j = 1~(2*i - 1)까지 반복됩니다.

22~26 (3)번 문제입니다. (1)번 문제와 반대로 5, 4, 3, 2, 1개의 별을 출력합니다. 바깥 루프를 i = 5~1까지 하나씩 줄면서, 안쪽 루프에서는 1~i까지 별을 출력합니다. 바깥 루프의 끝나는 조건은 i > = 1임을 주의하세요.

30~36 (4)번 문제입니다. 별은 1, 2, 3, 4, 5개 출력하지만, 별을 출력하기 전에 빈칸을 4, 3, 2, 1, 0개 출력해야 합니다. 내부 루프에서 빈칸을 j = (5 - i)~0개 출력하고 나서 또 다른 내부 루프에서 별을 1, 2, 3, 4, 5개 출력합니다.

40~46 (5)번 문제입니다. 피라미드 모양이네요. 빈칸이 4, 3, 2, 1, 0개 출력되고 별은 1, 3, 5, 7, 9개 출력됩니다. 바깥 루프 i = 1~5까지 변하면서 빈칸은 5 - i 개, 별은 2*i - 1개 출력합니다.

(6)번 문제입니다. 역피라미드 모양이네요. (5)번의 바깥 루프를 거꾸로 반복하면 되겠습니다. 즉, i = 5~1까지 하나씩 감소시키면서 반복합니다. 빈칸은 5 - i개로 0, 1, 2, 3, 4개 출력하고 별은 2*i - 1도 9, 7, 5, 3, 1개 출력합니다.

결과

(1)
```
*
**
***
****
*****
```

(3)
```
*****
****
***
**
*
```

(5)
```
    *
   ***
  *****
 *******
*********
```

(2)
```
    *
   ***
  *****
 *******
*********
```

(4)
```
    *
   **
  ***
 ****
*****
```

(6)
```
*********
 *******
  *****
   ***
    *
```

010 1000까지의 소수를 출력하고 몇 개인지 출력하기

■ 학습내용 반복문 안에 또 다른 반복문이 있는 이중 루프를 공부합니다.
■ 힌트내용 소수는 1과 자기 자신 외에는 나누어지지 않는 숫자입니다.

소수(prime number)는 1과 자기 자신 외에는 나누어지지 않는 숫자입니다. 2, 3, 5, 7,⋯ 등이 소수입니다. 2에서 1000 사이의 소수를 출력하고 모두 몇 개인지 출력하는 프로그램을 작성합니다.

2부터 1000까지를 반복하는 바깥 루프와 어떤 숫자가 소수인지를 판단하기 위한 안쪽 루프가 필요합니다.

📄 a010_primeNumber.c

```
1   #include <stdio.h>
2
3   int main()
4   {
5       int index;
6       int primes = 0;
7
8       for(int i = 2; i < 1000; i++) {
9           for(index = 2; index < i; index++) {
10              if(i % index == 0)
11                  break;
12          }
13          if(index == i) {    // i가 소수라면
14              primes++;
15              printf("%4d%c", i, primes % 15 == 0 ? '\n' : ' ');
16          }
17      }
18      printf("\n2부터 1000 사이 소수의 개수: %d개", primes);
19  }
```

5 소수 찾을 때 사용하는 안쪽 루프의 index를 정의합니다.

6 소수의 개수를 저장하기 위한 변수 primes를 선언하고 0으로 초기화합니다.

8 바깥 루프는 i가 2~1000까지 반복합니다.

9~12 안쪽 루프는 index가 2~(i-1)까지 반복하면서 중간에 나누어떨어지면 break로 안쪽 루프를 벗어납니다. 끝까지 나누어떨어지지 않으면 루프를 벗어날 때 index의 값이 i가 됩니다.

13 루프가 끝났을 때 index가 i와 같으면 루프가 끝날 때까지 나누어떨어지지 않았다는 것이므로 소수가 됩니다. 중간에 어떤 숫자로 나누어떨어져서 break로 반복문을 빠져나왔다면 index와 i가 같지 않습니다.

14 소수의 개수 primes를 하나 증가시킵니다.

15 i를 4자리로 출력합니다. 조건연산자를 사용하여 15개마다 줄 바꿈을 합니다.

18 소수가 모두 몇 개인지 출력합니다.

▌결과

```
   2    3    5    7   11   13   17   19   23   29   31   37   41   43   47
  53   59   61   67   71   73   79   83   89   97  101  103  107  109  113
 127  131  137  139  149  151  157  163  167  173  179  181  191  193  197
 199  211  223  227  229  233  239  241  251  257  263  269  271  277  281
 283  293  307  311  313  317  331  337  347  349  353  359  367  373  379
 383  389  397  401  409  419  421  431  433  439  443  449  457  461  463
 467  479  487  491  499  503  509  521  523  541  547  557  563  569  571
 577  587  593  599  601  607  613  617  619  631  641  643  647  653  659
 661  673  677  683  691  701  709  719  727  733  739  743  751  757  761
 769  773  787  797  809  811  821  823  827  829  839  853  857  859  863
 877  881  883  887  907  911  919  929  937  941  947  953  967  971  977
 983  991  997
2부터 1000 사이 소수의 개수: 168개
```

011 에라토스테네스의 체

■ 학습내용 1000까지의 소수를 찾는 에라토스테네스의 체 알고리즘을 공부합니다.
■ 힌트내용 배열을 만들고 배열의 내용이 소수이면 1, 소수가 아니면 0으로 바꿉니다.

소수를 찾는 또 다른 방법을 기원전 3세기경 에라토스테네스가 발견했습니다. 이 방법을 에라토스테네스의 체(seive of Eratosthenes)라고 합니다.

1과 0을 저장하는 배열 a를 만들고 숫자 i가 소수이면 a[i]를 1로, 소수가 아니라면 0으로 바꿉니다. 어떤 수의 배수는 소수가 아니기 때문에 각 i에 대해서 i의 배수가 되는 배열의 원소를 0으로 바꿉니다. 이 과정을 반복한 후에 배열의 앞에서부터 a[i] = 1인 i를 출력하면 됩니다.

다음의 그림에서 최초에 모든 배열의 원소는 1로 초기화합니다. 두 번째 그림에서 2의 배수가 되는 인덱스의 배열 원소를 0으로 바꿉니다. 세 번째 그림에서 3의 배수가 되는 인덱스의 배열 원소를 0으로 바꿉니다. 이 과정을 N/2까지 반복하면 배열에는 소수 인덱스의 원소만 1이 됩니다.

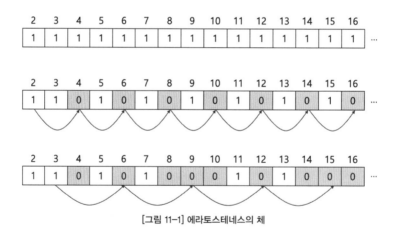

[그림 11-1] 에라토스테네스의 체

1과 0 대신 true와 false를 저장하는 bool 배열을 사용해도 됩니다. int는 4바이트이지만 bool은 1바이트이므로 더 적은 메모리를 사용합니다. bool을 사용하려면 〈stdbool.h〉를 포함해야 합니다.

```c
1    #include <stdio.h>
2    #include <stdbool.h>
3    #define N   1000
4
5    int main()
6    {
7      bool a[N + 1];
8      int primes = 0;
9
10     a[0] = a[1] = false;
11
12     for(int i = 2; i <= N; i++)
13       a[i] = true;
14
15     for(int i = 2; i <= N / 2; i++)
16       for(int j = 2; j <= N / i; j++)
17         a[i * j] = false;
18
19     for(int i=1; i<=N; i++)
20       if(a[i] == true) {
21         primes++;
22         printf("%4d%c", i, primes % 15 == 0 ? '\n' : ' ');
23       }
24
25     printf("\n2부터 1000 사이 소수의 개수: %d개", primes);
26   }
```

2 bool을 사용하기 위해 <stdbool.h>를 포함합니다.

7 bool 배열 a[]를 정의합니다.

8 primes 변수는 소수의 개수를 저장합니다.

10 소수는 2부터이므로 a[0]와 a[1]은 false를 저장합니다.

12~13 a[2]~a[N]을 true로 초기화합니다.

15~17 알고리즘의 핵심 부분입니다. 바깥쪽 반복문은 2에서부터 N/2까지 반복합니다. N/2 이후의 내용은 곱하기하는 과정에서 처리됩니다. 안쪽 반복문의 인덱스 j는 2에서 N/i까지 반복됩니다. i*j가 N을 넘지 않도록 하기 위해서입니다. i와 j가 곱해지는 수는 소수가 아니므로 a[i*j] = false로 바꿉니다.

19~23 배열에서 원소의 내용이 true인 인덱스를 출력하고 primes 변수를 증가시킵니다. 15개마다 줄바꿈을 합니다.

25 소수의 개수를 출력합니다.

결과

```
   2    3    5    7   11   13   17   19   23   29   31   37   41   43   47
  53   59   61   67   71   73   79   83   89   97  101  103  107  109  113
 127  131  137  139  149  151  157  163  167  173  179  181  191  193  197
 199  211  223  227  229  233  239  241  251  257  263  269  271  277  281
 283  293  307  311  313  317  331  337  347  349  353  359  367  373  379
 383  389  397  401  409  419  421  431  433  439  443  449  457  461  463
 467  479  487  491  499  503  509  521  523  541  547  557  563  569  571
 577  587  593  599  601  607  613  617  619  631  641  643  647  653  659
 661  673  677  683  691  701  709  719  727  733  739  743  751  757  761
 769  773  787  797  809  811  821  823  827  829  839  853  857  859  863
 877  881  883  887  907  911  919  929  937  941  947  953  967  971  977
 983  991  997
2부터 1000 사이 소수의 개수: 168개
```

012 scanf 함수의 사용 방법

- 학습내용 scanf 함수의 다양한 기능을 학습합니다.
- 힌트내용 알고 있으면 유용한 기능이 많습니다.

scanf 함수는 콘솔에서 입력받을 때 사용하는 표준입력함수입니다. 〈stdio.h〉에 정의되어 있죠. 입력받을 때 사용하는 함수이기 때문에 C언어를 시작할 때 처음 배우는 함수입니다. 하지만 scanf 함수는 사용하기가 여간 까다롭지 않습니다. 에러도 많이 나고 입력받은 값이 엉뚱한 값일 때도 많아서 C언어 중 최악의 함수라는 평을 받기도 하죠.

엉뚱한 동작을 하는 대표적인 예를 들어볼까요? 다음의 코드에서 입력을 "12+34"라고 하면 1번 줄 scanf에서 a = 34, i = '+', b = 34를 입력받습니다. 2번 줄의 getchar 함수는 '\n' 문자를 제거하기 위해서 사용한 겁니다. 4번 문장에서는 다시 문자열을 읽고 그대로 출력합니다. 이것을 [그림 12 - 1]로 표현했습니다.

```
1    scanf("%d%c%d", &a, &i, &b);        // 12+34 입력
2    c = getchar();                       // '\n'을 읽는다
3    printf("(1) %d %c %d\n", a, i, b);   // 12 + 34 출력
4    scanf("%s", s);                      // abcd 입력
5    printf("(2) %s\n", s);               // abcd 출력
```

```
12+34 Enter
(1) 12 + 34
abcd Enter
(2) abcd
```

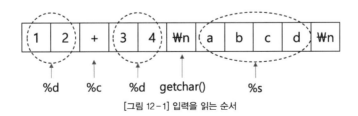

[그림 12 - 1] 입력을 읽는 순서

입력을 "12 + 34"라고 띄어 쓴 경우는 어떻게 될까요? 다음과 같이 출력됩니다. 즉 12 뒤의 빈칸을 &c로 받고 '+'를 &d로 받습니다. 그리고 4번 문장에서 34를 문자열로 읽게 됩니다.

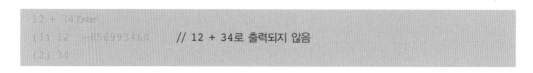
```
 12 + 34 Enter
 (1) 12  -858993460      // 12 + 34로 출력되지 않음
 (2) 34
```

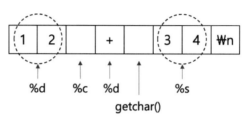

[그림 12-2] 잘못된 입력의 경우

이런 경우를 방지하기 위해서 1번 문장은 scanf("%d %c %d", &a, &i, &b);로 포맷 문자열에서 한 칸씩 띄어주는 게 좋습니다. 포맷 문자열의 빈칸은 공백 문자를 제거해줍니다.

scanf를 사용하면서 예상과 다른 결과가 나오지 않는지 철저히 점검해야 합니다. 특히 연속적으로 scanf를 사용할 때는 scanf가 '\n'을 제거하지 않는다는 점을 기억하고 getchar 함수를 사용하여 '\n' 문자를 제거해주어야 합니다.

scanf 함수 사용의 주의 사항들을 정리해 보았습니다.

(1) 기본적으로 입력받을 데이터의 타입에 따라 포맷 서술자를 써주어야 합니다. 만일 포맷 서술자와 입력데이터의 타입이 맞지 않으면 엉뚱한 값을 저장합니다. 그래서 scanf의 반환 값을 활용하여 데이터를 제대로 읽었는지 확인할 필요가 있습니다. scanf의 반환 값은 성공적으로 읽은 데이터의 개수를 표시합니다. 다음의 코드를 사용하면 "12+34"를 입력했을 때는 3을 출력하지만 "12 + 34"를 입력했을 때는 2를 출력합니다.

```
int x = scanf("%d%c%d", &a, &i, &b);
printf("%d\n", x);
```

(2) 입력에서 필요 없는 부분을 제외하고 읽을 때 '*'를 사용합니다. 예를 들어 30/08/2022에서 숫자 부분만 읽어서 저장하고 싶으면 %*c로 숫자 사이의 문자를 제외하고 읽을 수 있습니다. 읽기는 하지만 저장하지 않습니다. %*d, %*f, %*s도 사용할 수 있습니다.

```
scanf("%d%*c%d%*c%d", &day, &month, &year);        // 30/08/2022
printf("%d %d %d\n", year, month, day);            // [출력]2022 8 30
scanf("%d%*s%d%*s%d%*s", &year, &month, &day);     // 2022년 8월 30일
printf("%d %d %d\n", year, month, day);            // [출력]2022 8 30
```

(3) 숫자를 써주면 숫자나 문자를 몇 글자 읽는지 지정할 수 있습니다.

```
scanf("%5d", &i);    // 1234567을 입력하면 5자리까지만 읽습니다.
scanf("%5s", s);     // abcdefg를 입력하면 5글자만 읽습니다.
```

(4) 공백을 포함하여 문자열을 읽을 수 있습니다. 보통 공백을 포함해서 한 라인을 읽을 때는 fgets 함수를 많이 사용합니다만 다음과 같이 scanf를 사용할 수 있습니다. 포맷 문자열의 ^는 up-to(...까지)라는 뜻으로 사용됩니다.

```
char s[10];
scanf("%[^\n]", s);        // '\n' 앞까지의 문자열을 읽습니다.
scanf("%[^\n]%*c", s);     // '\n' 앞까지의 문자열을 읽고 '\n'은 제외시킵니다.
```

(5) 정규 표현식(regular expression)을 사용할 수 있습니다. %[^\n]이 '\n' 앞까지 읽는 것처럼 %[^9]는 9가 나오기 전까지의 입력을 받아들입니다. "123abc987"이라고 입력한다면 "123abc"까지를 읽습니다. %[0-9]는 숫자만 문자로 읽습니다. "123abc987"을 입력한다면 첫 번째 숫자 부분인 123만 받아들입니다. 비슷한 방식으로 %[a-z]는 영문 소문자만을 읽어 들입니다. %[123]이라고 하면 1, 2, 3으로 이루어진 숫자까지를 읽습니다. 또한 이러한 정규표현식을 조합하여 사용할 수도 있습니다.

```
scanf("%*[^:]%*2c%[^\n]", s); // ':'까지 제거, 2글자 제거, '\n' 전까지 읽기
```

이 문장은 ':'까지의 모든 문자열을 제거하고, 2개의 문자를 제거한 후, '\n' 전까지의 문자를 s에 저장합니다.

(6) 포맷 문자열의 공백은 공백 문자(white space)를 건너뜁니다. 공백 문자는 ' ', '\t', '\n' 등입니다. 따라서 연속해서 scanf를 사용할 때 예상치 못한 결과가 나오는 것을 방지하기 위해 포맷 문자열의 맨 앞에 빈칸을 하나 사용하는 것도 좋은 방법입니다.

(7) 메모리 공간을 넘어서는 입력이 들어올 때 에러가 발생합니다. 이 때문에 비주얼스튜디오에서는 안전한 scanf 라는 뜻으로 읽을 문자열의 길이를 표기하는 scanf_s를 사용하라고 권장합니다. 다음의 예와 같이 입력을 받아들이는 배열의 크기를 숫자로 쓰거나 _countof를 사용하여 쓸 수 있습니다. _countof는 〈stdlib.h〉에 다음과 같이 정의된 매크로입니다.

```
#define _countof(array) (sizeof(array) / sizeof(array[0]))
char s[10];
scanf_s("%s", 10, s); // 배열의 크기까지만 읽을 수 있음
scanf_s("%s", (unsigned) _countof(s), s);
```

비주얼 스튜디오에서 이런 안전 함수를 사용하지 않으면 컴파일할 때 에러 메시지가 발생합니다. 예를 들어 문자열을 복사하는 strcpy 함수도 마찬가지 이유로 strcpy_s를 사용하라고 합니다.

그러나 이런 안전 함수들은 C언어 표준이 아니고 다른 시스템에서는 호환이 되지 않기 때문에 개발자들 사이에서 선호되지 않습니다. 비주얼 스튜디오를 사용할 때는 scanf, strcpy 등의 함수를 사용할 때 나타나는 에러를 없애주기 위해 다음과 같이 파일의 맨 앞에 _CRT_SECURE_NO_WARNINGS를 정의해줍니다.

```
#define _CRT_SECURE_NO_WARNINGS
```

이번에는 다양한 scanf 사용 방법을 코딩하여 알아보겠습니다.

소스 a012_scanf.c

```
 1   #define _CRT_SECURE_NO_WARNINGS
 2   #include <stdio.h>
 3
 4   int main()
 5   {
 6      int i, a, b, c;
 7      int day, month, year;
 8      char s[100];
 9
10      int x = scanf("%d %c %d", &a, &i, &b);      // 12 + 34
11      printf("scanf의 리턴값 = %d\n", x);
12      printf("(1) %d %c %d\n", a, i, b);
13      c = getchar();                              // '\n'을 읽는다.
```

```
14
15          scanf("%[0-9]", s);                              // 1234abc567
16          printf("(2) %s\n", s);

17
18          scanf("%[^\n]", s);                              // '\n' 앞까지 읽는다. ^는 up-to의 의미
19          printf("(3) %s\n", s);

20
21          scanf("%*d%s", &s);                              // 123abc 또는 123 abc
22          printf("(4) %s\n", s);

23
24          scanf("%d%*c%d%*c%d", &day, &month, &year);      // 30/08/2022
25          printf("(5) %d %d %d\n", year, month, day);

26
27          scanf("%d%*s%d%*s%d%*s", &year, &month, &day);   // 2022년 8월 30일
28          printf("(6) %d %d %d\n", year, month, day);

29
30          scanf("%5d%[^\n]", &i, s);                        // 1234567
31          printf("(7) %d\n", i);

32
33          scanf("%5d%2d", &a, &b);                          // 1234567
34          printf("(8) %d %d\n", a, b);
35      }
```

10~13 "12+34"와 같은 수식을 읽습니다. 숫자 2개와 문자 하나를 성공적으로 읽었기 때문에 scanf 는 3을 반환합니다. getchar 함수는 입력에서 '\n'을 제거해줍니다. getchar 함수를 사용하지 않으면 다음번 scanf에서 엉뚱한 결과를 가져옵니다.

15~16 0에서 9까지의 숫자로 된 문자열을 읽습니다. "123"까지 읽습니다.

18~19 '\n'까지의 문자열을 읽습니다. 앞에서 읽은 "123" 이후의 "abc567"을 읽습니다.

21~22 "123abc"의 입력에서 숫자 부분을 제거하고 "abc"를 읽습니다.

24~25 "30/08/2022"이 입력될 때 숫자 사이의 문자('/')를 제거하고 읽습니다.

27~28 "2022년 8월 30일"이 입력될 때 숫자 사이의 문자열을 제거하고 읽습니다.

30~31 1234567이 입력될 때 앞의 5자리만 숫자로 읽습니다.

33~34 1234567이 입력될 때 5자리와 2자리 숫자로 나누어 읽을 수 있습니다.

```
12+34 Enter
scanf의 리턴값 = 3
(1) 12 + 34
1234abc567 Enter
(2) 1234
(3) abc567
123abc Enter
(4) abc
30/08/2022 Enter
(5) 2022 8 30
2022년 8월 30일 Enter
(6) 2022 8 30
1234567 Enter
(7) 12345
1234567 Enter
(8) 12345 67
```

013 문자열의 처리

■ 학습내용 문자열 처리하는 방법을 공부합니다.
■ 힌트내용 C에서 문자열은 문자 배열에 저장합니다.

숫자와 달리 문자 하나가 의미를 갖기는 어렵습니다. 사람의 이름이나 동물의 이름, 주소와 같이 문자가 의미가 있으려면 문자 여러 개가 모여야 합니다. 이처럼 여러 개의 문자가 모인 것을 문자열이라고 합니다. C에는 문자열(string)이라는 변수 타입이 없습니다. 따라서 문자열을 처리하려면 문자의 배열을 사용해야 합니다.

문자 배열의 한 원소에는 하나의 문자를 저장할 수 있습니다. C언어에서 문자열이 시작되는 곳은 문자 배열의 이름으로 알 수 있지만, 문자열이 어디에서 끝나는지를 저장하고 있는 곳은 없습니다. 따라서 문자열의 끝을 의미하는 '\0'이 저장되는 곳까지가 그 문자열입니다. '\0'은 8비트가 모두 0인 바이트이며 NULL로 정의되어 있습니다. 한글은 한 글자가 2바이트를 차지합니다. 따라서 한글 한 글자당 2개의 문자 배열이 필요합니다. 만약 한글 5글자를 저장하려면 글자를 저장하는 10바이트와 맨 뒤를 알리는 '\0'을 저장할 1바이트, 즉 11바이트가 필요하므로 char a[11]가 필요합니다.

📄 a013_charArray.c

```c
1   #include <stdio.h>
2
3   int main()
4   {
5       char s[10] = { 'a', 'b', 'c', 'd', 'e' };
6       char t[] = { 'a', 'b', 'c', 'd', 'e', '\0' };
7       char u[] = "abcde";
8       char v[] = "안녕하세요";
9
10      printf("s = |%s| size = %d\n", s, sizeof(s));
11      printf("t = |%s| size = %d\n", t, sizeof(t));
12      printf("u = |%s| size = %d\n", u, sizeof(u));
13      printf("v = |%s| size = %d\n", v, sizeof(v));
14  }
```

5 크기 10인 문자 배열을 선언하고 5개의 문자로 초기화합니다. 뒷부분은 모두 '\0', 즉 NULL 로 초기화됩니다.

6 t[] 배열이 다섯 개의 문자와 '\0'으로 초기화되며 크기는 6이 됩니다. '\0'을 쓰지 않으면 5개 의 크기가 되지만 출력할 때 뒤에 이상한 문자들이 나타날 수 있습니다.

7 t[] 배열이 문자열 상수 "abcde"로 초기화됩니다. 문자열 상수는 뒤에 '\0'이 추가되므로 이 배 열의 크기는 6이 됩니다.

8 한글 문자열 상수 "안녕하세요"로 초기화됩니다. 한글 한 글자는 2바이트이고 맨 뒤에 '\0'이 추가되므로 배열의 크기는 11이 됩니다.

▌결과

```
s = |abcde| size = 10
t = |abcde| size = 6
u = |abcde| size = 6
v = |안녕하세요| size = 11
```

014 문자열의 배열

■ 학습내용 문자열의 배열을 공부합니다.
■ 힌트내용 문자열의 배열은 char의 2차원 배열로 구현합니다.

이름은 여러 문자로 되어있으므로 문자 배열에 저장할 수 있습니다. 그렇다면 여러 사람의 이름을
저장하려면 어떻게 해야 할까요? 문자 배열의 배열로 저장해야 합니다. 즉 char의 2차원 배열을 사
용합니다.

한글 한 글자는 2바이트를 사용합니다. 따라서 char에 한글을 저장할 수는 없고 char 배열에 저장해
야 합니다. 한글 5글자를 저장하려면 맨 뒤에 문자열의 끝을 나타내는 '\0'을 넣어야 하므로 적어도
11개의 char 공간이 필요합니다.

strcpy(char*s, char*t) 함수는 문자열 t를 s로 복사하는 함수로 〈string.h〉에 정의되어 있습니다.

📧 a014_arrayOfCharArray.c

```
1    #define _CRT_SECURE_NO_WARNINGS
2    #include <stdio.h>
3    #include <string.h>
4
5    int main()
6    {
7        char name1[][20] = { "kang", "cho", "kim" };
8        char name2[][20] = {
9            { 'k', 'a', 'n', 'g' },
10           { 'c','h','o' },
11           { 'k','i','m' }
12       };
13       for(int i = 0; i < 3; i++)
14           printf("%14s", name1[i]);
15       printf("\n");
16
17       for(int i = 0; i < 3; i++)
18           printf("%14s", name2[i]);
19       printf("\n");
20
```

```
21      strcpy(name1[0], "스티브 잡스");
22      strcpy(name1[1], "빌 게이츠");
23      strcpy(name1[2], "데니스 리치");
24
25      for(int i = 0; i < 3; i++)
26          printf("%14s", name1[i]);
27      printf("\n");
28  }
```

7 크기 20인 문자 배열의 배열 name1을 선언하고 3개의 문자열로 초기화합니다. 2차원 배열을 선언하면서 초기화할 때 두 개의 괄호 중 뒤 괄호는 반드시 숫자가 있어야 합니다.

8~12 크기 20인 문자 배열의 배열 name2를 선언하고 문자로 초기화합니다. 문자로 초기화되지 않는 부분은 '\0'으로 초기화됩니다.

13~15 name1[] 배열의 원소를 출력합니다.

17~19 name2[] 배열의 원소를 출력합니다.

21~23 strcpy 함수를 이용하여 name1[0]와 name1[1], name1[2]를 바꿔줍니다. 한글 한 글자는 2개의 문자 배열 원소를 차지하고 문자열의 끝은 '\0'이 있어야 하므로 10개 크기의 char 배열에 한글 4글자는 저장될 수 있지만, 한글 5글자 이상은 저장될 수 없습니다. 만일 7번 줄을 name1[][10]으로 선언했다면, 프로그램을 실행할 때 다음과 같은 에러가 발생합니다.

Run-Time Check Failure #2 - Stack around the variable 'name1' was corrupted.

25~27 수정된 name1[] 배열의 원소를 출력합니다.

결과

```
          kang          cho          kim
          kang          cho          kim
     스티브 잡스      빌 게이츠    데니스 리치
```

015 포인터 연산자 사용하기

■ 학습내용 포인터를 공부합니다.
■ 힌트내용 포인터 변수에는 포인터 연산자 & 와 *을 사용합니다.

C/C++ 언어를 공부하다가 포인터를 만나면서 굉장히 어려워합니다. 심지어 포인터 때문에 C/C++ 언어를 포기한다는 사람도 있으니 문제가 심각하지요. 그래서인지 C#, 자바, 파이선 등의 최신 언어에는 포인터가 없습니다. 프로그래머가 사용하기 편하게 만든 거지요. 하지만 포인터는 개념만 익히면 프로그래머에게 큰 능력을 주는 기능입니다. 이번 장에서는 포인터에 대해 알아야 할 기본적인 내용을 설명합니다.

정수형 변수는 정수값을 저장할 수 있습니다. 정수형 변수 n을 다음과 같이 선언한다면, 메모리의 특정한 위치에 10이라는 값을 저장하고 n이라는 변수명으로 그 값을 사용할 수 있게 합니다.

```
int n = 10;
```

이때 10이 어느 위치에 저장되는지는 컴파일러가 담당합니다. 프로그래머가 원하는 주소에 그 값이 저장되게 할 수는 없습니다. 다만 저장된 곳의 주소를 알 수는 있는데 그때 사용하는 연산자가 & 입니다. 포인터는 변수의 주소를 저장하는 변수입니다. 10이 저장된 정수형 변수 n의 주소를 저장하고 싶다면 주소를 저장할 수 있는 변수, 즉 포인터에 저장해야 합니다. 이때 메모리의 주소에 저장된 데이터가 정수라는 것을 알려주어야 하므로 정수형 포인터를 써야 합니다. 다음 문장은 변수 n의 주소를 포인터 p에 저장합니다. 포인터를 선언할 때는 int* p; 라고 써도 되고, int *p;라고 써도 됩니다.

```
int *p;         // 정수형 포인터입니다.
p = &n;         // int *p = &n;이라고 선언과 동시에 초기화해도 됩니다.
int y = *p;     // 포인터 p에 저장된 주소에 저장된 값, 즉 n입니다.
```

포인터와 관련한 연산자는 & 와 *입니다. 연산자 &는 변수와 함께 사용되며 그 변수의 주소를 가져옵니다. * 연산자는 포인터와 함께 사용되며 포인터에 저장된 주소에 저장된 값을 의미합니다.
포인터를 사용하는 예를 들어 설명하겠습니다.

```
int x = 10, y = 20;
int z[3] = { 1, 2, 3 };
int *p;              // 정수형 포인터입니다.
p = &x;              // p는 x의 주소를 갖습니다.
y = *p;              // y는 p의 주소에 저장된 값, 즉 x를 갖게 됩니다. (y=x;)
*p = *p + y;         // p 주소에 있는 값, 즉 x의 값은 20이 됩니다. (x=x+y;)
p = &z[0];           // p는 z[0]의 주소를 갖게 됩니다.
*p = 30;             // p 주소에 있는 값, 즉 z[0]의 값이 30이 됩니다.
                     // z[0]=30; 과 같습니다.
```

포인터를 사용하는 프로그램을 할 때는 그림을 그리면서 생각하는 것이 좋습니다. 즉, 포인터와 포인터가 가리키는 주소를 화살표로 연결해서 생각하면 이해하기 편합니다. 위의 코드를 그림으로 표현하면 [그림 15-1]과 같습니다. 왼쪽 그림에서 p = &x;입니다. 이때 p = &z[0]; 라고 하면 오른쪽 그림과 같이 포인터의 내용이 바뀝니다.

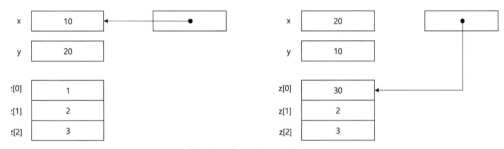

[그림 15-1] 포인터와 변수의 연결

포인터는 수식에서 사용될 수 있습니다. 다음의 식에서 *p는 x와 같습니다.

```
int *p = &x;
*p = *p + 1; // x = x + 1;
y = *p + 1;  // y = x + 1;
```

포인터에 정수를 더하거나 뺄 수도 있습니다. 주의할 점은 포인터에 정수 1을 더하면 숫자 1이 더해지는 것이 아니라, 포인터형에 따른 바이트 수만큼 커집니다. 즉, 정수는 4바이트이므로 정수형 포인터라면 포인터의 값은 4가 늘어납니다. double 포인터에 1을 더하면 포인터의 값은 8이 늘어납니다.

```
int a[3] = { 10, 20, 30 };
int* q = a;
printf("\n[%p] : %d\n", q, *q);      // 포인터를 출력할 때는 %p를 사용합니다.
q = q + 1;
printf("[%p] : %d\n", q, *q);
```

```
[012FF938] : 10
[012FF93C] : 20
```

위의 코드에서 포인터 q는 정수 배열 a[]의 첫 번째 주소를 저장하게 되는데, q를 1 증가시킨 후에
출력된 주소를 확인하면 맨 뒷자리가 8에서 C로, 원래 주소에서 4만큼 커진 것을 알 수 있습니다(주
소는 16진수로 표현되었습니다). 이런 특징은 배열과 포인터를 연결하여 프로그램할 때 편리함을
줍니다.

포인터 연산자를 쓸 때는, 우선순위에 주의해야 합니다. 포인터 연산자는 산술 연산자보다 우선순
위가 높습니다. 그러나 ++, -- 연산자가 * 연산자보다 우선순위가 높으므로 다음의 두 식은 다른
결과를 가져옵니다.

```
(*p)++;       // p 주소에 저장된 값에 1을 증가시킵니다.
*p++;         // p의 다음 주소에 저장된 값을 의미합니다.
```

포인터도 변수이므로 다른 포인터의 값을 할당할 수 있습니다.

```
int *q = p;   // q는 p와 같은 주소를 갖게 됩니다.
```

모든 형의 포인터는 크기가 4바이트로 같습니다. 그 주소에 어떤 값이 저장되어 있던 주소는 4바이
트로 표현하기 때문입니다. 다만 포인터의 형에 따라 주소에 저장된 데이터를 정수형으로 해석할
지, 문자형으로 해석할지, double형으로 해석할지가 달라질 뿐입니다.

```
int *ip;      // 정수형 포인터 ip입니다.
char *cp;     // 문자형 포인터 cp입니다.
double *dp;   // double형 포인터 dp입니다.
```

```c
1    #include <stdio.h>
2
3    int main()
4    {
5        int x = 10, y = 20;
6        int z[3] = { 1, 2, 3 };
7        int* p;                      // 정수형 포인터입니다.
8
9        p = &x;
10       y = *p;
11       *p = *p + y;
12       p = &z[0];
13       *p = 30;
14
15       printf("[%p] : %d\n", p, *p);
16       printf("[%p] : %d\n", p, *p + 1);
17       printf("[%p] : %d\n", p + 1, *(p + 1));
18
19       int a[3] = { 10, 20, 30 };
20       int* q = a;
21       printf("\n[%p] : %d\n", q, *q);
22       q = q + 1;
23       printf("[%p] : %d\n", q, *q);
24
25       int* ip;
26       char* cp;
27       double* dp;
28
29       printf("sizeof(int*)=%d, sizeof(char*)=%d, sizeof(double*)=%d\n",
30           sizeof(ip), sizeof(cp), sizeof(dp));
31   }
```

5~6 정수형 변수 x, y와 정수 배열 z[3]를 선언하고 초기화합니다.

7 정수형 변수의 포인터 p를 선언합니다.

9 p는 x의 주소를 갖습니다.

10 y는 p의 주소에 있는 값, 즉 x를 갖게 됩니다. y = x;와 같습니다.

¹¹ p 주소에 있는 값, 즉 x는 20이 됩니다. x = x+y;와 같습니다.

¹² 포인터도 변수이기 때문에 값을 변경할 수 있습니다. p는 z[0]의 주소를 갖게 됩니다.

¹³ p 주소에 있는 값, 즉 z[0]는 30이 됩니다. z[0] = 30;과 같습니다.

¹⁵ 포인터 p와 p 주소에 있는 값을 출력합니다. 형식 문자열의 %p는 주소를 16진수로 출력합니다.

¹⁶ *p+1은 p 주소에 있는 값에 1을 더한 값입니다.

¹⁷ p+1은 p 주소 다음 주소를 의미하며 p가 정수형 포인터이므로 4만큼 큰 주소가 됩니다.
*(p+1)은 그 주소에 있는 값입니다.

^{19~23} 포인터 q는 a[] 배열의 첫 번째 원소의 주소를 갖습니다. q에 1을 더하면 정수의 크기인 4바이트만큼 큰 값을 갖게 됩니다. 즉, 배열의 두 번째 원소를 가리키게 됩니다.

^{25~27} 정수형 포인터, 문자형 포인터, double형 포인터를 선언합니다.

^{29~30} 모든 포인터는 크기가 4바이트입니다.

▌결과

비주얼 스튜디오 구성관리자의 활성 솔루션 플랫폼을 x86으로 설정했을 경우의 출력(32비트 프로그래밍)

```
[008FFEA4] : 30
[008FFEA4] : 31
[008FFEA8] : 2

[008FFE84] : 10
[008FFE88] : 20
sizeof(int*)=4, sizeof(char*)=4, sizeof(double*)=4
```

비주얼 스튜디오 구성관리자의 활성 솔루션 플랫폼을 x64로 설정했을 경우의 출력(64비트 프로그래밍)

```
[00000077DD0FF6B8] : 30
[00000077DD0FF6B8] : 31
[00000077DD0FF6BC] : 2

[00000077DD0FF708] : 10
[00000077DD0FF70C] : 20
sizeof(int*)=8, sizeof(char*)=8, sizeof(double*)=8
```

016 값에 의한 호출과 참조에 의한 호출

- 학습내용 값에 의한 호출과 참조에 의한 호출을 공부합니다.
- 힌트내용 C는 값에 의한 호출을 하며 참조에 의한 호출은 포인터로 구현합니다.

C언어는 함수를 호출할 때 매개변수로 값을 복사하여 전달하는 "값에 의한 호출(call by value)"을 합니다. 호출하는 함수에 있는 변수의 값만 복사해서 전달하기 때문에 호출된 함수에서는 호출한 함수의 변수를 변경할 수 없습니다.

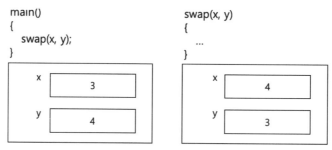

[그림 16-1] 값에 의한 호출

[그림 16-1]에서 main 함수에서 x, y는 매개변수로 swap 함수에 전달되는데 이때 x, y에 저장된 3과 4라는 값만 전달되므로 swap 함수의 로컬변수 x, y는 이름은 같아도 main 함수의 x, y와 전혀 관계가 없습니다. 따라서 swap 함수에서 x, y의 값이 바뀌어도 main 함수의 x, y는 값이 바뀌지 않습니다. 만약 호출한 함수의 변수에 저장된 값을 변경하고 싶다면 매개변수에 변수의 주소, 즉 포인터를 전달하여 그 주소에 저장된 값을 변경하는 방식으로 처리해야 합니다. 이를 "참조에 의한 호출(call by reference)"이라고 합니다.

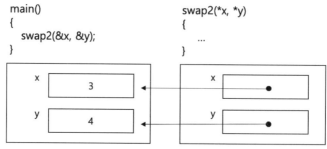

[그림 16-2] 참조에 의한 호출

기본적으로 C언어의 함수 호출은 "값에 의한 호출"이라는 것을 항상 기억해야 합니다. 일단 매개변수로 값을 복사해서 보내면 호출한 함수의 변수는 변경할 수 없다는 점, 만일 변경하고 싶다면 주소를 보내주어 포인터로 변경해야 한다는 점을 꼭 기억하세요.

소스 a016_callby.c

```c
1    #include <stdio.h>
2
3    // call by value
4    void swap(int x, int y)
5    {
6       int tmp;
7
8       tmp = x;
9       x = y;
10      y = tmp;
11   }
12
13   // call by reference
14   void swap2(int* px, int* py)
15   {
16      int tmp;
17
18      tmp = *px;
19      *px = *py;
20      *py = tmp;
21   }
22
23   int main()
24   {
25      int x = 3;
26      int y = 4;
27
28      swap(x, y);
29      printf("swap() 호출 후 : x=%d y=%d\n", x, y);
30
31      swap2(&x, &y);
32      printf("swap2() 호출 후 : x=%d y=%d\n", x, y);
33   }
```

4~11 값에 의한 호출을 하는 swap 함수입니다. 이 함수 안에서 x와 y의 값이 바뀌었지만, main 함수에 있는 x, y의 값은 변화하지 않습니다.

14~21 참조에 의한 호출을 하는 swap2 함수입니다. 이 함수는 매개변수로 main 함수에서 정의된 x, y의 주소를 전달받았으므로 이 주소를 통해 main 함수의 변수 x, y의 값을 변경할 수 있습니다.

28~29 swap 함수를 호출한 후 x, y의 값을 출력하면 값이 변하지 않습니다.

31~32 swap2 함수를 호출한 후 x, y의 값을 출력하면 값이 변한 것을 알 수 있습니다.

▌결과

```
swap( ) 호출 후 : x=3 y=4
swap2( ) 호출 후 : x=4 y=3
```

017 포인터와 배열

■ 학습내용 포인터와 배열의 관계를 공부합니다.
■ 힌트내용 배열의 이름은 그 배열 첫 번째 원소의 주소를 나타냅니다.

포인터와 배열은 밀접하게 연관되어 있습니다.

```
int a[ ] = { 1,2,3,4,5,6,7,8,9,10 };
int *p;
p = a; // p = &a[0];
```

위와 같이 배열 a[]와 포인터 p를 선언하면, p = a;라는 문장에 의해 p는 a[] 배열 첫 번째 원소의 주소를 저장하게 됩니다. 배열의 이름은 배열의 첫 번째 원소의 주소이며 한 번 선언되면 변경될 수 없습니다. 즉 a와 &a[0]는 같습니다.

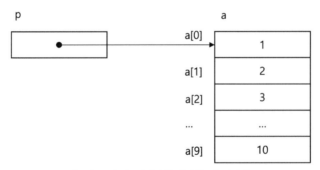

[그림 17-1] P는 배열의 첫 번째 원소를 가리킴

p = a;라는 문장으로 포인터와 배열이 연결되면 이제부터 배열과 포인터는 같은 형태로 사용될 수 있습니다.

p+1은 p가 가리키는 주소의 다음번 원소의 주소, 즉 &a[1]과 같습니다. 따라서 *(p+1)은 a[1]과 같죠. 더 놀라운 것은 *(p+1)은 p[1]과 같이 배열표현으로도 쓸 수 있다는 것입니다. 반대로 *(a+1)과 같이 배열의 이름도 포인터의 표현으로 쓸 수 있습니다.

```
p = a = &a[0]
*p = *a = a[0]
```

일반화하면 i는 인덱스를 나타내는 정수라고 할 때, 다음과 같이 사용할 수 있습니다.

```
p + i = a + i = &a[i]
a[i] = *(p+i) = *(a+i) = p[i];
```

다만 p는 포인터이므로 값이 변경될 수 있지만, 배열의 이름 a는 값을 변경할 수 없습니다.

```
p++;
a++;    // 에러가 납니다.
```

배열을 함수의 매개변수로 보내줄 때는 배열의 이름으로 보내고 호출된 함수에서는 포인터로 선언해서 사용합니다. 다음 예에서 add 함수의 매개변수로 보내진 a[] 배열은 실제로는 a 배열의 첫 번째 원소의 주소만 보낸 것입니다.

```
int add(int *p)
{
    ....
}
main()
{
    int a[] = { 1,2,3,4,5 };
    ....
    int sum = add(a);
}
```

호출된 add 함수의 매개변수 p는 다음의 2가지 방법으로 표시할 수 있습니다. 첫 번째 방법은 전달받은 매개변수가 주소값이므로 포인터 변수로 로컬변수를 선언한 것이고, 두 번째 방법은 같은 의미지만 매개변수가 배열이라는 것을 알 수 있는 방법입니다.

```
int add(int *p);
int add(int p[ ]);
```

배열과 포인터의 관계를 알아보는 프로그램을 작성합니다.

```c
1    #include <stdio.h>
2
3    // 배열의 3개 원소를 더해서 반환합니다.
4    int add3(int* p)
5    {
6        int sum = 0;
7
8        for(int i = 0; i < 3; i++)
9            sum += *(p+i);
10       return sum;
11   }
12
13   int main()
14   {
15       int a[] = { 1,2,3,4,5,6,7,8,9,10 };
16       int *p;
17
18       p = a;
19
20       printf("%p %p %p\n", p, a, &a[0]);
21       printf("%d %d %d\n", a[0], *p, *a);
22
23       for(int i = 0; i < 10; i++)
24           *(p + i) = *(p + i) * 10;
25
26       printf("%d %d %d\n", a[2], *(p + 2), *(a + 2));
27
28       printf("Add 3 elements : %d\n", add3(a));
29
30       p++;
31       // a++;          // 에러가 납니다.
32
33       printf("Add 3 elements : %d\n", add3(p));
34   }
```

4~11 배열의 원소 3개를 더해서 반환하는 함수 add3을 정의합니다.

15~16 10개짜리 정수 배열 a[]와 정수형 변수의 포인터 p를 선언합니다.

18 p = a;라는 문장으로 p는 배열의 첫 번째 주소를 갖게 됩니다.

20 p와 a는 a[] 배열의 첫 번째 원소의 주소입니다. 즉 &a[0]와 같습니다.

21 a[0]와 *p, *a는 모두 배열의 첫 번째 원소입니다.

23~24 *(p+i)는 a[i]와 같습니다. 배열 원소의 값을 10배로 바꿉니다.

26 a[2]와 *(p+2), *(a+2)는 같은 배열 원소입니다.

28 배열의 이름 a를 매개변수로 add3 함수를 호출하여 결과를 출력합니다.

30 p를 하나 증가시킵니다. 그러면 p는 배열의 다음 원소 즉, a[1]의 주소를 갖게 됩니다.

31 a는 배열의 이름이고 값이 바뀔 수 없습니다.

33 p를 매개변수로 add3 함수를 호출하여 결과를 출력합니다. a[1]~a[3]의 값이 더해집니다.

결과

```
010FFA44 010FFA44 010FFA44
1 1 1
30 30 30
Add 3 elements : 60
Add 3 elements : 90
```

018 포인터의 연산

■ 학습내용 포인터에서 어떤 연산이 가능한지 공부합니다.
■ 힌트내용 (포인터 ± 정수)와 (포인터 - 포인터) 연산이 가능합니다.

포인터와 포인터를 더할 수 있을까요? 포인터는 주소를 저장하고 있으므로 포인터를 더한다면 주소를 더한다는 것이고 이것은 의미가 없습니다. 왜냐하면 어떤 변수가 저장되는 주소는 프로그래머가 정할 수 없는 값이기 때문입니다. 따라서 포인터를 다른 포인터와 더하는 것은 에러가 납니다. 그렇다면 포인터에서 가능한 연산에는 어떤 것이 있을까요?

포인터에 정수를 더하거나 뺄 수 있습니다. 포인터 p가 배열 원소의 주소를 저장하고 있다면 p++는 p의 다음 원소를 가리킵니다. 정수 포인터라면 p는 1이 증가하는 것이 아니고 정수가 4바이트이므로 4만큼 큰 값으로 바뀌게 됩니다. 일반화하면 p += i는 p가 가리키는 원소로부터 i번째 떨어진 원소를 가리킵니다. 포인터에서 정수를 뺄 수도 있을까요? 뺄 수도 있습니다. 다만 포인터에 정수를 더하거나 뺄 때 배열 안의 원소를 가리키면 문제가 없지만, 배열 바깥으로 넘어서면 의미 없는 값이 되므로 주의해야 합니다.

```
int a[ ] = { 1, 2, 3, 4, 5 };
int* p = a;              // p는 &a[0]
p++;                     // p는 &a[1]
```

포인터에서 가능한 또 하나의 연산은 포인터끼리의 뺄셈입니다. 이때 결과는 두 포인터가 가리키고 있는 원소의 개수가 되며 정수값입니다.

```
int a[ ] = { 1, 2, 3, 4, 5 };
int* p = a;
int* q = &a[4];
printf("%d", q-p);    // 4를 출력합니다.
```

정리하면 포인터가 배열의 원소를 가리키고 있을 때 정수를 더하거나 뺄 수 있습니다. 이때 결과는 현재 가리키는 원소에서 뒤로 또는 앞으로 숫자만큼 떨어진 곳의 주소가 됩니다. 다음 프로그램을 보고 실행 결과를 예상해 보세요.

🔧 a018_pointerOperation.c

```
1   #include <stdio.h>
2
3   int main()
4   {
5      int a = 10;
6      int b = 20;
7      int c[5] = { 1,2,3,4,5 };
8
9      int* pa = &a;
10     int* pb = &b;
11     int* pc;
12
13     pc = c + 2;
14     printf("[%p] %d \n", pc, *pc);
15
16     pc = pc - 1;
17     printf("[%p] %d \n", pc, *pc);
18
19     pc = c;
20
21     int* pd = &c[4];
22
23     int cnt = pd - pc;
24     printf("[%p] [%p] %d\n", pc, pd, cnt);
25   }
```

········
9   포인터 pa는 a의 주소를 갖습니다.

········
10 포인터 pb는 b의 주소를 갖습니다.

········
13 포인터 pc는 배열 c에 2를 더한 주소, 즉 &c[2]를 갖습니다.

········
16 pc를 하나 줄였습니다. 즉 pc는 &c[1]을 갖습니다.

19 pc는 c[] 배열의 첫 번째 원소의 주소를 갖습니다.

21 포인터 pd는 c[4]의 주소를 갖습니다.

23 정수 cnt는 포인터 pd에서 포인터 pc를 뺀 값을 갖습니다. 4를 갖게 됩니다.

24 pc와 pd는 주소값으로는 16만큼 차이가 나지만, 두 포인터의 차는 그 사이에 있는 원소의 개수인 4가 됩니다.

│ 결과

```
[0058FD20] 3
[0058FD1C] 2
[0058FD18][0058FD28] 4
```

019 이중 포인터와 포인터의 배열

■ 학습내용 포인터의 포인터와 포인터 배열을 공부합니다.
■ 힌트내용 포인터도 변수이므로 포인터의 포인터가 가능하며 포인터의 배열도 가능합니다.

포인터도 변수이므로 포인터의 포인터도 만들 수 있습니다. 포인터의 포인터를 이중 포인터라고 합니다. 어차피 포인터도 변수이고 그 변수가 저장되는 주소가 있을 테니 이중 포인터뿐 아니라 3중, 4중 포인터도 가능하겠죠. 이중 포인터까지는 종종 쓰이지만 3중 포인터 이상은 많이 사용되지 않는 것 같습니다.

```
int x = 10;
int* ptr = &x;
int** pptr = &ptr;
int*** ppptr = &pptr;
printf("%d %d %d %d", x, *ptr, **pptr, ***ppptr);
```

포인터가 변수이니 포인터의 배열도 당연히 가능합니다. 다음의 문장은 정수형 포인터 10개를 저장하는 배열의 선언입니다.

```
int *a[10];
```

C에서 문자열 "abcd"를 저장할 때 다음의 두 가지 방법이 가능합니다. 메모리에 "abcd"를 저장하는 장소가 정해지고 그 주소를 s와 t가 갖게 되는 것입니다. 단, s[]는 배열이므로 s++와 같이 s를 변경하려고 하면 에러가 발생합니다. t는 포인터이므로 t++와 같이 변경할 수 있습니다.

```
char s[ ] = "abcd";
char *t = "abcd";
```

문자열 여러 개를 저장할 수 있는 포인터의 배열은 다음과 같이 쓸 수 있습니다. 단 이차원배열로 표현할 때 두 번째 첨자는 숫자가 있어야 합니다.

```
char p[ ][10] = { "tiger", "lion", "zebra", "giraffe", "dragon" };
char *p[ ] = { "tiger", "lion", "zebra", "giraffe", "dragon" };
```

```
1    #include <stdio.h>
2
3    int main()
4    {
5        int x = 10;
6        int* ptr = &x;
7        int** pptr = &ptr;
8        int*** ppptr = &pptr;
9
10       printf("%d %d %d %d\n", x, *ptr, **pptr, ***ppptr);
11
12       char s[] = "abcd";
13       char *t = "abcd";
14
15       printf("[%p]=%s, [%p]=%s\n", s, s, t, t);
16
17       char* p[] = { "tiger", "lion", "zebra", "giraffe", "dragon" };
18       // char p[][10] = { "tiger", "lion", "zebra", "giraffe", "dragon" };
19
20       for(int i = 0; i < 5; i++)
21           printf("%s\n", p[i]);
22   }
```

5   정수형 변수 x를 선언합니다.

6   포인터 ptr은 x의 주소를 갖습니다.

7   포인터 pptr은 ptr의 주소를 갖습니다.

8   포인터 ppptr은 pptr의 주소를 갖습니다.

10   4가지 표현이 모두 x의 값인 10을 출력합니다.

12~15   s와 t는 문자열 상수 "abcd"의 주소를 갖습니다. 단, 두 개의 문자열이 각각 다른 장소에 저장
       되므로 주소는 서로 다릅니다. 주소와 내용을 출력합니다.

17~18   포인터의 배열입니다. 두 가지 방법으로 만들 수 있습니다.

20~21   포인터 배열의 내용을 출력합니다.

| 결과

```
10 10 10 10
[004FFD88]=abcd, [00D77B40]=abcd
tiger
lion
zebra
giraffe
dragon
```

020 문자열의 길이와 문자열의 비교 함수의 구현

■ 학습내용 strlen와 strcmp 함수를 직접 구현합니다.
■ 힌트내용 문자 배열을 사용합니다.

〈string.h〉 헤더 파일에는 문자열을 다루기 위한 다양한 함수가 정의되어 있습니다. 이 함수들은 매우 빈번히 사용되는데 우리가 직접 그 함수들을 구현해보면 배열과 포인터를 사용하는 기법을 공부할 수 있습니다. 많이 사용되는 strlen 함수와 strcmp 함수를 직접 구현해보겠습니다. 두 함수의 원형은 다음과 같습니다. size_t는 unsigned int 형입니다.

```
size_t strlen(const char *str);
int strcmp(const char *string1, const char *string2);
```

라이브러리 함수와 우리가 직접 구현한 함수를 모두 호출해서 결과를 비교합니다. 참고로 문자의 비교에서 크다는 뜻은 문자의 ASCII 코드값이 크다는 것입니다. ASCII 코드표를 보면 소문자가 대문자보다 크고, 'a'보다 'b'가 큽니다.

소스 a020_strlen_strcmp.c

```c
1   #include <stdio.h>
2   #include <string.h>
3
4   size_t my_strlen(const char* s)
5   {
6       size_t i = 0;
7       while (s[i] != '\0')
8           i++;
9       return i;
10  }
11
12  size_t my_strlen2(const char* s)
13  {
14      char* p = s;
15      while (*p != '\0')
```

```
16        p++;
17    return p - s;
18  }
19
20  // s ⟨ t이면 -1, s == t 이면 0, s ⟩ t 이면 +1
21  int my_strcmp(const char* s, const char* t)
22  {
23    int i;
24    for(i = 0; s[i] != '\0' && t[i] != '\0'; i++) {
25        if(s[i] != t[i])
26            break;
27    }
28    if(s[i] ⟩ t[i])
29        return 1;
30    else if(s[i] == t[i])
31        return 0;
32    else
33        return -1;
34  }
35
36  int main()
37  {
38    char s[] = "Hello World!";
39    char t[] = "hello world!";
40
41    printf("strlen() : %u\n", strlen(s));
42    printf("my_strlen() : %u\n", my_strlen(s));
43    printf("my_strlen2() : %u\n", my_strlen2(s));
44    printf("strcmp() : %d\n", strcmp(s, t));
45    printf("my_strcmp() : %d\n", my_strcmp(s, t));
46  }
```

4-10 문자열의 길이를 반환하는 my_strlen 함수의 정의입니다. 문자열의 맨 끝을 표시하는 '\0'이 나올 때까지 i를 증가시켜서 반환합니다. 반환되는 값은 눈에 보이는 문자의 개수입니다.

12-18 같은 함수를 포인터를 사용하여 구현했습니다. *p가 '\0'이 아닌 동안 포인터를 하나씩 증가 시키고 p - s를 반환하여 문자의 개수를 계산할 수 있습니다.

21~34 두 개의 문자열을 비교하는 my_strcmp 함수의 정의입니다. s가 크면 +1, 같으면 0, t가 크면
−1을 반환합니다.

38~39 문자 배열 s[]와 t[]를 선언하고 초기화합니다.

41~43 라이브러리 함수 strlen와 직접 구현한 my_strlen, my_strlen2를 호출합니다.

44~45 라이브러리 함수 strcmp와 직접 구현한 my_strcmp를 호출합니다. 대문자 'H'보다 소문자 'h'
가 더 크므로 −1을 반환합니다.

▌결과

```
strlen(): 12
my_strlen(): 12
my_strlen2(): 12
strcmp(): -1
my_strcmp(): -1
```

021 문자열의 복사와 문자열의 연결

■ 학습내용 strcpy와 strcat 함수를 구현합니다.
■ 힌트내용 문자 배열을 사용합니다.

〈string.h〉 헤더파일에 정의된 함수 중 strcpy 함수와 strcat 함수를 직접 구현합니다. 두 함수의 원형은 다음과 같습니다.

```
char *strcpy(char *strDestination, const char *strSource);
char *strcat(char *str1, const char *str2);
```

참고로 비주얼스튜디오에서는 안전한 사용을 위해 strcpy 함수 대신 strcpy_s나 strncpy를 사용하는 것을 권장합니다. strcpy 함수가 NULL 문자를 발견할 때까지 복사를 진행하는데, 이 과정에서 strDestination 배열의 크기보다 더 긴 문자를 복사하려고 할 때 버퍼 오버플로 문제를 발생시킬 가능성이 있기 때문입니다. 1장에서 설명한 것과 같이 비주얼스튜디오에서 strcpy를 쓰는 경우는 파일의 맨 앞에 #define _CRT_SECURE_NO_WARNINGS를 정의해줍니다.

📄 a021_strcpy_strcat.c

```
1   #include <stdio.h>
2   #include <string.h>
3   #include <malloc.h>
4
5   // source에서 dest로 문자열 복사
6   char* my_strcpy(char* dest, char* source)
7   {
8       dest = (char*)malloc(strlen(source) + 1);
9       int i = 0;
10      while (dest[i] = source[i])
11          i++;
12      dest[i] = '\0';
13      return dest;
14  }
15
16  // str1에 str2 문자열을 결합
17  char* my_strcat(char* str1, char* str2)
```

```
18    {
19        char* result = (char*)malloc(strlen(str1) + strlen(str2) + 1);
20        int i = 0;
21
22        while (str1[i] != '\0') {
23            result[i] = str1[i];
24            i++;
25        }
26
27        char* ptr = result + strlen(str1);
28        while (*str2 != '\0')
29            * ptr++ = *str2++;
30        *ptr = '\0';
31
32        return result;
33    }
34
35    int main()
36    {
37        char s[] = "Hello World!";
38        char* t = NULL;
39        char u[] = "C programming language!";
40
41        t = my_strcpy(t, s);
42        printf("my_strcpy() : %s-)%s\n", s, t);
43        printf("my_strcat() : %s\n", my_strcat(s, u));
44    }
```

3   my_strcat 함수에서 메모리를 할당하는 malloc 함수를 사용하기 위해 필요합니다.

6~14 source에서 dest으로 문자열을 복사하는 my_strcpy 함수입니다.

8   dest에 source의 문자열 길이보다 1 만큼 큰 메모리를 할당합니다. '\0'를 저장하기 위해 필요합니다.

10   while 문은 source 배열의 원소가 '\0' 문자일 때까지 반복됩니다. while((dest[i] = source[i]) != '\0')라고 쓴 것과 같습니다.

17   str1에 str2 문자열을 결합하는 my_strcat 함수입니다.

19 result 포인터에 str1과 str2를 합쳐서 담을 수 있도록 메모리를 할당합니다. 문자열의 맨 뒤에 '\0'를 넣어야 하므로 두 문자열의 크기에 1을 더합니다.

22~25 str1 문자열을 result에 복사합니다.

27 ptr 포인터는 result에서 str1이 복사된 곳의 끝으로 이동시킵니다.

28~30 str2의 끝까지 ptr이 가리키는 result 배열에 복사하고 '\0'을 넣어서 문자열의 끝을 알립니다.

37 문자 배열 s[]를 선언하고 초기화합니다.

38 my_strcpy 함수에서 사용할 문자열 포인터 t를 선언하고 초기화합니다.

39 문자 배열 u[]를 선언하고 초기화합니다.

41~42 my_strcpy 함수를 호출하여 s를 t로 복사하고 반환받은 값을 출력합니다. s가 t로 복사된 것을 확인할 수 있습니다.

43~44 my_strcat 함수를 호출하여 s와 u를 연결하고, 반환받은 값을 출력합니다.

▌결과

```
my_strcpy() : Hello World!->Hello World!
my_strcat() : Hello World!C programming language!
```

022 대문자와 소문자의 변환

■ 학습내용 toupper와 tolower 함수를 구현합니다.
■ 힌트내용 ASCII 테이블을 참조합니다.

〈ctype.h〉 헤더 파일에는 문자 검사와 문자 변환과 관련한 함수들을 포함하고 있습니다. 그중 대문자와 소문자로 변환하는 함수는 다음과 같은 원형을 갖습니다.

```
int tolower(int c);  // c를 소문자로 변환합니다.
int toupper(int c);  // c를 대문자로 변환합니다.
```

이번 장에서는 이와 비슷하지만, 문자열 단위로 대문자, 소문자로 변환할 수 있는 함수를 만들어보겠습니다. 구현하고자 하는 함수의 원형은 다음과 같습니다.

```
char* to_upper(char* str);    // str을 대문자 문자열로 변환합니다.
char* to_lower(char* str);    // str을 소문자 문자열로 변환합니다.
```

대문자와 소문자의 변환은 ASCII 코드를 이해해야 합니다. ASCII 코드는 'A'가 10진수로 65, 'B'는 66과 같이 알파벳 순서대로 코드가 부여되어있습니다. 또 'a'는 10진수로 97, 'b'는 98입니다. 따라서 char c는 if(c >= 'a' && c <= 'z')라면 소문자이고 if(c >= 'A' && c <= 'Z')라면 대문자입니다. 소문자 c를 대문자로 변환하려면 c = c−'a'+'A' 하면 되고 반대로 대문자 c를 소문자로 변환하려면 c = c−'A'+'a'로 변환할 수 있습니다.

소스 a022_upper_lower.c

```
1   #include <stdio.h>
2
3   char* to_upper(char* s)
4   {
5      char* ptr = s;
6      while (*ptr) {
7         if(*ptr >= 'a' && *ptr <= 'z')
8            * ptr = *ptr − 'a' + 'A';
9         ptr++;
10     }
```

```
11        return s;
12    }
13
14    char* to_lower(char* s)
15    {
16        char* ptr = s;
17        while (*ptr) {
18            if(*ptr >= 'A' && *ptr <= 'Z')
19                * ptr = *ptr - 'A' + 'a';
20            ptr++;
21        }
22        return s;
23    }
24
25    int main()
26    {
27        char s[] = "Hello World!";
28
29        printf("to_upper() : %s\n", to_upper(s));
30        printf("to_lower() : %s\n", to_lower(s));
31    }
```

3~12 문자열을 대문자로 변환하여 반환하는 함수입니다. 첫 번째 문자열에서 시작하여 '\0' 문자가 나올 때까지 소문자이면 대문자로 변환하여 반환합니다.

14~23 문자열을 소문자로 변환하여 반환하는 함수입니다. 첫 번째 문자열에서 시작하여 '\0' 문자가 나올 때까지 대문자이면 소문자로 변환하여 반환합니다.

27 문자 배열 s[]를 선언하고 초기화합니다.

29 s[]를 to_upper 함수로 전달하고 대문자로 변환시킨 후 반환받아 출력합니다.

30 s[]를 to_lower 함수로 전달하고 소문자로 변환시킨 후 반환받아 출력합니다.

▌결과

```
to_upper() : HELLO WORLD!
to_lower() : hello world!
```

023 문자열 뒤집기

■ 학습내용 문자열을 뒤집어서 새로운 문자열을 만드는 방법을 공부합니다.
■ 힌트내용 〈string.h〉에 있는 _strrev 함수를 구현합니다.

문자열을 뒤집어서 새로운 문자열을 만드는 함수를 구현하겠습니다. 라이브러리 함수 중의 _strrev 함수와 같은 기능입니다. 이 함수의 원형은 다음과 같습니다. 배열과 포인터를 활용하는 아주 좋은 예제입니다.

```
char* _strrev(char* str);    // 라이브러리 함수입니다.
char* my_reverse(char* str); // 구현할 함수입니다.
```

소스 a023_reverse.c

```
1   #include <stdio.h>
2   #include <string.h>
3
4   char* my_reverse(char* s)
5   {
6       char* end = s + strlen(s) - 1;
7
8       for(char* ptr = s; ptr < end; ptr++, end--) {
9           char tmp = *ptr;
10          *ptr = *end;
11          *end = tmp;
12      }
13      return s;
14  }
15
16  int main()
17  {
18      char s[] = "Hello World!~";
19
20      printf("_strrev() : %s\n", _strrev(s));
21      printf("my_reverse() : %s\n", my_reverse(s));
22  }
```

4~14 구현할 my_reverse 함수의 정의입니다.

6 문자열 s의 맨 뒤에는 '\0' 문자가 있는데 포인터 end는 그 바로 앞에 있는 문자를 가리킵니다. 그래서 strlen(s) - 1을 더해줍니다.

8~12 포인터 ptr은 s의 처음부터 시작하여 하나씩 뒤로 이동하면서 반복되고 포인터 end는 s의 맨 뒤부터 시작해서 하나씩 앞으로 이동하면서 반복됩니다. 반복문 안에서 *ptr과 *end의 내용을 바꾸어 줍니다. 이 과정은 ptr 〈 end인 동안 계속됩니다. s의 중간까지만 반복한다는 뜻입니다.

13 내용이 바뀐 s를 반환합니다.

16~22 char 배열 s[]를 선언하고 초기화합니다. 라이브러리 함수인 _strrev를 수행하면 문자열이 뒤집혀 출력되고, 뒤집힌 s에 대해 my_reverse를 수행하면 문자열이 다시 뒤집혀서 원래대로 출력됩니다.

│ 결과

```
_strrev(): ~!dlroW olleH
my_reverse(): Hello World!~
```

024 정수와 문자열의 변환

■ 학습내용 문자열을 숫자로, 숫자를 문자열로 바꾸는 방법을 공부합니다.
■ 힌트내용 〈stdlib.h〉에 정의된 라이브러리 함수 atoi와 itoa를 직접 구현합니다.

눈에 보이기는 똑같지만, 숫자 1234와 문자열 "1234"는 완전히 다른 데이터입니다. C 라이브러리의 〈stdlib.h〉에는 atoi와 _itoa 함수가 정의되어 있습니다. atoi는 ASCII to integer, _itoa는 integer to ASCII의 약자입니다. 프로그램에서 숫자와 문자열을 변환할 필요가 있을 때 사용합니다. 함수 원형은 다음과 같습니다.

```
int   atoi(const char *str);
char * _itoa( int value, char *buffer, int radix );
```

라이브러리로 제공되는 atoi 함수는 부호를 처리하며 문자열의 앞뒤에 있는 공백 문자를 처리할 수 있습니다. _itoa 함수는 진법에 따라 변환되는 숫자가 다르게 됩니다. 비주얼스튜디오에서는 _itoa 대신 _itoa_s를 쓰도록 권장하고 있습니다. 참고로 itoa는 C 표준이 아닙니다.

atoi와 _itoa의 간단한 버전을 직접 구현하겠습니다. my_atoi는 공백이나 부호 없이 숫자만을 정수로 변환하는 함수입니다. my_itoa 함수는 문자열을 10진수로 변환하는 함수입니다.

📂 a024_atoi.c

```
1   #include <stdio.h>
2   #include <malloc.h>
3   #include <stdlib.h>
4
5   int my_atoi(const char* s)
6   {
7       int value = 0;
8
9       while (*s) {
10          if(*s >= '0' && *s <= '9') {
11              value = value * 10 + *s - '0';
12              s++;
13          }
14          else {
```

```
15              printf("non-number found!");
16              return -1;
17        }
18    }
19    return value;
20  }
21
22  char* my_itoa(int v)
23  {
24    int digits = 0;        // 자릿수
25    int t = v;
26
27    while (t) {
28        digits++;
29        t /= 10;
30    }
31
32    char* number = (char*)malloc(digits + 1);
33    number[digits] = NULL;
34
35    while (digits != 0) {
36        number[--digits] = v % 10 + '0';
37        v /= 10;
38    }
39    return number;
40  }
41
42  int main()
43  {
44    char buffer[30];
45
46    printf("atoi() : %d\n", atoi("1234567"));
47    printf("my_atoi() : %d\n", my_atoi("1234567"));
48
49    _itoa_s(1234567, buffer, _countof(buffer), 10);
50    printf("_itoa_s() : %s\n", buffer);
51    printf("my_itoa() : %s\n", my_itoa(1234567));
52  }
```

5~20 구현할 my_atoi 함수의 정의입니다.

9~18 문자열의 처음부터 끝까지 반복하면서 '0'~'9' 사이의 문자이면 value의 현재 값을 10배하고 문자에서 '0'을 빼서 숫자로 변환하여 더해줍니다. 한자리가 처리되었으므로 s++로 다음 문자로 이동합니다. 만일 '0'~'9' 사이의 문자가 아니라면 "non-number found!"라고 출력하고 -1을 반환합니다.

19 반복문이 끝나면 value에 숫자로 변환된 값이 저장됩니다. 이를 반환합니다.

22~40 구현할 my_itoa 함수의 정의입니다.

25 t는 v를 할당합니다.

27~30 t를 10으로 나눈 몫을 다시 t에 저장하여 0이 될 때까지 반복합니다. 반복 횟수 digits는 숫자의 자릿수를 갖게 됩니다.

32~33 자릿수에 '\0'을 저장할 수 있도록 1을 더한 크기만큼 메모리를 할당하여 number 포인터에 할당합니다. 할당된 메모리의 맨 뒤에 '\0'을 넣습니다.

35~38 숫자 v를 10으로 나눈 나머지는 맨 뒷자리 수입니다. number의 뒤에서부터 이 값을 저장하고 v는 10으로 나눈 값을 할당합니다.

46~47 라이브러리 함수 atoi와 직접 구현한 my_atoi를 실행하고 출력합니다.

49~51 라이브러리 함수 _itoa_s와 my_itoa를 실행하고 출력합니다. _itoa_s 함수는 결과값을 저장하는 buffer[] 배열, 배열의 크기, 그리고 진수를 매개변수로 사용합니다. _countof는 배열의 크기(원소의 개수)를 알려주는 매크로입니다. 다음과 같이 정의되어 있습니다.

```
#define _countof(array) (sizeof(array) / sizeof(array[0]))
```

결과

```
atoi() : 1234567
my_atoi() : 1234567
_itoa_s() : 1234567
my_itoa() : 1234567
```

025 문자열 안에서 다른 문자열 찾기

- ■ 학습내용 문자열 안에서 다른 문자열을 찾는 문자열 검색을 공부합니다.
- ■ 힌트내용 〈string.h〉에 있는 strstr 함수를 직접 구현합니다.

워드 문서 작성 중 어떤 단어를 찾고 싶으면 검색 메뉴를 통해서 찾지요. 이처럼 긴 문자열에서 특정 문자열을 찾는 함수가 〈string.h〉에 있는 strstr 함수입니다. 원형은 다음과 같습니다. 찾는 문자열이 처음 나오는 부분의 포인터를 반환합니다.

```
char *strstr(const char *str, const char *strSearch);
```

소스 a025_strstr.c

```
1   #include <stdio.h>
2   #include <string.h>
3
4   char str[] = "ababacabcaab";
5   char sub[] = "abc";
6
7   // 문자열 str에서 sub 문자열이 처음 시작되는 포인터를 리턴
8   char* my_strstr(const char* str, const char* sub)
9   {
10      int len1 = strlen(str);
11      int len2 = strlen(sub);
12
13      if(len2 == 0)        // sub 문자열이 ""라면 무조건 매칭된다고 가정
14          return (char*)str;
15
16      // str의 남은 길이가 sub보다 작다면 비교할 필요가 없으므로 NULL을 리턴
17      while (len1 >= len2) {
18          char* s = (char*)str;
19          char* t = (char*)sub;
20          while (*s == *t && *t != NULL) {
21              s++;
```

```
22              t++;
23          }
24      if(*t == NULL)
25              return (char*)str;
26      str++;
27      len1—;
28  }
29  return NULL;
30 }
31
32 int main()
33 {
34   printf("strstr() : %s\n", strstr(str, sub));
35   printf("my_strstr() : %s\n", my_strstr(str, sub));
36 }
```

4 원본 문자 배열 str[] 입니다.

5 찾고자 하는 문자 배열 sub[]입니다.

8~30 char *my_strstr() 함수의 정의입니다. 매개변수 str과 sub는 const char*입니다. 매개변수로 사용되는 포인터에 const 키워드가 붙으면 포인터의 내용이 바뀌는 것을 방지합니다.

10~11 두 문자 배열의 길이를 각각 len1과 len2에 할당합니다.

13~14 len2가 0이라면 무조건 매칭된다고 하겠습니다. const char*형인 str을 (char*)로 캐스팅하여 반환합니다.

17~28 str의 남은 길이가 sub보다 작다면 비교할 필요가 없습니다. 이때는 반복문을 빠져나와서 NULL을 반환합니다. 두 문자열을 한 글자씩 비교하면서 t의 끝까지 진행되면 그때의 str을 반환합니다.

32~36 main 함수에서 라이브러리 함수 strstr과 직접 구현한 my_strstr 함수를 호출하고 결과를 출력합니다.

▍결과

```
strstr() : abcaab
my_strstr() : abcaab
```

02 PART  고급

자료구조와
알고리즘의 활용

C언어
100제

026 실수를 표시하는 문자열을 숫자로 변환하기

■ 학습내용 문자열로 표시된 실수를 숫자로 변환합니다.
■ 힌트내용 〈math.h〉 헤더 파일에 있는 atof 함수를 직접 구현합니다.

24장에서는 정수 문자열을 숫자로 변환하는 atoi 함수를 구현했습니다. 실수 문자열을 숫자로 변환하는 것은 훨씬 복잡합니다. 실수를 표현하는 방법이 여러 가지입니다. 예를 들어 다음과 같은 표기가 가능합니다.

```
1.234
1.234e10
-1.234E-10
```

이번 장에서는 이처럼 표시된 문자열을 숫자로 변환하여 처리하는 atof 함수를 구현합니다. atof는 ascii to float의 약자입니다.

📄 a026_atof.c

```c
1   #define _CRT_SECURE_NO_WARNINGS
2   #include <stdio.h>
3   #include <string.h>      // strcpy 함수
4   #include <math.h>        // pow 함수
5   #include <ctype.h>       // isdigit 함수
6
7   #define MINUS -1
8   #define PLUS 1
9
10  double my_atof(char* s)
11  {
12      int sign = PLUS;          // 부호
13      int value = 0;            // 정수부(significand)
14      double mantissa = 0;      // 가수부(mantissa)
15      double mandigit = 10;     // 가수부의 자릿수
16      int exp = 0;              // 지수부(exponent)
17      int expsign = PLUS;       // 지수부 부호
18
```

```
19    if(*s == '-') {          // 부호처리
20        sign = MINUS;
21        s++;
22    } else {
23        if(*s == '+')
24            s++;
25    }
26
27    // 소수점까지 읽기(정수부)
28    while (*s != '.' && *s != 'E' && *s != 'e' && *s != NULL) {
29        if(isdigit(*s))
30            value = value * 10 + (*s - '0');
31        s++;
32    }
33
34    // 가수부(mantissa)
35    if(*s == '.') {          // 지금부터 가수부
36        while (*s != 'E' && *s != 'e' && *s != NULL) {
37            if(isdigit(*s)) {
38                mantissa = mantissa + (*s - '0') / mandigit;
39                mandigit *= 10;
40            }
41            s++;
42        }
43    }
44
45    // 지수부(exponent) 부호 처리
46    if(*s == 'e' || *s == 'E') {
47        s++;
48        if(*s == '-') {          // 부호처리
49            expsign = MINUS;
50            s++;
51        } else {
52            if(*s == '+')
53                s++;
54        }
55    }
56    // 지수부 숫자 읽기
57    while (*s != NULL) {
```

```
58        if(isdigit(*s)) {
59            exp = exp * 10 + (*s - '0');
60            s++;
61        }
62    }
63    return sign * (value + mantissa) * pow(10, expsign * exp);
64 }
65
66 int main()
67 {
68    char s[30] = "1.234";
69
70    printf("%f\n", my_atof(s));
71
72    strcpy(s, "1.234e10");
73    printf("%e\n", my_atof(s));
74
75    strcpy(s, "-1.234E-10");
76    printf("%e\n", my_atof(s));
77 }
```

7~8 숫자의 부호를 표시하기 위해 정의합니다. - 부호라면 MINUS, 아니라면 PLUS입니다.

19~25 부호를 처리하는 부분입니다. 문자열이 - 로 시작하면 sign을 -1로 만듭니다.

28~32 정수부를 처리합니다. 소수점이나 지수표현(e, E)이 나올 때까지 0~9까지의 문자열을 숫자로 바꿉니다. 24장의 my_atoi 함수와 같이 처리합니다.

35~43 가수부를 처리합니다. 소수점 이후에 나오는 문자열을 한 자리가 이동할 때마다 1/10을 곱해서 숫자로 바꿉니다. 지수표현(e, E)이 나올 때까지 계속합니다.

46~55 지수부의 부호를 처리합니다.

57~62 지수부의 숫자를 처리합니다.

63 부호, 정수부, 가수부, 지수부를 결합하여 숫자를 계산하고 반환합니다.

68 char 배열 s[]를 "1.234"로 초기화합니다.

70 s를 my_atof 함수로 보내어 숫자로 변환한 값을 출력합니다.

72~73 "1.234e10"를 s에 복사하고 my_atof 함수로 보내어 숫자로 변환한 값을 출력합니다.

75~76 "−1.234E−10"를 s에 복사하고 my_atof 함수로 보내어 숫자로 변환한 값을 출력합니다.

❚ 결과

```
1.234000
1.234000e+10
−1.234000e−10
```

027 2진수를 10진수로 변환하기

- 학습내용 2진수를 입력받아 10진수로 변환하여 출력하는 프로그램을 공부합니다.
- 힌트내용 2진수를 저장하기 위해 long long 형의 변수를 사용합니다.

2진수와 10진수 사이의 변환은 자주 나오는 프로그램 예제입니다. C는 10진수나 16진수는 입력받을 수 있지만 2진수 입력은 지원하지 않습니다. 따라서 2진수를 숫자나 문자열로 입력받을 수 있는데 만일 숫자로 입력받는다면 자릿수가 크기 때문에 아주 큰 숫자를 저장하는 변수형을 사용해야 합니다. C언어에서 int와 long은 4바이트입니다. long은 더 큰 정수를 담을 수 있을 것 같아 8바이트 아닌가 생각되지만 실제로는 long도 4바이트입니다. 더 큰 정수를 저장하려면 8바이트 크기인 long long을 사용합니다. 다음과 같은 코드를 실행하면 확인할 수 있습니다.

```
printf("sizeof(int)=%d, sizeof(long)=%d, sizeof(long long)=%d\n",
    sizeof(int), sizeof(long), sizeof(long long));
```

```
// 출력
sizeof(int)=4, sizeof(long)=4, sizeof(long long)=8
```

int와 long은 2^{31}에서 $+2^{31}-1$까지를 표현할 수 있습니다. ±20억 정도의 숫자입니다. long long은 64비트이므로 2^{63}에서 $+2^{63}-1$까지를 표현할 수 있습니다. 10진수로 $-9,223,372,036,854,775,808$에서 $9,223,372,036,854,775,807$로 자릿수가 19개입니다. 따라서 19비트 길이의 2진수를 10진 형태로 long long에 저장할 수 있습니다. 2진수의 자릿수가 더 크다면 char 배열을 사용할 수 있습니다.

2진수 1101을 10진수로 변환할 때는 $1 \times 2^3 + 1 \times 2^2 + 0 \times 2^1 + 1 \times 2^0$을 계산해야 합니다.

소스 a027_binary_to_decimal.c

```
1    #include <stdio.h>
2    #include <math.h>
3
4    int binary_to_decimal(long long n)
5    {
6        int dec = 0;
7        int rem;              // 나머지
```

```
8
9      for(int i = 0; i < 32; i++) {
10         rem = n % 10;
11         dec += rem * pow(2, i);
12         n /= 10;
13     }
14     return dec;
15 }
16
17 int main()
18 {
19     long long bin;
20     int dec;
21
22     printf("Enter binary number: ");
23     scanf_s("%lld", &bin);
24
25     dec = binary_to_decimal(bin);
26     printf("%lld(binary) = %d(decimal)\n", bin, dec);
27 }
```

4~15 2진수를 10진수로 변환하는 binary_to_decimal 함수입니다. 2진수는 long long에 10진수 패턴으로 저장되어 있습니다. 예를 들어 1101이라는 2진수는 10진수 1101(천백일)로 저장됩니다. 따라서 10으로 나눈 나머지 rem에 자릿수의 2의 지수 승을 곱해서 dec에 더해 나갑니다. 한 자리가 처리되면 n을 10으로 나누어 줍니다.

22~23 2진수를 입력받아 bin에 저장합니다.

25~26 binary_to_decimal을 호출하고 반환된 결과를 출력합니다.

▌결과

```
Enter binary number: 10001011
10001011(binary) = 139(decimal)

Enter binary number: 10101010101010
10101010101010(binary) = 10922(decimal)
```

028 비트연산으로 10진수를 2진수로 변환하기

■ 학습내용 10진수를 2진수로 변환하여 출력하는 프로그램을 공부합니다.
■ 힌트내용 비트연산을 사용합니다.

10진수를 2진수로 변환하는 프로그램을 작성하겠습니다. 여러 가지 방법이 있을 수 있겠는데, 여기에서는 비트연산을 사용하여 만들겠습니다. 변수에 값이 저장될 때 0과 1의 패턴으로 저장된다는 건 다들 아시지요? 숫자는 2진수로 저장됩니다. 예를 들어 정수 dec가 13이라면 1101이라는 2진수로 저장되어 있습니다. mask 변수는 0x01로 제일 하위 비트만 1인 값입니다. dec와 mask를 비트 AND 연산하면 dec의 맨 뒷자리가 1이면 1, 0이면 0이 나옵니다.

```
dec            1101   // 13
mask           0001   // 마스크

dec & mask     0001   // 맨 뒷자리가 1이면 비트 AND의 결과가 1
```

이 과정이 한 번 끝나면 dec를 한 자리 오른쪽으로 시프트하여 이 과정을 반복합니다.

<small>소스</small> a028_binary_to_decimal.c

```
1   #define _CRT_SECURE_NO_WARNINGS
2   #include <stdio.h>
3   #include <math.h>
4
5   long long decimal_to_binary(int dec)
6   {
7       long long bin = 0;
8       int mask = 0x01;
9       int bit;
10
11      for(int i = 0; i < 16; i++) {
12          bit = dec & mask;
13          bin += bit * pow(10, i);
14          dec = dec >> 1;
```

```
15        }
16      return bin;
17    }
18
19    int main()
20    {
21      long long bin;
22      int dec;
23
24      printf("Enter decimal number: ");
25      scanf("%d", &dec);
26
27      bin = decimal_to_binary(dec);
28      printf("%d(decimal) = %lld(binary)\n", dec, bin);
29    }
```

_{5~17} 10진수를 2진수로 변환하는 함수입니다. 10진수 dec는 메모리에 2진수로 저장되어 있으므로 비트연산을 사용하여 계산합니다. mask는 맨 오른쪽 자리만 1이며 dec와 mask를 비트 AND 연산하면 맨 뒷자리가 0이면 0, 1이면 1이 bit 변수에 저장됩니다. 2진수를 10진 형태로 저장하므로 bit에 10의 지수 승을 곱해서 더해 나갑니다. 한 자리가 처리되면 오른쪽으로 1비트 시프트합니다.

_{24~25} 10진수를 입력받아 dec에 저장합니다.

_{27~28} decimal_to_binary를 호출하고 결과를 반환받아 출력합니다.

┃결과

```
Enter decimal number: 139
139(decimal) = 10001011(binary)


Enter decimal number: 10922
10922(decimal) = 10101010101010(binary)
```

029 재귀함수를 사용하여 10진수를 2진수로 변환하기

■ 학습내용 10진수를 2진수로 변환하여 출력하는 프로그램을 공부합니다.
■ 힌트내용 재귀함수를 사용합니다.

다음과 같이 10진수를 2로 계속 나누어가면서 나머지를 역순으로 출력하면 2진수가 됩니다. 처음 계산한 나머지가 제일 나중에 출력되어야 하므로 2로 나누는 과정에서 나머지 값들을 배열에 저장해 두고 계산이 끝난 뒤에 배열을 뒤에서부터 출력하면 되겠지요. [그림 29-1]에서 10진수 27의 이진수 표현은 11011이 됩니다.

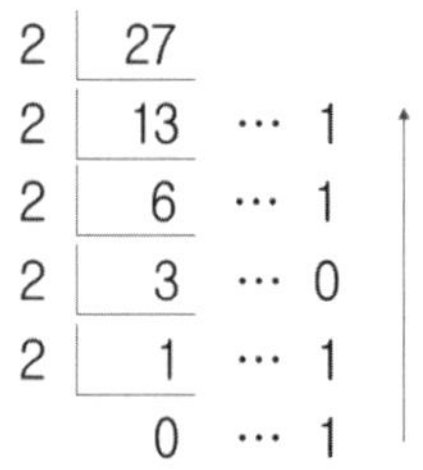

```
2 | 27
2 | 13  … 1  ↑
2 |  6  … 1  │
2 |  3  … 0  │
2 |  1  … 1  │
    0  … 1
```

[그림 29-1] 2진수 변환 과정

재귀함수를 사용하면 훨씬 간단하게 2진수로 변환할 수 있습니다. 나머지를 출력하는 문장을 재귀호출 아래에 써주면 재귀호출이 끝난 후에 나머지가 출력되므로 배열에 값을 저장하지 않더라도 원하는 결과를 출력할 수 있습니다.

이 프로그램에서는 정수로 입력받은 숫자가 INT_MAX, 즉 2,147,483,647보다 큰 값인지를 검사하는 checkOverflow 함수를 작성합니다. 정수의 범위를 넘어서는 숫자는 오버플로를 발생시켜 원하는 이진수를 만들 수 없기 때문입니다. 예를 들어 IMT_MAX+1을 출력하면 음수로 -2,147,483,648이 출력됩니다. 그래서 INT_MAX보다 큰 값은 정수형 변수에 저장할 수 없는 것이지요. INT_MAX는 〈limits.h〉에 정의되어 있는데 32비트로 표현할 수 있는 가장 큰 수이며 10자리의 정수입니다. 이를 저장하기 위해 11개 크기의 문자 배열을 사용합니다. 정수를 문자열로 바꾸는 _itoa 함수를 사용하여 만들어진 문자열의 길이가 10자리보다 크거나, 같은 10자리라면 맨 앞자리부터 숫자를 비교하여 더 큰 숫자가 나오면 1을 반환합니다. checkOverflow 함수가 1을 반환하면 정수의 범위를 넘어서므로 프로그램을 끝내게 합니다.

a029_dec_to_binary.c

```c
1   #define _CRT_SECURE_NO_WARNINGS
2   #define SIZE    32
3   #include <stdio.h>
4   #include <stdlib.h>
5   #include <limits.h>
6   #include <string.h>
7
8   int checkOverflow(char buffer[])
9   {
10      char intmax[11];
11
12      _itoa(INT_MAX, intmax, 10);
13      if(strlen(buffer) > strlen(intmax))
14         return 1;
15      else if(strlen(buffer) == strlen(intmax)) {
16         for(int i = 0; i < 11; i++)
17            if(buffer[i] > intmax[i])
18               return 1;
19      }
20      return 0;
21   }
22
23   void array_d2b(int n)
24   {
25      int arr[SIZE] = { 0 };
26      int i, length = 0;            // 배열의 길이
27
28      for(i = 0; n > 0; i++) {
29         arr[i] = n % 2;
30         n /= 2;
31         length++;
32      }
33      length--;
34
35      while (length >= 0) {         // 배열을 뒤에서부터 출력
36         printf("%d", arr[length]);
37         length--;
38      }
39   }
```

```
40
41    void recursive_d2b(int n)
42    {
43        if(n >= 2)
44            recursive_d2b(n / 2);
45        printf("%d", n % 2);
46    }
47
48    int main()
49    {
50        int n;
51        char number[11] = { 0 };        // 10자리 + '\0'
52
53        printf("10진수 정수를 입력하세요: ");
54        scanf("%s", number);
55
56        if(checkOverflow(number) == 1) {
57            printf("입력한 숫자가 정수의 범위를 넘어섭니다.\n");
58            exit(0);
59        }
60
61        n = atoi(number);
62
63        printf("\n10진수 %d의 2진수는 : ", n);
64        array_d2b(n);
65
66        printf("\n10진수 %d의 2진수는 : ", n);
67        recursive_d2b(n);
68    }
```

8~21 buffer에 저장된 숫자표현이 INT_MAX보다 크면 1을 반환하고, 작으면 0을 반환하는 함수입니다. _itoa 함수로 INT_MAX를 문자열로 변환한 후, 매개변수로 전달받은 숫자의 길이가 INT_MAX의 문자열 표현보다 길면 1, 짧으면 0을 반환합니다. 만일 숫자의 길이가 INT_MAX의 문자열 표현과 같다면 앞에서부터 한 글자씩 크기를 비교하여 만일 큰 값이 나오면 1을 반환합니다.

23~39 배열을 사용하여 숫자 n을 2진수로 변환하는 array_d2b 함수입니다.

25 2진수로 나머지를 저장하기 위한 배열을 정의하고 0으로 초기화합니다.

28~33 숫자를 2로 나눈 나머지를 arr 배열의 앞에서부터 저장합니다. 2진수의 길이는 length 변수에 저장합니다.

35~38 이진수 배열 arr를 뒤에서부터 출력합니다.

41~46 재귀함수인 recursive_d2b 함수입니다. n이 2 이상이면 n/2를 매개변수로 recursive_d2b 함수를 재귀호출합니다. 재귀호출이 끝나면 printf 문에 의해 나머지를 출력합니다.

51 문자 배열 number를 선언합니다. 정수의 최대값은 10자리 숫자이므로 맨 뒤에 '\0'를 저장할 수 있도록 11개 크기로 선언하고 0으로 초기화합니다.

54 10진수 정수를 문자열로 입력받습니다. 숫자로 받으면 INT_MAX보다 큰 값이 입력되는지를 검사할 수가 없으므로 문자열로 입력받고 checkOverflow 함수에서 32비트 정수로 표현될 수 있는 크기의 숫자인지를 검사합니다.

56~59 checkOverflow 함수로 입력받은 문자열이 정수의 최대값인 INT_MAX보다 큰지 체크하고, 만일 크다면 프로그램을 종료합니다.

61 입력받은 문자열을 숫자로 바꾸어 n에 대입합니다.

63~64 array_d2b 함수를 호출하여 2진수를 출력합니다.

66~67 recursive_d2b 함수를 호출하여 2진수를 출력합니다.

▌결과

```
10진수를 입력하세요: 27 Enter

10진수 27의 2진수는 : 11011
10진수 27의 2진수는 : 11011
```

030 하노이의 탑과 메르센 수

■ 학습내용 재귀함수를 이용하여 하노이 탑 문제를 해결합니다.
■ 힌트내용 주어진 문제에서 재귀호출을 생각하는 훈련이 필요합니다.

하노이의 탑(Tower of Hanoi)은 퍼즐의 일종입니다. 세 개의 기둥과 이 기둥에 꽂을 수 있는 크기가 다양한 원판이 있습니다. 퍼즐을 시작하기 전에는 한 기둥에 원판들이 작은 것이 위에 있도록 순서대로 쌓여 있습니다. [그림 30 - 1]은 4개의 원판이 있는 하노이의 탑입니다.

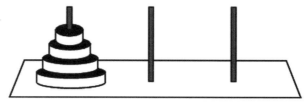

[그림 30-1] 하노이의 탑

게임의 목적은 다음 두 가지 조건을 만족시키면서, 한 기둥에 꽂힌 원판들을 다른 기둥으로 옮겨서 다시 쌓는 것입니다. (1) 한 번에 하나의 원판만 옮길 수 있다. (2) 큰 원판이 작은 원판 위에 있어서는 안 된다.

하노이의 탑 문제는 재귀호출을 이용하여 풀 수 있는 가장 유명한 예제 중의 하나입니다. 따라서 프로그래밍 수업에서 알고리즘 예제로 많이 사용합니다. 하노이의 탑 알고리즘은 다음과 같이 표현할 수 있습니다.

A에 있는 n개의 원반을 (B를 이용해) C로 이동하려면,
- n - 1개의 원반을 A에서 (C를 이용해) B로 이동하고
- A의 맨 밑에 있는 원반을 C로 이동한 후
- B에 있는 n - 1개의 원반을 B에서 (A를 이용해) C로 이동합니다.

이 알고리즘은 n개의 원반을 이동하는 풀이 과정에서 (n - 1) 개의 원반을 이동하는 과정을 사용하기 때문에 재귀적으로 프로그램할 수 있습니다.

하노이의 탑 문제는 원판의 개수가 n개일 때, 최소 $2^n - 1$번의 이동으로 원판을 모두 옮길 수 있습니다. $2^n - 1$을 메르센 수(Mersenne Number)라고 부릅니다. n이 커지면 메르센 수는 기하급수적으로 증가합니다. 원반 하나를 이동하는 데 걸리는 시간을 1초라고 할 때, 7개의 하노이 탑 문제는

$2^7 - 1 = 127$초가 걸리지만, 원반의 개수가 늘어나면 원반의 이동 횟수가 기하급수적으로 증가하여 25개를 옮기는 데는 1년 이상, 그리고 50개의 원반을 옮기는 데는 3,500만 년 이상의 시간이 걸립니다.

소스 a030_hanoi_tower.c

```c
1    #include <stdio.h>
2    #include <math.h>
3
4    void hanoi_tower(int n, char from, char to, char via)
5    {
6        if(n == 1)
7            printf("Move : %c -> %c\n", from, to);
8        else {
9            hanoi_tower(n - 1, from, via, to);
10           printf("Move : %c -> %c\n", from, to);
11           hanoi_tower(n - 1, via, to, from);
12       }
13   }
14
15   double mersenne(int i)
16   {
17       return pow(2, i) - 1;
18   }
19
20   int main()
21   {
22       hanoi_tower(4, 'A', 'C', 'B');        // from, to, via
23
24       for(int i = 1; i <= 50; i++)
25       {
26           double m = mersenne(i);
27
28           printf("메르센 수(%d) = %.0f = %.1f일= %.1f년\n",
29                   i, m, m / 3600 / 24, m / 3600 / 24 / 365);
30       }
31   }
```

hanoi_tower 함수입니다. n개의 원반을 from에서 via를 이용하여 to로 이동하는 순서를 출력합니다. n이 1이면 더 이상 순환함수를 호출하지 않습니다. n이 1보다 크면 n - 1개를 from에서 via로 이동시킨 후 남은 하나의 원반을 from에서 to로 이동하고 다시 via에 이동된 n - 1개의 원반을 to로 이동시킵니다.

15~18 mersenne 함수입니다. 〈math.h〉 라이브러리의 pow 함수를 이용하여 $2^n - 1$을 계산하여 반환합니다.

22 4개의 원반을 'A'에서'B'를 이용하여 'C'로 이동하는 hanoi_tower 함수를 호출합니다.

24~31 메르센 수는 하노이 탑의 원반을 이동하는 최소의 횟수입니다. 메르센 수를 출력하고 원반 하나를 이동하는 데 걸리는 시간을 1초라고 할 때 며칠, 몇 년이 걸리는지를 출력합니다.

▌결과

```
hanoi_tower : 4, A -> C -> B
Move : A -> B
Move : A -> C
Move : B -> C
Move : A -> B
Move : C -> A
Move : C -> B
Move : A -> B
Move : A -> C
Move : B -> C
Move : B -> A
Move : C -> A
Move : B -> C
Move : A -> B
Move : A -> C
Move : B -> C
메르센 수(1) = 1 = 0.0일= 0.0년
메르센 수(2) = 3 = 0.0일= 0.0년
메르센 수(3) = 7 = 0.0일= 0.0년
...
메르센 수(21) = 2097151 = 24.3일= 0.1년
메르센 수(22) = 4194303 = 48.5일= 0.1년
메르센 수(23) = 8388607 = 97.1일= 0.3년
...
메르센 수(48) = 281474976710655 = 3257812230.4일= 8925513.0년
메르센 수(49) = 562949953421311 = 6515624460.9일= 17851025.9년
메르센 수(50) = 1125899906842623 = 13031248921.8일= 35702051.8년
```

031 최대공약수와 최소공배수

최대공약수를 찾을 때, 작은 수의 경우에는 직접 계산해서 찾을 수 있지만, 큰 수의 최대공약수는 프로그램으로 구해야 합니다. 최대공약수를 찾는 방법은 유클리드 호제법이라는 알고리즘을 사용합니다. 이 알고리즘은 기원전 300년 무렵에 만들어진 가장 오랜 알고리즘이라고 합니다. 유클리드 호제법은 다음 정리로부터 기인합니다.

> "A를 B로 나눈 몫을 Q라 하고, 나머지를 R이라 할 때, gcd(A,B)=gcd(B,R)이다"

이 과정을 반복하여 어느 한쪽이 나누어떨어질 때까지 반복하면, 나누어떨어지기 직전의 값이 최대공약수가 됩니다. 예를 들어 60과 24의 최대공약수를 구하는 과정은, 다음과 같이 12가 됩니다.

```
gcd(60, 24)    // 60 % 24 = 12
= gcd(24, 12)  // 24 % 12 = 0
= gcd(12, 0)   // 0이 나왔으므로 12가 최대공약수
```

유클리드 호제법은 재귀함수로 다음과 같이 구현할 수 있습니다.

```
int gcd(int a, int b)
{
    if(b == 0)
        return a;
    else
        return gcd(b, a % b);
}
```

최대공약수를 G, 최소공배수를 L이라고 하면, A = G*a, B = G*b로 표현될 수 있습니다. A*B = G*a*G*b이고 a와 b는 서로 소이지요. 최소공배수 L = G*a*b이므로 A*B = L*G가 됩니다. 즉 최소공배수와 최대공약수의 관계는 두 수의 곱이 최대공약수와 최소공배수의 곱과 같습니다. 따라서 최소공배수 L = A*B/G로 계산할 수 있습니다.

```
1    #define _CRT_SECURE_NO_WARNINGS
2    #include <stdio.h>
3
4    int gcd(int x, int y);
5
6    int main()
7    {
8        int a, b, GCD, LCM;
9
10       printf("2개의 정수를 입력하세요 :");
11       scanf("%d %d", &a, &b);
12
13       GCD = gcd(a, b);
14       LCM = (a * b) / GCD;
15
16       printf("GCD(%d, %d) = %d\n", a, b, GCD);
17       printf("LCM(%d, %d) = %d\n", a, b, LCM);
18   }
19
20   int gcd(int x, int y)
21   {
22       if(y == 0) {
23           return x;
24       }
25       else {
26           return gcd(y, x % y);
27       }
28   }
```

10~11 2개의 정수를 입력받습니다.

13 최대공약수를 구하는 gcd 함수를 호출합니다.

14 최소공배수는 최대공약수를 이용하여 계산합니다.

20~28 gcd 함수는 유클리드 호제법으로 최대공약수를 구해서 반환합니다.

┃ 결과

2개의 정수를 입력하세요 :36 120 Enter
GCD(36, 120) = 12
LCM(36, 120) = 360

032 실행 시간 측정

■ 학습내용 프로그램의 실행 시간을 측정하는 방법을 공부합니다.
■ 힌트내용 clock 함수를 사용합니다.

프로그램의 효율성을 알기 위한 가장 확실한 방법은 실행 시간을 측정하는 것입니다. 물론 이론적으로 시간복잡도를 계산할 수 있습니다만 실제로 실행 시간을 측정할 필요도 있는 것이지요. 실행 시간을 측정할 때는 clock 함수를 사용합니다. clock 함수를 사용할 때는 〈time.h〉를 포함해야 하고 원형은 다음과 같습니다.

```
#include <time.h>
clock_t clock(void);
```

clock 함수는 clock_t를 반환하는데 이는 정확히 말하면 시간이 아니고 CPU가 사용한 clock 수를 의미합니다. 이를 초 단위로 변환하려면 clock_t를 초당 클록 수를 의미하는 CLOCKS_PER_SEC 매크로로 나누어 줍니다.

간단하게 덧셈 하나를 수행하는 for 루프를 1천만 번 수행하는 시간을 측정해보겠습니다.

📄 a032_runTime.c

```
1    #include <stdio.h>
2    #include <time.h>
3
4    int main()
5    {
6      double start, end;
7
8      // 시작 시간
9      start = (double)clock() / CLOCKS_PER_SEC;
10
11     int sum = 0;
12     for(int i = 0; i < 10000000; i++) {
13       sum++;
14     }
15
```

```
16      // 끝 시간
17      end = (double)clock() / CLOCKS_PER_SEC;
18      printf("sum = %d, 실행 시간 = %lf초\n", sum, end - start);
19   }
```

2 ····· clock 함수를 사용하기 위해 〈time.h〉를 포함합니다.

6 ····· 시작과 끝 시간을 저장하기 위해 double 변수 start와 end를 선언합니다.

9 ····· 반복문이 시작되기 전에 시작 시간을 측정합니다.

11~14 ····· 반복문을 1천만 번 반복합니다.

17 ····· 반복문이 끝나면 끝 시간을 측정합니다.

18 ····· 실행 시간은 끝 시간에서 시작 시간을 뺀 값입니다.

결과

sum = 10000000, 실행 시간 = 0.017000초

033 피보나치수열과 동적 알고리즘

■ 학습내용 재귀함수의 대표적인 예제로 피보나치수열을 구합니다.
■ 힌트내용 한 번 계산된 값을 활용하는 동적 알고리즘을 사용합니다.

재귀함수의 대표적인 예로 피보나치수열이 있습니다. 피보나치수열은 첫째와 둘째 항이 1이며 그 뒤의 모든 항은 바로 앞 두 항의 합인 수열입니다. 즉 1, 1, 2, 3, 5, 8, 13, 21,…과 같이 증가하는 수열입니다.

이를 재귀적 알고리즘으로 표현하면 다음과 같습니다.

```
Fibo(1) = 1;
Fibo(2) = 1;
Fibo(n) = Fibo(n-1) + Fibo(n-2);    // n이 2보다 클 때
```

피보나치수열을 계산하는 제일 쉬운 방법은 배열을 사용하는 것입니다. 즉 int 배열 f[]를 만들어 두고 f[1] = f[2] = 1로 만들고 n이 2보다 클 때는 f[n] = f[n - 1] + f[n - 2]로 계산하는 것이지요. 한 번 계산된 피보나치수열의 항이 배열에 저장되어 있어서 반복문 한 번으로 피보나치수열을 구할 수 있습니다.

재귀적 방법의 경우에는 n번째 피보나치 항을 구하는 Fibo(n)을 실행할 때 Fibo(n - 1)과 Fibo(n - 2)를 계산해야 하는데, Fibo(n - 1)을 구하기 위해서는 다시 Fibo(n - 2), Fibo(n - 3)을 계산해야 하는 과정이 재귀적으로 반복되어 엄청난 시간이 필요하게 됩니다. 이때 한 번 계산된 값을 저장해두고 다시 계산하지 않고 사용한다면 재귀적 방법도 훨씬 시간을 줄일 수 있습니다. 이 방법을 동적 프로그래밍이라고 합니다.

이번 장에서는 피보나치수열을 (1) 배열을 사용하는 반복적인 방법 (2) 재귀적 방법 (3) 동적 프로그래밍 알고리즘을 사용하는 방법으로 구현해보겠습니다.

피보나치수열의 45항까지를 구하고 실행 시간이 얼마인지 측정하는 프로그램을 작성합니다. 실행 결과를 보면 반복적인 방법이 0초인데 반해 재귀적인 방법은 17초가 소요됩니다. 같은 재귀적 방법이라도 동적 프로그래밍 방법을 사용하면 실행 시간이 0초로 나옵니다. 45항보다 더 큰 항까지 계산할 때 재귀적 방법은 기하급수적으로 시간이 늘어납니다.

```
1    #define _CRT_SECURE_NO_WARNINGS
2    #include <stdio.h>
3    #include <time.h>
4
5    void printResult(int a[], int n, double t)
6    {
7        for(int i = 1; i <= n; i++)
8            printf("%d ", a[i]);
9        printf("\n실행시간 = %lf\n", t);
10   }
11
12   // n항까지의 피보나치 수열을 구하는 재귀함수
13   int RecurFibonacci(int n)
14   {
15       if(n == 1 || n == 2)
16           return 1;
17       else
18           return RecurFibonacci(n − 1) + RecurFibonacci(n − 2);
19   }
20
21   // n항까지의 피보나치 수열을 구하는 동적 프로그램
22   int dp[100];
23
24   int DynaFibonacci(int n)
25   {
26       if(n == 1 || n == 2)
27           return 1;
28       if(dp[n] != 0)          // 이미 계산이 되었다면
29           return dp[n];
30       else
31           return dp[n] = DynaFibonacci(n − 1) + DynaFibonacci(n − 2);
32   }
33
34   int main()
35   {
36       double start, end;
37       int n;
38       int f[100];
```

```
39
40      printf("n항까지의 피보나치수열을 계산합니다.\n\n을 입력하세요 : ");
41      scanf("%d", &n);
42
43      start = clock() / CLOCKS_PER_SEC;
44
45      f[1] = f[2] = 1;
46      for(int i = 3; i <= n; i++)
47          f[i] = f[i - 1] + f[i - 2];
48
49      end = clock() / CLOCKS_PER_SEC;
50      printResult(f, n, end-start);
51
52      start = clock() / CLOCKS_PER_SEC;
53
54      for(int i = 1; i <= n; i++)
55          f[i] = RecurFibonacci(i);
56
57      end = clock() / CLOCKS_PER_SEC;
58      printResult(f, n, end - start);
59
60      start = clock() / CLOCKS_PER_SEC;
61
62      for(int i = 1; i <= n; i++)
63          f[i] = DynaFibonacci(i);
64      end = clock() / CLOCKS_PER_SEC;
65
66      printResult(f, n, end - start);
67  }
```

3   clock 함수를 사용하기 위해 〈time.h〉를 포함합니다.

5~10   n항까지의 피보나치수열과 실행 시간을 출력하는 함수입니다.

13~19   n항까지의 피보나치수열을 구하는 재귀함수입니다.

22~32   n항까지의 피보나치수열을 동적 프로그래밍 알고리즘으로 구하는 재귀함수입니다. 같은 재귀함수이지만 한 번 계산된 값은 dp[] 배열에 저장하여 사용하기 때문에 속도가 빠릅니다.

40~41   피보나치수열의 항수 n을 입력받습니다.

$_{43}$ 시작 시간을 기록합니다.

$_{45\sim47}$ n항까지의 피보나치수열을 반복문으로 계산합니다.

$_{49}$ 끝 시간을 기록합니다.

$_{50}$ printResult 함수를 호출하여 피보나치수열의 값과 실행 시간을 출력합니다.

$_{52\sim58}$ n항까지의 피보나치수열을 재귀함수인 RecurFibonacci를 호출하여 계산합니다. 시작 시간과 끝 시간을 측정하고 printResult 함수를 호출하여 피보나치수열의 값과 실행 시간을 출력합니다.

$_{60\sim66}$ n항까지의 피보나치수열을 동적 프로그래밍 방법으로 계산합니다. 시작 시간과 끝 시간을 측정하고 printResult 함수를 호출하여 피보나치수열의 값과 실행 시간을 출력합니다.

┃ 결과

```
n항까지의 피보나치수열을 계산합니다.
n을 입력하세요 : 45 Enter
1 1 2 3 5 8 13 21 34 55 89 144 233 377 610 987 ... 701408733 1134903170
실행시간 = 0.000000
1 1 2 3 5 8 13 21 34 55 89 144 233 377 610 987 ... 701408733 1134903170
실행시간 = 16.000000
1 1 2 3 5 8 13 21 34 55 89 144 233 377 610 987 ... 701408733 1134903170
실행시간 = 0.000000
```

034 선형탐색

■ 학습내용 선형탐색 알고리즘을 C언어로 구현합니다.
■ 힌트내용 배열의 맨 앞에서부터 맨 뒤까지의 원소와 찾는 값을 비교합니다.

프로그램 중에 수시로 나오는 것이 탐색입니다. 배열에 저장된 값 중에서 원하는 특정 값을 찾는 문제입니다. 찾는 값이 배열에 있으면 배열의 인덱스를 반환하고, 찾는 값이 없으면 −1을 반환합니다. 배열에 저장된 값 중에서 가장 큰 값, 또는 가장 작은 값을 찾는 경우도 많이 있습니다. 이럴 때도 선형탐색을 사용합니다.

0에서 10,000 사이의 1,000개의 숫자를 랜덤하게 생성하여 배열에 저장합니다. 최소값과 최대값을 찾고, 선형탐색으로 원하는 값의 인덱스를 찾는 프로그램을 작성합니다.

소스 a034_linearSearch.c

```c
1   #define _CRT_SECURE_NO_WARNINGS
2   #include <stdio.h>
3   #include <stdlib.h>
4   #include <time.h>
5   #define MAX 10000
6   #define CNT 1000
7
8   int search(int a[], int v);
9   void printArr(int a[], int n);
10  void find_min_max(int a[], int n);
11
12  int main()
13  {
14     int a[CNT];
15     int value, index;
16
17     srand(time(0));        // 랜덤 시드 설정
18     for(int i = 0; i < CNT; i++)
19        a[i] = rand() % MAX;
20
21     printArr(a, CNT);
22     find_min_max(a, CNT);
```

```
23        printf("\n찾고자 하는 값을 입력하세요 : ");
24        scanf("%d", &value);
25
26        if((index = search(a, value)) == -1)
27            printf("%d은(는) 배열 안에 없습니다.", value);
28        else
29            printf("%d은(는) a[%d]에 있습니다.", value, index);
30    }
31
32    int search(int a[], int v)
33    {
34        for(int i = 0; i < CNT; i++)
35            if(a[i] == v)
36                return i;
37        return -1;
38    }
39
40    void find_min_max(int a[], int n)
41    {
42        int min = a[0];
43        int max = a[0];
44        for(int i = 1; i < n; i++) {
45            if(a[i] < min)
46                min = a[i];
47            if(a[i] > max)
48                max = a[i];
49        }
50        printf("\nmin = %d, max = %d", min, max);
51    }
52
53    void printArr(int a[], int n)
54    {
55        for(int i = 0; i < n; i++)
56            printf("%c%6d", (i % 10 == 0) ? '\n' : ' ', a[i]);
57    }
```

랜덤 시드를 설정하고 0에서 MAX 사이의 값을 CNT 개 생성하여 a[] 배열에 저장합니다.

21 a[] 배열의 내용을 출력합니다.

22 fine_min_max 함수를 호출합니다.

23~24 찾고자 하는 값을 입력받아 value 변수에 저장합니다.

26~29 search 함수의 반환 값이 −1이면 찾는 값이 없는 것입니다. 그렇지 않다면 search 함수의 반환 값은 찾는 숫자가 저장된 배열원소의 인덱스입니다.

32~38 선형탐색 함수입니다. 배열의 맨 앞에서 맨 끝까지 순회하면서 저장된 원소의 값이 찾고자 하는 값과 같으면 인덱스를 반환합니다. 끝까지 찾는 값이 없으면 −1을 반환합니다.

40~51 최소값과 최대값을 찾는 함수입니다. 배열의 첫 번째 원소를 min과 max에 할당하고 인덱스 1부터 끝까지 배열을 순회하면서 min보다 더 작은 원소가 있으면 그 값을 min에 할당하고, max보다 더 큰 원소가 있으면 그 값을 max에 할당합니다.

53~57 배열의 내용을 한 줄에 10개 원소씩 출력합니다.

│ 결과

```
    9322    8137    2135    7773    5318    4683    8527    7772    7710     187
    4634    5784    8705    1977    3001    4208    8198    3969     230    1801
     ...
    6134    2039    6907    6180    6070    3323    8108    1339     855    6232
    7912    1985    8857    2073    8907    9524    2415    7771    8465    9950
    5148    8061    1789    6262    5856    7236    3086     961     197    4578
min = 11, max = 9985
찾고자 하는 값을 입력하세요 : 1339
1339은(는) a[977]에 있습니다.
```

035 이진탐색

■ 학습내용 대표적인 탐색 알고리즘인 이진탐색을 C언어로 구현합니다.
■ 힌트내용 이진탐색은 배열의 원소가 정렬되어 있어야 합니다.

선형탐색은 배열의 맨 앞에서부터 맨 뒤까지 저장된 원소와 찾는 값을 비교하므로 N개의 원소가 저장된 배열에서 평균 N/2번의 비교로 값을 찾을 수 있습니다. 따라서 시간복잡도는 O(N)입니다. 만일 배열의 원소가 정렬되어 있다면 이진탐색(binary search)을 사용할 수 있습니다. 이진탐색은 처음에 배열의 중간 위치의 값과 찾는 값을 비교하여 찾는 값이 더 작다면 배열의 중간 이후의 값들은 더 이상 탐색할 필요가 없습니다. 즉 한 번 비교할 때마다 배열의 반을 탐색공간에서 없애기 때문에 비교 횟수는 O(logN)이 되어 훨씬 빠른 탐색이 가능합니다.

예를 들어 백만 개의 원소가 있는 배열에서 특정한 값을 찾는 문제는 선형탐색은 최악의 경우 백만 번 비교해야 하지만 이진탐색은 최악의 경우라도 $\log_2 1000000 ≒ \log_2 2^{20} = 20$번 이내에 값을 찾을 수 있으므로 훨씬 빠른 탐색이 가능합니다. 다만 이진탐색은 배열에 저장된 값이 정렬되어 있어야 하므로 정렬하는 데 드는 비용을 고려해야 합니다. 즉, 한 번 정렬하고 탐색을 매우 많이 할 때는 적절하지만, 탐색을 몇 번만 할 때는 정렬하는 비용이 더 커지므로 비효율적인 방법이 됩니다.

0에서 10000 사이의 1,000개 숫자를 랜덤하게 생성하여 배열에 저장하고 정렬한 후에, 이진탐색으로 원하는 값을 찾는 프로그램을 작성합니다.

소스 a035_binarySearch.c

```
1   #define _CRT_SECURE_NO_WARNINGS
2   #include <stdio.h>
3   #include <stdlib.h>
4   #include <time.h>
5   #define MAX 10000
6   #define CNT 1000
7
8   int binarySearch(int a[], int n, int v);
9   void swap(int v[], int i, int j);
10  void sort(int v[], int left, int right);
11  void printArr(int a[], int n);
12
```

```c
13  int main()
14  {
15      int a[CNT];
16      int value, index;
17
18      srand(time(0));        // 랜덤 시드 설정
19      for(int i = 0; i < CNT; i++)
20          a[i] = rand() % MAX;
21
22      sort(a, 0, CNT);
23      printArr(a, CNT);
24
25      printf("\n찾고자 하는 값을 입력하세요 : ");
26      scanf("%d", &value);
27
28      if((index = binarySearch(a, CNT, value)) == -1)
29          printf("%d은(는) 배열 안에 없습니다.", value);
30      else
31          printf("%d은(는) a[%d]에 있습니다.", value, index);
32  }
33
34  void sort(int v[], int left, int right)
35  {
36      for(int i = left; i < right; i++)
37          for(int j = 0; j < right - 1; j++)
38              if(v[j] > v[j + 1])
39                  swap(v, j, j + 1);
40  }
41
42  void swap(int v[], int i, int j)
43  {
44      int tmp;
45
46      tmp = v[i];
47      v[i] = v[j];
48      v[j] = tmp;
49  }
50
51  int binarySearch(int a[], int n, int v)
```

```
52  {
53      int low = 0;
54      int high = n − 1;
55      int mid;
56      while (low <= high) {
57          mid = (low + high) / 2;
58          if(a[mid] == v)
59              return mid;
60          else if(v > a[mid])
61              low = mid + 1;
62          else
63              high = mid − 1;
64      }
65      return −1;
66  }
67
68  void printArr(int a[], int n)
69  {
70      for(int i = 0; i < n; i++)
71          printf("%c%6d", (i % 10 == 0) ? '\n' : ' ', a[i]);
72  }
```

········ 현재 시간으로 랜덤 시드를 설정하고 0~9999까지의 랜덤 숫자를 CNT개 만들어 배열에 저
18~20 장합니다.

········ sort 함수를 사용하여 배열 a의 0에서 CNT까지의 원소를 정렬하고 정렬된 배열을 출력합니다.
22~23

········ 찾고자 하는 데이터를 입력받습니다.
25~26

········ 이진탐색 함수인 binarySearch를 호출하여 입력된 데이터가 배열의 몇 번째 원소인지를 출력
28~31 합니다. 배열에 없는 데이터라면 반환값이 −1입니다.

········ sort 함수는 배열 v[]의 left 인덱스에서 right 인덱스까지의 원소를 정렬합니다.
34~40

········ swap 함수는 배열 v[]의 i 인덱스와 j 인덱스의 원소를 서로 바꿉니다.
42~49

51~66 binarySearch 함수는 이진탐색 알고리즘을 구현합니다. 크기가 n인 배열 a[]에서 v를 찾습니다. low는 탐색 범위의 왼쪽 인덱스이고 high는 오른쪽 인덱스입니다. mid는 배열에서 찾는 범위의 중간 인덱스입니다. 만일 중간 인덱스에 저장된 데이터가 찾고자 하는 v와 같다면 값을 찾은 것이고, mid를 반환합니다. 만일 v가 중간 인덱스에 저장된 데이터보다 크다면 중간 인덱스 아래 부분은 더 이상 탐색할 필요가 없습니다. 이 경우는 low를 mid+1로 바꾸고 반복문을 계속합니다. 반대로 v가 중간 인덱스에 저장된 데이터보다 작다면 중간 인덱스 윗 부분은 더 이상 탐색할 필요가 없습니다. 이 경우는 high를 mid-1로 바꾸고 반복문을 계속합니다. 반복을 계속하다가 low보다 high가 커지면 반복문을 빠져나오고 이때는 v가 배열에 없는 경우이므로 -1을 반환합니다.

68~72 크기가 n인 배열의 원소를 출력합니다.

결과

```
     18      22      25      29      29      33      44      68      87      94
     96     119     122     128     130     132     153     157     163     166
    ...
   9608    9609    9615    9638    9656    9668    9668    9674    9677    9684
   9695    9698    9721    9729    9742    9794    9798    9803    9827    9828
   9832    9836    9872    9892    9927    9953    9961    9963    9973    9982
찾고자 하는 값을 입력하세요 : 9798 Enter
9798은(는) a[986]에 있습니다.
```

036 qsort 라이브러리 함수 사용하기

- 학습내용 라이브러리 함수 qsort의 사용법을 공부합니다.
- 힌트내용 라이브러리 함수 qsort 함수는 compare 함수를 만들어야 합니다.

35장에서는 이진탐색을 위해 배열의 원소를 정렬하기 위해 정렬 함수를 직접 만들어서 사용했는데 이번 장에서는 〈stdlib.h〉를 포함하면 사용할 수 있는 라이브러리 함수인 qsort 함수를 사용하여 정렬하는 방법을 공부하겠습니다. qsort 함수의 원형은 다음과 같습니다.

```
void qsort (
    void *base,                                  // 배열의 시작
    size_t number,                              // 배열의 크기
    size_t width,                               // 배열 원소의 크기(바이트)
    int (*compare )(const void *, const void *) // 비교함수
);
```

qsort를 사용하려면 비교 함수 compare를 만들어야 합니다. qsort가 수행될 때, 배열에 저장된 원소의 형과 비교하는 규칙이 다를 수 있기 때문입니다. 비교 함수는 반드시 int 형 반환 값과 const void 포인터형 매개변수 두 개가 있어야 합니다. 비교 함수 안에서는 매개변수의 형인 const void*를 실제 저장된 자료형으로 바꾸어 사용합니다.

예를 들어 다음과 같이 학생 정보를 저장하는 구조체의 배열을 compare 함수를 사용하여 원하는 기준으로 정렬할 수 있습니다. 프로그램에서 compare1 함수를 사용하면 학번으로 오름차순 정렬되고 compare2를 사용하면 점수로 내림차순 정렬됩니다. compare3 함수를 사용하면 이름으로 오름차순 정렬됩니다.

```
struct student {
    int id;
    char name[20];
    int score;
};
```

```c
1   #define _CRT_SECURE_NO_WARNINGS
2   #include <stdio.h>
3   #include <stdlib.h>
4
5   struct student {
6       int id;
7       char name[20];
8       int score;
9   };
10
11  int compare1(const void* p, const void* q)
12  {
13      int a = ((struct student*)p)->id;
14      int b = ((struct student*)q)->id;
15      return a - b;
16  }
17
18  int compare2(const void* p, const void* q)
19  {
20      int a = ((struct student*)p)->score;
21      int b = ((struct student*)q)->score;
22      return b - a;
23  }
24
25  int compare3(const void* p, const void* q)
26  {
27      char *a = ((struct student*)p)->name;
28      char *b = ((struct student*)q)->name;
29      return strcmp(a, b);
30  }
31
32  void printArr(struct student a[], int n)
33  {
34      for(int i = 0; i < n; i++)
35          printf("%5d %10s %4d\n", a[i].id, a[i].name, a[i].score);
36      printf("\n");
37  }
38
```

```
39   int main()
40   {
41      struct student a[] = { {1001, "steve", 88},
42                             {1003, "tom", 98},
43                             {1002, "jane", 76} };
44
45      printf("sort by id(ascending) : \n");
46      qsort(a, 3, sizeof(struct student), compare1);
47      printArr(a, 3);
48
49      printf("sort by score(descending) : \n");
50      qsort(a, 3, sizeof(struct student), compare2);
51      printArr(a, 3);
52
53      printf("sort by name(ascending) : \n");
54      qsort(a, 3, sizeof(struct student), compare3);
55      printArr(a, 3);
56   }
```

5~9 학생 정보를 저장하는 구조체를 정의합니다.

11~16 id를 오름차순으로 정렬하기 위한 compare1 함수입니다. 매개변수 p와 q를 (struct student*) 로 형 변환하여 사용합니다.

18~23 score를 내림차순으로 정렬하기 위한 compare2 함수입니다.

25~30 name을 오름차순으로 정렬하기 위한 compare3 함수입니다.

32~37 student 구조체 배열의 내용을 출력하는 함수입니다.

41~43 student 구조체 배열 a[]를 만들고 초기화합니다.

45~47 id를 오름차순 정렬하는 compare1 함수를 매개변수로 하여 qsort 함수를 호출합니다.

49~51 score를 내림차순 정렬하는 compare2 함수를 매개변수로 하여 qsort 함수를 호출합니다.

53~55 name을 오름차순 정렬하는 compare3 함수를 매개변수로 하여 qsort 함수를 호출합니다.

```
sort by id(ascending) :
 1001   steve   88
 1002    jane   76
 1003     tom   98

sort by score(descending) :
 1003     tom   98
 1001   steve   88
 1002    jane   76

sort by name(ascending) :
 1002    jane   76
 1001   steve   88
 1003     tom   98
```

037 qsort를 이용한 재귀 이진탐색

- 학습내용 재귀함수로 이진탐색을 구현합니다.
- 힌트내용 라이브러리 함수 qsort를 사용합니다.

이진탐색을 위해서는 배열의 내용이 정렬되어 있어야 합니다. 이번 장에서는 라이브러리 함수인 qsort를 사용하여 배열의 내용을 정렬한 후, 이진탐색을 통해 원하는 값을 찾습니다.

35장에서는 반복문을 사용하여 이진탐색을 구현했는데, 이진탐색을 재귀함수로 구현할 수도 있습니다. 이번 장에서는 재귀함수로 이진탐색을 구현합니다.

🔹 a037_recursiveBinarySearch.c

```
1   #define _CRT_SECURE_NO_WARNINGS
2   #include <stdio.h>
3   #include <stdlib.h>
4   #include <time.h>
5   #define MAX 10000
6   #define CNT 100
7
8   void printArr(int a[], int n)
9   {
10      for(int i = 0; i < n; i++)
11         printf("%c%6d", (i % 10 == 0) ? '\n' : ' ', a[i]);
12  }
13
14  int compare(const void* p, const void* q)
15  {
16      return *(int *)p - *(int *)q;
17  }
18
19  int bSearch(int a[], int low, int high, int key)
20  {
21      if(low <= high) {
22         int mid = (low + high) / 2;
23         if(key == a[mid])
24            return mid;
```

```
25        else if(key 〉 a[mid])
26            return bSearch(a, mid + 1, high, key);
27        else
28            return bSearch(a, low, mid − 1, key);
29    }
30    return −1;
31 }
32
33 int main()
34 {
35    int a[CNT];
36    int value, index;
37
38    srand(time(0));        // 랜덤 시드 설정
39    for(int i = 0; i 〈 CNT; i++)
40        a[i] = rand() % MAX;
41
42    qsort(a, CNT, sizeof(int), compare);
43    printArr(a, CNT);
44
45    printf("\n찾고자 하는 값을 입력하세요 : ");
46    scanf("%d", &value);
47
48    if((index = bSearch(a, 0, CNT−1, value)) == −1)
49        printf("%d은(는) 배열 안에 없습니다.", value);
50    else
51        printf("%d은(는) a[%d]에 있습니다.", value, index);
52 }
```

5~6 0~9999까지 100개의 랜덤 숫자를 만들기 위해 정의합니다.

8~12 배열의 내용을 출력합니다. 한 줄에 10개씩 6자리 숫자로 출력합니다.

14~17 qsort 라이브러리 함수에서 사용하는 compare 함수입니다. 정수를 오름차순으로 정렬합니다.

19~31 재귀적 이진탐색 함수입니다. 배열 a의 low에서 high까지 key 값을 찾습니다. 배열의 mid 인덱스에 저장된 중간값과 key 값을 비교하여, 같다면 mid를 반환합니다. key 값이 더 크다면 탐색 범위를 mid+1에서 high까지로, key 값이 더 작다면 탐색 범위를 low에서 mid − 1까지로 바꾸어 bSearch 함수를 재귀 호출합니다. 찾는 값이 없으면 − 1을 반환합니다.

랜덤 시드를 설정하고 0~9999까지의 랜덤값을 배열에 저장합니다.

qsort 함수를 호출하여 배열을 정렬하여 출력합니다.

찾고자 하는 값을 입력받습니다.

bSearch 함수를 호출하고 탐색의 결과를 출력합니다.

| 결과

118	184	221	272	422	429	464	475	478	578
598	694	719	759	827	994	1052	1056	1143	1222
1230	1255	1328	1410	1520	1668	1774	1979	1986	2204
2318	3096	3270	3317	3471	3480	3779	3919	3969	4078
4102	4137	4174	4175	4345	4724	4943	5145	5356	5366
5366	5460	5573	5765	5782	5823	6152	6157	6214	6218
6266	6345	6369	6388	6557	6588	6660	6702	6752	6895
7020	7150	7331	7403	7440	7449	7717	7804	7997	8087
8320	8320	8333	8485	8535	8555	8557	8790	8853	8920
9059	9079	9237	9381	9447	9626	9777	9794	9885	9935

찾고자 하는 값을 입력하세요 : 5782 (Enter)
5782은(는) a[54]에 있습니다.

038 이진탐색 라이브러리 함수 bsearch 사용하기

■ 학습내용 라이브러리 함수 bsearch를 사용하여 이진탐색을 구현합니다.
■ 힌트내용 라이브러리 함수 qsort와 bsearch를 사용합니다.

앞에서 반복문을 사용하는 이진탐색과 재귀 이진탐색을 직접 프로그램하여 구현했습니다. C언어에서는
이진탐색을 위한 bsearch 함수를 라이브러리로 제공합니다. bsearch 함수를 사용하려면 〈stdlib.h〉
헤더 파일을 포함하면 됩니다. bsearch 함수의 원형은 다음과 같습니다.

```
void *bsearch(
    const void *key,                                      // 탐색하는 값
    const void *base,                                     // 배열
    size_t num,                                           // 배열의 원소 개수
    size_t width,                                         // 배열 원소의 크기
    int (*compare) (const void *key, const void *datum)   // compare 함수
);
```

compare 함수는 36장에서 공부한 라이브러리 함수인 qsort에서 사용한 것과 같은 방식으로 사용합
니다. 이진탐색을 하므로 배열은 오름차순으로 정렬되어 있어야 합니다. bsearch 함수의 반환 값은
배열에서 key가 저장된 곳의 포인터입니다. 배열 안에 key가 없으면 NULL을 반환합니다.

이번 장에서는 라이브러리로 제공되는 bsearch 함수를 사용하여 탐색 문제를 풀어보겠습니다.

소스 a038_bsearch.c

```
1  #define _CRT_SECURE_NO_WARNINGS
2  #include <stdio.h>
3  #include <stdlib.h>
4
5  int compare(const void* a, const void* b)
6  {
7      return *(int*)a - *(int*)b;
8  }
9
10 int main()
11 {
```

```
12      int a[] = { 10, 20, 30, 40, 50, 60, 70, 80, 90, 100 };
13      int* ptr; // bsearch의 반환값(key 값이 저장된 곳의 포인터)
14      int key;
15
16      printf("찾고자 하는 값을 입력하세요 : ");
17      scanf("%d", &key);
18
19      ptr = (int*)bsearch(&key, a, 10, sizeof(int), compare);
20
21      if(ptr != NULL)
22          printf("%d은(는) a[%d]에 있습니다.\n", *ptr, ptr-a);
23      else
24          printf("%d은(는) 배열 안에 없습니다.\n", key);
25  }
```

5~8 bsearch 함수에서 사용하는 compare 함수입니다.

16~17 찾고자 하는 값을 입력받습니다.

19 key 값의 주소, 배열 이름, 배열 크기, 배열 원소의 크기, 비교 함수의 이름을 매개변수로 하여 bsearch 함수를 호출합니다. 반환 값은 찾는 값이 저장된 배열의 주소입니다.

21~24 반환 값이 NULL이 아니면 반환된 주소가 가리키는 곳의 값과 함께, 포인터의 뺄셈 연산으로 계산한 원소의 인덱스를 출력합니다. ptr - a는 bsearch 함수의 반환 값인 ptr에서 배열의 이름인 a를 뺀 값으로, 찾고자 하는 데이터가 저장된 곳의 인덱스를 의미합니다. 반환 값이 NULL이면 찾는 값이 배열 안에 없는 것입니다.

▌결과

```
찾고자 하는 값을 입력하세요 : 70 Enter
70은(는) a[6]에 있습니다.
찾고자 하는 값을 입력하세요 : 75 Enter
75은(는) 배열 안에 없습니다.
```

039 버블정렬

■ 학습내용 정렬 알고리즘 중 가장 간단한 버블정렬을 공부합니다.
■ 힌트내용 인접한 두 개의 숫자를 비교하여 큰 수를 뒤로 보내는 과정을 반복합니다.

배열에 저장된 숫자를 크기 순서대로 정렬하는 알고리즘은 자주 사용되고 종류도 많이 있습니다. 그중 가장 간단한 버블정렬을 코딩해 보겠습니다. 버블정렬은 인접한 2개의 원소를 비교하여 더 큰 수를 뒤로 보내는 과정을 반복합니다.

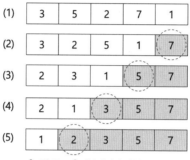

[그림 39-1] 버블정렬의 진행 과정

예를 들어 위의 [그림 39-1]의 (1)과 같이 5개의 숫자가 저장된 배열이 있다면 할 때, 알고리즘의 수행과정을 살펴보겠습니다.

(1)번 그림의 맨 앞에서부터 두 개씩의 원소를 비교하여 더 큰 수를 뒤로 보냅니다. 이때 5와 2, 7과 1이 교환됩니다. (2)번 그림은 첫 번째 반복이 끝났을 때입니다. 한 번 반복이 끝나면 맨 뒤에는 가장 큰 값 7이 저장되게 됩니다. (3)번 그림은 두 번째 반복이 끝났을 때입니다. 3과 2, 5와 1이 교환됩니다. 두 번째 반복이 끝나면 맨 뒤에 가장 큰 5와 7이 자리하게 됩니다. (4)번 그림은 세 번째 반복이 끝났을 때입니다. 3과 1이 교환되어 가장 큰 3, 5, 7이 맨 뒤에 자리합니다. (5)번째 그림은 네 번째, 마지막 반복이 끝났을 때입니다. 2와 1이 교환되고 정렬이 끝납니다.

버블 정렬은 바깥 루프가 끝날 때마다 맨 뒤에 하나씩 가장 큰 값들이 자리하게 되는 모습이 마치 물속에서 물방울(bubble)이 하나씩 올라오는 모습과 같다고 해서 붙여진 이름입니다. 이 과정을 프로그램으로 구현합니다.

```c
1   #include <stdio.h>
2   #include <stdlib.h>
3   #include <time.h>
4   #define MAX 30
5
6   void swap(int v[], int i, int j)
7   {
8       int tmp = v[i];
9       v[i] = v[j];
10      v[j] = tmp;
11  }
12
13  void bubble_sort(int v[], int left, int right)
14  {
15      for(int i = left; i < right - 1; i++)
16          for(int j = left; j < right - 1 - i; j++)
17              if(v[j] > v[j + 1])
18                  swap(v, j, j + 1);
19  }
20
21  int main()
22  {
23      int v[MAX];
24
25      srand(time(0));
26      for(int i = 0; i < MAX; i++)
27          v[i] = rand();
28
29      for(int i = 0; i < MAX; i++)
30          printf("%6d %c", v[i], (i + 1) % 10 == 0 ? '\n' : ' ');
31
32      bubble_sort(v, 0, MAX);
33
34      printf("\n...bubble sorting\n");
35      for(int i = 0; i < MAX; i++)
36          printf("%6d %c", v[i], (i + 1) % 10 == 0 ? '\n' : ' ');
37  }
```

6~11 정수 배열 v[i]와 v[j]의 값을 서로 바꾸어 줍니다.

13~19 배열 v[]의 left에서 right 인덱스까지의 원소를 정렬합니다.

25~27 랜덤 시드를 현재 시간으로 설정하고 rand() 함수로 랜덤값을 생성하여 배열에 저장합니다.

29~30 정렬되기 전의 배열의 값을 출력합니다.

32 bubble_sort 함수를 호출합니다.

34~36 정렬이 된 후의 배열의 값을 출력합니다.

| 결과

```
27539 22360   3329   8840   6683 14302   2638   9280   9559 27962
19529   614 16350   6903 30302 26761 26005   4534   2487 14838
30754 18899   1365    382 32675 28997 19552   3706 25503   4294

...bubble sorting
  382    614   1365   2487   2638   3329   3706   4294   4534   6683
 6903   8840   9280   9559 14302 14838 16350 18899 19529 19552
22360 25503 26005 26761 27539 27962 28997 30302 30754 32675
```

040 선택정렬

■ 학습내용 선택정렬을 사용하여 숫자를 정렬합니다.
■ 힌트내용 선형탐색을 하여 가장 작은 수를 찾은 후, 그 값을 맨 앞으로 이동시키는 과정을 반복합니다.

선택정렬은 가장 기본적인 정렬 알고리즘 중 하나입니다. 마치 사람이 순서대로 카드를 정리할 때 사용하는 방법과 같이, 숫자 중에서 가장 작은 값을 찾아서 맨 앞에 이동시키고 그 다음 작은 값을 찾아 앞으로 이동시키는 과정을 반복하여 정렬합니다. 버블 정렬과 비교하면 시간복잡도는 같지만 가장 작은 수를 찾은 후, 한 번씩만 위치를 바꾸어 주므로 매번 이웃하는 값들을 비교해서 위치를 바꾸어 주는 버블 정렬보다는 효율적입니다.

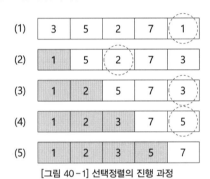

[그림 40-1] 선택정렬의 진행 과정

예를 들어 위의 [그림 40-1]의 (1)번 그림과 같이 5개의 숫자가 저장된 배열이 있다면 할 때, 알고리즘의 수행과정을 살펴보겠습니다.

(1)번 그림의 맨 앞에서부터 끝까지 탐색하여 가장 작은 수를 찾습니다. 1이 찾아지고 이 값을 맨 앞의 값과 교환합니다. 3과 1이 교환됩니다. (2)번 그림은 첫 번째 반복이 끝났을 때입니다. 한 번 반복이 끝나면 맨 앞에는 가장 작은 값 1이 저장됩니다. 두 번째 반복에서는 나머지 4개 숫자 중 가장 작은 값을 찾습니다. 2가 찾아지고 두 번째 위치의 5와 교환됩니다. (3)번 그림은 두 번째 반복이 끝났을 때입니다. 이 과정을 반복하여 정렬이 끝나게 됩니다.

🔧 a040_selection_sort.c

```
1   #include <stdio.h>
2   #include <stdlib.h>
3   #include <time.h>
4   #define MAX 30
```

```
5
6    void swap(int v[], int i, int j)
7    {
8        int tmp = v[i];
9        v[i] = v[j];
10       v[j] = tmp;
11   }
12
13   void selection_sort(int v[], int left, int right)
14   {
15       for(int i = left; i < right − 1; i++) {
16           int min = i;
17           for(int j = i + 1; j < right; j++)
18               if(v[min] > v[j])
19                   min = j;
20           swap(v, i, min);
21       }
22   }
23
24   int main()
25   {
26       int v[MAX];
27
28       srand(time(0));
29       for(int i = 0; i < MAX; i++)
30           v[i] = rand();
31
32       for(int i = 0; i < MAX; i++)
33           printf("%6d %c", v[i], (i + 1) % 10 == 0 ? '\n' : ' ');
34
35       selection_sort(v, 0, MAX);
36
37       printf("\n...selection sorting\n");
38       for(int i = 0; i < MAX; i++)
39           printf("%6d %c", v[i], (i + 1) % 10 == 0 ? '\n' : ' ');
40   }
```

6~11 정수배열 v[i]와 v[j]의 값을 서로 바꾸어 줍니다.

13~22 선택정렬 함수입니다. 배열 v의 left에서 right 인덱스까지의 원소를 정렬합니다.

28~30 현재 시간으로 랜덤 시드를 설정한 후, rand() 함수로 랜덤값을 생성하여 배열에 저장합니다.

32~33 정렬되기 전의 배열의 값을 출력합니다.

35 selection_sort 함수를 호출합니다.

37~39 정렬이 된 후에 배열의 값을 출력합니다.

결과

```
  25922   10315    7925   25052   12777    3883    2071   16489   28322   23832
  27207   11579    2119    8471   22461   29622   22138   26320   13785    2767
  16175   23547    7362    1565   13163   27157   23117    7474   26954    6231

...selection sorting
   1565    2071    2119    2767    3883    6231    7362    7474    7925    8471
  10315   11579   12777   13163   13785   16175   16489   22138   22461   23117
  23547   23832   25052   25922   26320   26954   27157   27207   28322   29622
```

041 퀵 정렬의 구현

■ 학습내용 정렬 알고리즘 중 가장 빠른 퀵 정렬을 공부합니다.
■ 힌트내용 퀵 정렬은 라이브러리 함수로도 제공됩니다.

퀵 정렬은 여러 가지 정렬 알고리즘 중 가장 빠른 수행 속도를 자랑합니다. 평균 시간복잡도가 $O(n\log n)$인데 같은 시간복잡도를 갖는 정렬 알고리즘 중에서도 실제 수행 속도가 가장 빠릅니다. 다만 이미 정렬된 배열에 적용될 때는 $O(n^2)$으로 효율이 떨어집니다. 퀵 정렬은 라이브러리 함수로 제공되며 〈stdlib.h〉를 포함하여 사용합니다. 이번 장에서는 라이브러리 함수로 제공되는 퀵 정렬과 함께 직접 구현한 퀵 정렬을 비교해보도록 합니다.

📄 a041_qsort.c

```
1   #include <stdio.h>
2   #include <stdlib.h>
3   #include <time.h>
4   #define MAX    30
5
6   void swap(int v[], int i, int j)
7   {
8       int tmp;
9
10      tmp = v[i];
11      v[i] = v[j];
12      v[j] = tmp;
13  }
14
15  void my_qsort(int v[], int left, int right)
16  {
17      int i, last;
18
19      if(left >= right)
20          return;
21      swap(v, left, (left + right) / 2);
22      last = left;
23      for(i = left + 1; i <= right; i++)
```

```
24        if(v[i] < v[left])
25            swap(v, ++last, i);
26
27     swap(v, left, last);
28
29     my_qsort(v, left, last - 1);
30     my_qsort(v, last + 1, right);
31  }
32
33  int compare(const void* a, const void* b)
34  {
35     return *(int *)a - *(int *)b;
36  }
37
38  int main()
39  {
40     int i;
41     int v[MAX];
42
43     srand(time(0));
44     for(i = 0; i < MAX; i++)
45         v[i] = rand();
46
47     for(i = 0; i < MAX; i++)
48         printf("%6d %c", v[i], (i + 1) % 10 == 0 ? '\n' : ' ');
49
50     qsort(v, MAX, sizeof(int), compare);  // 라이브러리 함수
51     my_qsort(v, 0, MAX - 1);               // 직접 구현한 함수
52
53     printf("\n...quick sorting\n");
54     for(i = 0; i < MAX; i++)
55         printf("%6d %c", v[i], (i + 1) % 10 == 0 ? '\n' : ' ');
56  }
```

6~13 배열에서 v[i]와 v[j]를 서로 바꿉니다.

15~31 퀵 정렬을 구현한 함수입니다. 배열 중앙에 있는 값을 피벗으로 하여 배열의 맨 앞에 두고 그 값보다 큰 값은 뒤로 보내어, 큰 값과 작은 값으로 배열을 나눕니다. 27번째 줄에서 v[left] 와 v[last]를 바꾸어 주면 v[last]를 중심으로 왼쪽은 작은 값, 오른쪽은 큰 값들로 분할됩니다. 29~30에서 작은 부분과 큰 부분에 대해 다시 my_qsort 함수를 재귀 호출합니다.

33~36 라이브러리 함수로 제공되는 qsort에서 사용하는 비교 함수입니다. 반드시 int 형 반환 값과 const void 포인터 매개변수 두 개가 있어야 합니다.

41~45 정수 배열 v[]를 선언하고 랜덤값을 생성하여 배열에 저장합니다.

47~48 배열의 내용을 출력합니다.

50~51 라이브러리 함수 qsort와 직접 구현한 my_qsort를 호출하여 정렬합니다. qsort 함수는 비교 함수 compare를 포함하여 4개의 매개변수를 갖습니다. qsort와 my_qsort 함수 중 하나만 호출하면 되겠지요?

53~55 정렬이 끝난 후 배열의 내용을 출력합니다.

| 결과

```
      41   18467    6334   26500   19169   15724   11478   29358   26962   24464
    5705   28145   23281   16827    9961     491    2995   11942    4827    5436
   32391   14604    3902     153     292   12382   17421   18716   19718   19895

...quick sorting
      41     153     292     491    2995    3902    4827    5436    5705    6334
    9961   11478   11942   12382   14604   15724   16827   17421   18467   18716
   19169   19718   19895   23281   24464   26500   26962   28145   29358   32391
```

042 문자열의 정렬

■ 학습내용 문자열을 입력받아 저장하고 알파벳 순으로 정렬하여 출력합니다.
■ 힌트내용 문자 포인터의 배열을 사용합니다.

41장에서 공부한 퀵 정렬을 문자열에 적용합니다. 여러 줄의 문자열을 입력받아 배열에 저장하고 정렬하여 출력합니다. 이때 사용하는 배열은 다음과 같이 문자열이 저장된 곳의 주소를 가리키는 포인터의 배열입니다.

```
char* lineptr[MAXLINES] = { NULL };
```

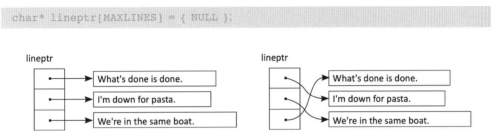

[그림 42-1] 포인터의 배열을 이용한 문자열 정렬 방법

41장에서 만든 my_qsort 함수에서 배열의 원소를 비교하는 부분을 다음과 같이 strcmp 함수로 바꾸어 주면 됩니다.

```
for(i = left + 1; i <= right; i++)
    if(strcmp(v[i], v[j]) < 0)        // if(v[i] < v[left])
        swap(v, ++last, i);
```

📁 a042_qsort_of_lines.c

```
1   #define _CRT_SECURE_NO_WARNINGS
2   #include <stdio.h>
3   #include <string.h>
4   #include <malloc.h>
5
6   #define MAXLINES    1000    // 입력 라인 수
7   #define MAXLEN      1000    // 한 라인의 최대 문자 수
8
9   char* lineptr[MAXLINES] = { NULL };
```

```
10
11   void writelines(char* lineptr[])
12   {
13      char** ptr = lineptr;
14
15      while (*ptr)
16          printf("%s\n", *(ptr++));
17   }
18
19   void swap(char* v[], int i, int j)
20   {
21      char* tmp = v[i];
22      v[i] = v[j];
23      v[j] = tmp;
24   }
25
26   void my_qsort(char* v[], int left, int right)
27   {
28      int i, last;
29
30      if(left >= right)
31          return;
32      swap(v, left, (left + right) / 2);
33      last = left;
34      for(i = left + 1; i <= right; i++)
35          if(strcmp(v[i], v[left]) < 0)
36              swap(v, ++last, i);
37
38      swap(v, left, last);
39
40      my_qsort(v, left, last-1);
41      my_qsort(v, last + 1, right);
42   }
43
44   int main()
45   {
46      int nlines = 0;
47      char line[MAXLEN];
48
```

```
49    printf("문장을 입력하세요(입력을 끝낼 때는 [Enter]를 누르세요) :\n");
50    while (fgets(line, MAXLEN, stdin) != NULL) {
51        if(!strcmp(line, "\n"))
52            break;
53        line[strlen(line) − 1] = '\0';
54        lineptr[nlines] = (char*)malloc(strlen(line) + 1);
55        if(lineptr[nlines] != NULL)
56            strcpy(lineptr[nlines], line);
57        nlines++;
58    }
59    my_qsort(lineptr, 0, nlines − 1);
60    printf("\n … after sorting …\n");
61    writelines(lineptr);
62 }
```

⁹ 입력된 라인을 저장하는 포인터 배열 lineptr[] 입니다. 반드시 초기화해야 합니다.

¹¹⁻¹⁷ lineptr[] 배열에 저장된 문자열을 출력합니다.

¹⁹⁻²⁴ 포인터 배열의 원소인 v[i]와 v[i]를 바꿉니다.

²⁶⁻⁴² 퀵 정렬 알고리즘을 구현한 함수입니다. 문자열의 크기를 비교하기 위해 strcmp를 사용합니다. 정렬되면 대문자가 알파벳 순으로 먼저 나오고 그 뒤에 소문자가 나옵니다.

⁴⁹⁻⁵⁸ 콘솔에서 한 줄씩 입력받아 line[]에 저장합니다.

⁵¹⁻⁵² fgets 함수는 '\n'까지 읽습니다. 따라서 다른 입력 없이 Enter만 입력하면 이 조건문에 의해 반복문을 빠져나옵니다.

⁵³ line[] 문자 배열의 맨 뒤에 저장된 '\n'을 '\0'으로 대체합니다.

⁵⁴⁻⁵⁶ line[] 배열에 저장된 문자 수 + 1만큼 메모리를 할당하고 메모리가 성공적으로 할당되었다면 strcpy 함수로 lineptr에 복사하여 저장합니다.

⁵⁹ my_qsort 함수를 호출하여 정렬합니다.

⁶⁰⁻⁶¹ 정렬된 lineptr[] 배열의 내용을 출력합니다.

문장을 입력하세요(입력을 끝낼 때는 `Enter` 를 누르세요) :
I would like to pay in full. `Enter`
You don't have to rush. `Enter`
What's done is done. `Enter`
We're in the same boat. `Enter`
What's on your mind? `Enter`
I feel really sorry about it. `Enter`
He's a great cook. `Enter`
I'm down for pasta. `Enter`
What do you feel like eating? `Enter`
We really get along well. `Enter`
`Enter`

 ... after sorting ...
He's a great cook.
I feel really sorry about it.
I would like to pay in full.
I'm down for pasta.
We really get along well.
We're in the same boat.
What do you feel like eating?
What's done is done.
What's on your mind?
You don't have to rush.

043 void 포인터

■ 학습내용 void 포인터의 사용법을 공부합니다.
■ 힌트내용 void 포인터는 어떤 자료형의 주소도 저장할 수 있지만, 간접참조는 안 됩니다.

C에서 void는 "없다" 또는 "모른다"라는 뜻입니다. 다음의 func 함수는 반환 값과 매개변수가 없다는 뜻입니다.

```
void func(void);
```

void 포인터는 주소를 저장할 수 있지만, 그 주소에 저장된 데이터가 어떤 형인지는 지정하지 않을 때 사용합니다. void 포인터는 어떤 형의 주소도 저장할 수 있지만 가리키는 데이터의 크기를 알 수 없으므로 간접참조(*)와 포인터 연산이 불가능합니다. 예를 들어, 다음의 코드에서 void 포인터 p는 정수형 변수 n의 주소를 저장하고 있지만 *p로 간접 참조할 수 없으며 p++와 같은 포인터 연산도 할 수 없습니다.

```
int n = 10;
void *p = &n;
printf("%d", *p);  // 에러, 간접참조 불가
p++;               // 에러, 포인터 연산 불가
```

void 포인터는 형 변환에 의해 어떠한 데이터형으로도 바뀌어 사용될 수 있습니다. 〈malloc.h〉에 정의된 malloc이나 calloc과 같은 메모리 할당 함수는 메모리를 할당하고 첫 번째 주소를 void *형으로 반환합니다. 실제 저장될 데이터형에 따라 사용자가 형 변환하여 사용해야 합니다.

```
void *malloc(size_t size);
int *p = (int *)malloc(5 * sizeof(int)); // 정수 5개 저장
```

void 포인터를 활용하면 하나의 함수에서 여러 데이터형을 처리할 수 있어서 유용합니다. C++나 C#의 제네릭(generic)과 같은 용도입니다. int, float, double 형의 덧셈을 처리하는 함수를 하나로 만들 수 있습니다.

```c
1   #include <stdio.h>
2   #define INT          0
3   #define FLOAT        1
4   #define DOUBLE       2
5
6   void* add(void* a, void* b, void *result, int type)
7   {
8       switch (type) {
9       case INT:
10          *(int*)result = *((int*)a) + *((int*)b);
11          break;
12      case FLOAT:
13          *(float*)result = *((float*)a) + *((float*)b);
14          break;
15      case DOUBLE:
16          *(double*)result = *((double*)a) + *((double*)b);
17          break;
18      }
19      return result;
20  }
21
22  int main()
23  {
24      int x = 10, y = 20, intResult;
25      float f1 = 1.3, f2 = 2.4, floatResult;
26      double d1 = 2.5, d2 = 3.3, doubleResult;
27
28      printf("%d\n", *(int*)add(&x, &y, &intResult, INT));
29      printf("%f\n", *(float*)add(&f1, &f2, &floatResult, FLOAT));
30      printf("%lf\n", *(double*)add(&d1, &d2, &doubleResult, DOUBLE));
31  }
```

2-4 add 함수는 void 포인터를 자료형에 따라 형 변환하여 사용합니다. 이를 위해 어떤 자료형인지를 지정하기 위해 정의합니다.

두 개 숫자의 주소를 저장하고 있는 포인터 a, b와 결과를 저장하는 result 포인터, 그리고 자료형을 매개변수로 받습니다. 자료형에 따라 a, b, result는 해당하는 포인터로 형 변환하여야 합니다. *((int*)a)는 포인터 a를 (int*)로 형 변환하고 간접 참조하여 그 값을 가져옵니다. return 값은 result 포인터입니다. 이 포인터도 어떤 값을 가졌는지가 다르므로 void* 형 함수가 됩니다.

함수를 호출하고 반환받은 값은 해당하는 포인터형으로 형 변환하고 *로 간접 참조하여 값을 가져옵니다.

▌결과

```
30
3.700000
5.800000
```

044 다른 형의 배열 원소의 합을 하나의 함수로 계산하기

- ■학습내용 다른 형의 배열을 하나의 함수에서 처리하는 방법을 공부합니다.
- ■힌트내용 매개변수로 보내주는 배열명을 void 포인터로 받아서 처리합니다.

int 배열의 합을 구하는 함수가 있는데, float 배열의 합을 구해야 한다면 똑같은 함수를 자료형만 다르게 또 하나 만들어야 합니다. 이런 중복을 없앨 수 있는 것이 void 포인터입니다. C++이나 C#은 이러한 불편을 없애기 위해 제네릭(generic) 프로그래밍이 가능하도록 발전했습니다. C에는 제네릭이 없지만, void 포인터를 사용하여 이러한 작업을 할 수 있습니다.

소스 a044_sum_of_array.c

```c
1   #include <stdio.h>
2   #define INT 0
3   #define FLOAT 1
4
5   void sum_of_array(void* p, int length, void* result, int type)
6   {
7     switch (type) {
8     case INT:
9       for(int i = 0; i < length; i++)
10        *(int *)result += *((int*)p + i);
11      break;
12    case FLOAT:
13      for(int i = 0; i < length; i++)
14        *(float*)result += *((float*)p + i);
15      break;
16    }
17  }
18
19  int main()
20  {
21    int a[10] = { 1, 2, 3, 4, 5, 6, 7, 8, 9, 10 };
22    float b[5] = { 1.1, 2.2, 3.3, 4.4, 5.5 };
23    int intSum = 0;
24    float floatSum = 0;
25
```

```
26     sum_of_array(a, 10, &intSum, INT);
27     printf("%d\n", intSum);
28     sum_of_array(b, 5, &floatSum, FLOAT);
29     printf("%f\n", floatSum);
30  }
```

5 함수 sum_of_array는 반환 값이 없으며 4개의 매개변수를 갖습니다. 배열, 배열의 길이, 결과를 저장하는 포인터, 배열의 형입니다.

7~16 자료형에 따라 배열의 각 원소를 result에 더합니다. 정수형이라면 p를 (int*)로 형 변환합니다. (int*)p + i는 p를 정수형 포인터로 바꾸고 i를 증가시키며 *((int*)p + i)로 간접참조를 하면 배열의 각 원소를 가져올 수 있습니다. 배열의 합은 result 포인터가 가리키는 메모리에 직접 저장됩니다.

21~22 int 배열과 float 배열을 선언하고 초기화합니다.

23~24 intSum은 int 배열의 합, floatSum은 float 배열의 합을 저장하는 변수입니다.

26~27 배열 a에 대해 sum_of_array 함수를 호출하고 intSum을 출력합니다.

28~29 배열 b에 대해 sum_of_array 함수를 호출하고 floatSum을 출력합니다.

sum_of_array 함수가 배열의 합을 반환하도록 바꿀 수 있습니다. 이 경우에는 배열의 합이 int 형일 수도 있고 float 형일 수도 있으므로 함수를 void* 형으로 선언해야 합니다.

소스 044_sum_of_array2.c

```
1   ...
2   void *sum_of_array(void* p, int length, void* result, int type)
3   {
4     switch (type) {
5     case INT:
6       for(int i = 0; i < length; i++)
7         *(int *)result += *((int*)p + i);
8       break;
9     case FLOAT:
10      for(int i = 0; i < length; i++)
11        *(float*)result += *((float*)p + i);
12      break;
13    }
```

```
14      return result;
15  }
16
17  int main()
18  {
19      ...
20      printf("%d\n", *(int *)sum_of_array(a, 10, &intSum, INT));
21      printf("%f\n", *(float *)sum_of_array(b, 5, &floatSum, FLOAT));
22  }
```

2 결과값을 반환하기 위해 void *형으로 선언합니다.

14 void* result를 반환합니다.

20 sum_of_array 함수의 반환 값은 void *이므로 (int *)로 형 변환하고 간접참조를 위해 *를 추가합니다.

21 sum_of_array 함수의 반환 값은 void *이므로 (float *)로 형 변환하고 간접참조를 위해 *를 추가합니다.

▌결과

```
55
16.500000
```

045 함수 포인터

■ 학습내용 함수를 가리키는 포인터인 함수 포인터를 공부합니다.
■ 힌트내용 함수 포인터는 매개변수나 배열의 원소로 사용될 수 있습니다.

변수가 저장된 곳의 주소를 저장하는 것이 포인터입니다. 함수도 변수와 마찬가지로 메모리의 특정
영역에 저장되어 있으므로 함수가 저장된 주소를 저장하는 포인터도 있을 수 있습니다. 이를 함수
포인터라고 합니다. 함수 포인터는 주로 매개변수나 배열의 원소로 사용됩니다.

```
int add(int a, int b)
{
    return a + b;
}
```

위와 같이 2개의 정수를 더해서 반환하는 함수가 있다고 합시다. 이 함수를 가리키는 포인터는 다음
과 같이 선언합니다.

```
int (*ptr)(int, int);
```

여기에서 (*ptr)은 ptr이 포인터라는 뜻이고 뒤에 괄호가 나오므로 함수의 포인터라는 뜻이 됩니다.
괄호 안에 두 개의 int 가 있으니까 ptr은 매개변수로 두 개의 정수를 갖고 int를 반환하는 함수의 포
인터라는 뜻입니다. (*ptr)이라고 쓰지 않고 괄호 없이 ptr이라고 쓰면 정수 포인터를 반환하는 함수
라는 뜻이 되므로 함수 포인터를 사용할 때는 반드시 (*ptr)과 같이 괄호를 써야 합니다.
이렇게 함수 포인터를 정의하고 나면 함수의 주소를 할당할 수 있습니다. 함수의 이름은 함수가 저
장된 곳의 주소를 의미하므로 주소 연산자 없이 직접 함수의 이름을 써도 됩니다.

```
ptr = &add;
ptr = add;
```

또는, 선언과 동시에 함수의 주소를 할당할 수도 있습니다.

```
int (*ptr)(int, int) = &add;
int (*ptr)(int, int) = add;
```

매개변수와 반환 값이 없는 함수의 포인터 fptr은 다음과 같이 선언할 수 있습니다.

```
void (*fptr)();
```

```
 1    #include <stdio.h>
 2
 3    int add(int a, int b)
 4    {
 5        return a + b;
 6    }
 7
 8    void hello()
 9    {
10        printf("Hello\n");
11    }
12
13    int main()
14    {
15        int (*ptr)(int, int) = add;
16        void (*fptr)() = hello;
17
18        printf("%d\n", ptr(10, 20));
19        fptr();
20    }
```

3~6 두 정수를 더해서 반환하는 함수 int add(int, int)입니다.

8~11 "Hello"를 출력하는 void hello() 함수입니다.

15 ptr은 int 두 개를 매개변수로 받고 int를 반환하는 함수의 포인터이며, add 함수의 주소를 할당했습니다.

16 fptr은 매개변수가 없고 반환하는 값이 없는 함수의 포인터이며 hello 함수의 주소를 할당했습니다.

18 ptr(10, 20)은 ptr이 가리키는 함수에 10과 20을 매개변수로 전달한다는 뜻입니다. 반환 값은 result에 할당됩니다.

19 함수 포인터를 사용하여 fptr()은 hello() 함수를 호출합니다.

┃ 결과

```
30
Hello
```

046 함수 포인터의 배열을 사용한 계산기

■ 학습내용 함수 포인터의 응용문제로 사칙계산기를 만듭니다.
■ 힌트내용 덧셈, 뺄셈, 곱셈, 나눗셈 함수를 함수 포인터의 배열로 지정하게 합니다.

사용자의 선택에 따라 덧셈, 뺄셈, 곱셈, 나눗셈을 하는 계산기를 만들려고 합니다. 4개의 함수를 만들고 사용자의 선택에 따라 해당하는 함수를 호출하면 됩니다. 다음과 같이 switch ~ case 문으로 처리하는 방법을 쓰는 것이 일반적입니다.

```
switch(choice)
{
    case ADD:
        result = add(a, b);
        break;
    case SUBTRACT:
        result = subtract(a, b);
        break;
    ...
}
```

하지만 다음과 같이 함수 포인터의 배열을 사용하면 훨씬 간단하게 코딩할 수 있습니다.

```
float (*funcptr[4])(float, float) = { add, subtract, multiply, divide };
```

위와 같이 선언하면 funcptr은 매개변수로 두 개의 float를 갖고 반환 값이 float인 함수 포인터 4개의 배열이 됩니다. 이를 이용하여 계산기 프로그램을 작성합니다.

```c
#define _CRT_SECURE_NO_WARNINGS
#include <stdio.h>

float add(float a, float b)
{
    return a + b;
}

float subtract(float a, float b)
{
    return a - b;
}

float multiply(float a, float b)
{
    return a * b;
}

float divide(float a, float b)
{
    return a / b;
}

int main()
{
    float a, b;
    int choice;
    float (*funcptr[4])(float, float)
      = { add, subtract, multiply, divide };

    printf("Enter two numbers : ");
    scanf("%f %f", &a, &b);
    printf("Enter choice[0:add, 1:subtract, 2:multiply, 3:divide] : ");
    scanf("%d", &choice);

    printf("result = %f\n", funcptr[choice](a, b));
}
```

$_{4\sim7}$ 두 수를 더하여 반환하는 add 함수입니다.

$_{9\sim12}$ 두 수를 빼서 반환하는 subtract 함수입니다.

$_{14\sim17}$ 두 수를 곱해서 반환하는 multiply 함수입니다.

$_{19\sim22}$ 두 수를 나누어 반환하는 divide 함수입니다.

$_{28\sim29}$ 함수 포인터의 배열 funcptr[4]를 선언하고 함수 이름으로 초기화합니다.

$_{31\sim32}$ 두 개의 숫자를 입력받습니다.

$_{33\sim34}$ 원하는 계산을 선택합니다.

$_{36}$ funcptr[choice]가 해당하는 함수입니다. (a, b) 매개변수로 호출하고 결과를 출력합니다.

▌ 결과

```
Enter two numbers : 50 46
Enter choice [0:add, 1:subtract, 2:multiply, 3:divide] : 3
result = 1.086957
```

047 스택의 구현

- 학습내용 배열을 이용하여 스택을 구현합니다.
- 힌트내용 스택 포인터를 사용하고 push와 pop 함수를 구현합니다.

후입선출(Last-In First-Out, LIFO) 형태의 자료를 다룰 때는 스택을 사용합니다. 제일 나중에 들어온 자료가 제일 먼저 나가는 자료구조입니다. 이 장에서는 스택을 만들어보겠습니다.

보통 스택은 배열로 구현합니다. 스택에 값을 넣는 push 함수와 값을 꺼내는 pop 함수가 필요합니다. 배열의 크기는 고정이므로 스택을 배열로 구현하면 push 함수에서 오버플로, 즉 인덱스가 배열의 크기를 넘어가는지를 점검해야 합니다. 스택의 마지막 인덱스를 스택 포인터라고 하는데, 스택 포인터는 sp라는 int 변수로 지정합니다. sp는 처음에 0이며 push 할 때마다 stack[sp++] = v;로 sp 위치에 값을 저장하고, sp는 하나 증가합니다. pop 할 때는 return stack[--sp]; 하여 sp를 먼저 하나 줄이고 그 위치의 값을 반환합니다. push에서는 스택이 가득 찼는지를, pop에서는 스택이 비었는지를 검사해야 합니다.

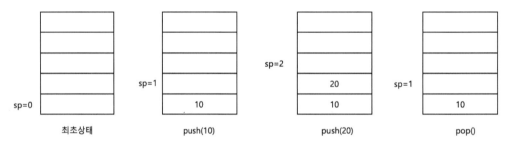

[그림 47-1] 스택에서 push와 pop 함수의 연산과 sp의 변화

📁 a047_stack.c

```
1   #define _CRT_SECURE_NO_WARNINGS
2   #include <stdio.h>
3   #include <conio.h>
4   #define MAXVAL 100
5
6   int stack[MAXVAL];      // stack
7   int sp = 0;             // stack pointer
8
```

```
9     void push(int v)
10    {
11       if(sp < MAXVAL)
12          stack[sp++] = v;
13       else
14          printf("stack full\n");
15    }
16
17    int pop()
18    {
19       if(sp > 0)
20          return stack[--sp];
21       else {
22          printf("error: stack empty\n");
23          return 0;
24       }
25    }
26
27    void printStack()
28    {
29       printf("Stack : ");
30       for(int i = 0; i < sp; i++)
31          printf("%8d", stack[i]);
32       printf("\n");
33    }
34
35    int main()
36    {
37       int c, v;
38       while (1)
39       {
40          printf("Operatrion: i(insert), d(Delete), q(quit) : ");
41          c = _getche();
42          printf("\n");
43
44          switch (c) {
45          case 'i':
46             printf("Enter a number : ");
47             scanf("%d", &v);
```

```
48          push(v);
49          break;
50      case 'd':
51          printf("%d removed\n", pop());
52          break;
53      case 'q':
54          return 0;
55      }
56      printStack();
57  }
58 }
```

3 〈conio.h〉는 41번째 줄의 _getche 함수를 사용하기 위해서 포함합니다.

4 MAXVAL은 stack 배열의 크기입니다.

6~7 stack[] 배열과 스택 포인터 sp의 선언입니다.

9~15 push 함수입니다. sp가 MAXVAL보다 작을 때 sp 위치에 값을 저장하고 sp를 증가시킵니다. 만일 sp가 MAXVAL보다 작지 않으면 스택이 가득 찬 것이므로 값을 저장하지 않고 "stack full"이라고 출력합니다.

17~25 pop 함수입니다. sp가 0보다 크면 sp를 하나 줄이고 그곳의 값을 반환합니다. sp가 0이면 스택이 비었다는 뜻이므로 값을 반환하지 않고 "error: stack empty"를 출력합니다.

27~33 push와 pop이 잘 동작하는지 확인하기 위해 stack[] 배열의 내용을 출력합니다.

38 무한 루프의 시작입니다. 스택에 값을 넣고 빼는 과정을 반복합니다.

40 삽입, 삭제, 종료를 선택하게 하는 안내문을 출력합니다.

41~42 키보드로 입력하는 문자 하나를 받아들이고 그 값을 화면에 출력하고 줄을 바꿉니다. _getche 함수는 Enter가 필요 없습니다.

44~55 switch~case 문으로 삽입, 삭제, 종료에 따른 동작을 수행합니다. 삽입일 때는 숫자를 하나 입력받아서 push 합니다. 삭제일 때는 pop 한 값을 출력합니다. 'q'를 입력하면 프로그램을 종료합니다.

56 삽입과 삭제가 수행된 후에 스택의 내용을 출력합니다.

```
Operatrion: i(insert), d(Delete), q(quit) : i
Enter a number : 10 Enter
Stack :     10
Operatrion: i(insert), d(Delete), q(quit) : i
Enter a number : 20 Enter
Stack :     10    20
Operatrion: i(insert), d(Delete), q(quit) : i
Enter a number : 30 Enter
Stack :     10    20    30
Operatrion: i(insert), d(Delete), q(quit) : d
30 removed
Stack :     10    20
Operatrion: i(insert), d(Delete), q(quit) : d
20 removed
Stack :     10
Operatrion: i(insert), d(Delete), q(quit) : d
10 removed
Stack :
Operatrion: i(insert), d(Delete), q(quit) : q
```

048 스택을 이용한 reverse polish 계산기

- 학습내용 스택을 이용하는 계산기를 프로그램합니다.
- 힌트내용 연산자와 피연산자를 구분하여 사용합니다.

수식을 표현하는 방식에는 여러 가지가 있습니다. 우리가 일반적으로 사용하고 있는 "1 + 2"와 같은 수식은 연산자가 피연산자 사이에 위치하기 때문에 중위 표현식이라고 합니다. 중위 표현식은 연산자의 우선순위 때문에 괄호가 필요합니다. 예를 들어 "3 + 4 * 5"는 *가 +보다 우선순위가 높으므로 3 + 4를 먼저 계산하려면 괄호를 사용하여 "(3 + 4) * 5"와 같이 써야 합니다. 이에 비해 "1 2 +"와 같이 연산자가 피연산자 뒤에 위치하는 후위 표현식은 연산자의 우선순위나 괄호가 없으므로 더 쉽게 계산기를 만들 수 있습니다. 후위 표현식을 reverse-polish 표현법이라고 합니다. 예를 들어 다음의 수식을 살펴보겠습니다.

```
3 * 4 + 5 * (6 - 9)
```

위의 수식은 우리가 보통 사용하는 중위 표현식입니다. 연산자가 피연산자의 중간에 있고 괄호가 존재합니다. 이 수식을 reverse-polish 표현으로 바꾸면 다음과 같습니다. 후위 표현식에는 괄호가 필요 없습니다.

```
3 4 * 5 6 9 - * +
```

산술식을 이진 트리로 표현한 것을 수식 트리(expression tree)라고 합니다. 수식 트리에서 연산자는 비단말 노드에 위치하고 피연산자는 단말노드에 위치합니다. 산술식을 수식 트리로 만들어 in-order 순회하면 중위 표현식이 되고, post-order로 순회하면 후위 표현식, 즉 reverse-polish 표현식이 됩니다.

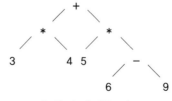

[그림 48-1] 계산 트리

Reverse–polish 표현식을 계산할 때 스택을 사용합니다. 피연산자가 나오면 push하고 연산자가 나오면 스택에서 pop을 두 번 해서 피연산자 2개를 꺼내서 계산한 후, 계산 결과를 스택에 push 합니다.

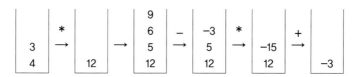

[그림 48-2] 수식의 처리 과정

[그림 48-2]는 "3 4 * 5 6 9 – * +"의 수식을 처리하는 과정을 설명합니다. 처음에 3과 4는 숫자이므로 스택에 push 합니다. * 연산자가 나오면 스택에서 pop을 두 번 하여 3과 4를 꺼낸 후, * 연산의 결과인 12를 push 합니다. 5, 6, 7은 숫자이므로 스택에 push 합니다. – 연산자가 나오면 스택에서 pop을 두 번 하여 9과 6을 꺼낸 후, – 연산의 결과인 –3을 push 합니다. * 연산자가 나오면 스택에서 pop을 두 번 하여 –3과 5를 꺼낸 후, * 연산의 결과인 –15를 push 합니다. 마지막으로 + 연산자가 나오면 스택에서 pop을 두 번 하여 –15와 12를 꺼낸 후, + 연산한 결과인 –3을 push 합니다. 수식의 처리가 끝나면 스택에는 수식의 결과인 –3만 남아 있게 됩니다.

다음 프로그램에서 reverse_polish 계산기를 작성합니다. 47장에서 만들었던 스택을 float 형으로 바꾸어 사용합니다.

소스 a048_reverse_polish.c

```
1   #include <stdio.h>
2   #include <ctype.h>
3   #include <stdlib.h>
4
5   #define MAXOP   100
6   #define MAXVAL  100
7   #define NUMBER  '0'
8
9   float stack[MAXVAL];                // stack
10  int sp = 0;                         // stack pointer
11
12  int getop(char s[])
13  {
14      int i, c;
15
```

```
16      while ((s[0] = c = getchar()) == ' ' || c == '\t')
17          ;
18      s[1] = '\0';
19      if(!isdigit(c) && c != '.')                  // 숫자 아님
20          return c;
21      i = 0;
22      if(isdigit(c))
23          while (isdigit(s[++i] = c = getchar()))   // 정수부분 읽기
24              ;
25      if(c == '.')
26          while (isdigit(s[++i] = c = getchar()))   // 소수부분 읽기
27              ;
28      s[i] = '\0';
29      if(c != EOF)
30          ungetc(c, stdin);
31      return NUMBER;
32  }
33
34  void push(float f)
35  {
36      if(sp < MAXVAL)
37          stack[sp++] = f;
38      else
39          printf("Stack full\n");
40  }
41
42  float pop()
43  {
44      if(sp > 0)
45          return stack[--sp];
46      else {
47          printf("error: stack empty\n");
48          return 0;
49      }
50  }
51
52  int main()
53  {
54      int type;
```

```
55        double op2;
56        char s[MAXOP];
57
58        while ((type = getop(s)) != EOF) {
59            switch (type) {
60            case NUMBER:
61                push(atof(s));
62                break;
63            case '+':
64                push(pop() + pop());
65                break;
66            case '-':
67                push(-(pop() - pop()));
68                break;
69            case '*':
70                push(pop() * pop());
71                break;
72            case '/':
73                push(1/(pop() / pop()));
74                break;
75            case '\n':
76                printf("%.8g\n", pop());
77                break;
78            default:
79                printf("Unknown %s\n", s);
80                break;
81            }
82        }
83    }
```

9~10 stack[] 배열과 스택 포인터 sp를 선언합니다.

12~32 연산자와 피연산자를 읽어 들이는 getop 함수입니다. 매개변수인 s[] 배열에 값을 저장하고
읽어 들인 내용에 따라 피연산자(숫자), 연산자, '\n'을 반환합니다.

34~40 push 함수입니다.

42~50 pop 함수입니다.

58~82 getop 함수로 입력을 받아 반환 값에 따라 switch~case 문을 실행합니다. 숫자라면 문자열을 숫자로 바꾸는 atof 함수를 사용하여 변환된 숫자를 push 합니다. '+', '-', '*', '/'의 사칙 연산자의 경우에는 pop을 두 번 수행하여 스택에 저장된 숫자를 가져와서 계산한 후 push 합니다. '+'와 '*'는 두 수를 순서와 관계없이 계산하면 되지만 '-'와 '/'는 pop 하는 순서가 중요합니다. 먼저 pop 한 숫자가 연산자 뒤에 와야 하므로 계산식을 주의하세요.

┃ 결과

```
3 4 * 5 6 9 - * + Enter
-3
2.45 5.76 + 5.1 2.3 * - Enter
-3.5199995
```

049 사칙 계산기

■ 학습내용 입력 문자열에서 숫자와 연산자를 구분하여 저장하는 방법을 공부합니다.
■ 힌트내용 문자열을 float로 변환하는 strtof 함수를 사용합니다.

간단한 사칙 계산기를 만들어보겠습니다. "15 + 30"과 같이 입력하면 입력 문자열에서 숫자와 연산자를 추출하여 계산하는 함수로 보내줍니다. 입력 문자열에서 숫자를 추출할 때 〈stdlib.h〉에 정의된 strtof 함수를 사용합니다. 참고로 strtof는 string to float의 약자입니다. 함수의 원형은 다음과 같습니다.

```
float strtof(const char *strSource, char **endptr);
```

strSource는 변환할 문자열입니다. endptr는 숫자로 변환될 수 없는 문자열의 포인터를 갖게 됩니다. 따라서 strtof(p, &p) 라고 쓰면 숫자가 끝난 다음 주소를 p가 갖게 됩니다.

숫자와 연산자를 추출한 후에는 calculate 함수에서 연산자에 따라 계산 결과를 반환합니다.

🔧 a049_calculator.c

```c
1   #include <stdio.h>
2   #include <ctype.h>
3   #include <stdlib.h>
4   #include <stdbool.h>
5
6   double calculate(double x, char op, double y)
7   {
8       switch (op) {
9       case '+':
10          return x + y;
11      case '-':
12          return x - y;
13      case '*':
14          return x * y;
15      case '/':
16          return x / y;
17      default:
18          return 0.0;
19      }
20  }
```

```
21
22    int main()
23    {
24        char buf[80];
25        double result = 0.0;
26        char op = '+';
27
28        while (true)
29        {
30            printf("\n사칙계산기(종료는 'q'를 입력하세요)\n");
31            printf("수식을 입력하세요. 예) a+b | a-b | a*b | a/b\n ==> ");
32
33            fgets(buf, 80, stdin);
34            char* p = buf;
35            double value[2] = { 0.0 };
36            int index = 0;
37
38            while (*p != '\n') {
39                if(*p == 'q')
40                    return 0;
41                if(isdigit(*p)) {
42                    float v = strtof(p, &p);
43                    value[index++] = v;
44                }
45                else if(*p == '+')
46                    op = '+', p++;
47                else if(*p == '-')
48                    op = '-', p++;
49                else if(*p == '*')
50                    op = '*', p++;
51                else if(*p == '/')
52                    op = '/', p++;
53                else if(isspace(*p))
54                    p++;
55            }
56
57            if(op == '/' && value[1] == 0) {
58                printf("Division by 0 exception\n");
59                continue;
60            } else
61                result = calculate(value[0], op, value[1]);
```

```
62
63          printf("%f %c %f = %f\n", value[0], op, value[1], result);
64      }
65  }
```

⌇6~20 매개변수로 전달받은 두 개의 실수를 연산자에 따라 계산하여 결과를 반환하는 함수입니다.

⌇28~64 'q'가 입력될 때까지 수식을 입력받아 계산합니다.

⌇33~36 콘솔에서 한 줄을 입력받아 buf[] 배열에 저장합니다. 피연산자 두 개를 저장하기 위해 value[2] 배열을 선언하고 초기화합니다.

⌇38~55 buf[]의 맨 앞에서부터 한 글자씩 읽어서 '\n'이 나올 때까지 반복합니다. 숫자가 나오면 strtof 함수를 사용하여 숫자를 하나 읽고 value[] 배열에 저장합니다. 숫자가 아니고 연산자이면 연산자를 op에 저장하고, 빈칸이면 buf[]의 다음 글자를 가져옵니다. 이 과정으로 수식에서 숫자는 value[] 배열에 저장되고 연산자는 op에 저장됩니다.

⌇57~61 나눗셈에서 두 번째 연산자가 0이면 에러 메시지를 출력하고 다시 수식을 입력받습니다. 그렇지 않으면 calculate 함수를 호출하고 result에 결과를 저장합니다.

▌결과

```
사칙계산기(종료는 'q'를 입력하세요)
수식을 입력하세요. 예) a+b | a – b | a*b | a/b
 ==> 12.43 + 7.89 Enter
12.430000 + 7.890000 = 20.320000

사칙계산기(종료는 'q'를 입력하세요)
수식을 입력하세요. 예) a+b | a – b | a*b | a/b
 ==> 3.1*31 Enter
3.100000 * 31.000000 = 96.099997

사칙계산기(종료는 'q'를 입력하세요)
수식을 입력하세요. 예) a+b | a – b | a*b | a/b
 ==> q Enter
```

결과에서 3.1 * 31=96.1인데 96.09997로 출력되는 것은 부동소수점 숫자를 계산할 때 발생하는 오차(floating point approximation error)입니다. 컴퓨터에서 부동소수점 숫자를 2진법으로 표현하므로 어쩔 수 없이 발생하는 오차입니다.

03 PART 활용

실전 문제 해결

C언어
100제

050 구조체를 사용하여 점과 사각형 표현하기

■ 학습내용 구조체를 사용하여 점과 사각형을 표현합니다.
■ 힌트내용 구조체는 여러 개의 변수를 하나의 단위로 처리할 수 있게 합니다.

구조체는 여러 개의 변수를 묶어서 사용자가 만드는 자료형입니다. 예를 들어 학생의 정보는 학과, 학년, 학번, 이름, 연락처와 같은 여러 개의 정보로 이루어져 있습니다. 이를 묶어서 하나의 단위로 처리할 수 있게 해주는 것이 구조체입니다. 구조체 안에 선언되는 변수들은 같은 형일 수도, 서로 다른 형일 수도 있습니다.

이차원 평면에서 점은 x 좌표와 y 좌표로 이루어집니다. 좌표가 정수라면 점을 표현하는 구조체를 다음과 같이 선언할 수 있습니다.

```
struct point {
    int x;
    int y;
};
```

이렇게 선언된 구조체의 변수는 다음과 같이 사용합니다.

```
struct point p1;
struct point p2 = { 20, 50 };   // 초기화
```

구조체는 다른 구조체를 포함할 수 있습니다. 사각형은 두 개의 점으로 표현할 수 있으므로 사각형을 표현하는 구조체는 다음과 같이 선언할 수 있습니다.

```
struct point pnt1 = { 10, 20 };
struct point pnt2 = { 30, 40 };
struct rectangle {
    struct point p1;
    struct point p2;
};
struct rectangle r1 = { pnt1, pnt2 };
struct rectangle r2 = { { 10, 20 }, { 30, 40 } };
```

구조체를 이용하여 두 점 사이의 거리를 계산하고, 사각형의 면적을 계산하는 프로그램을 작성합니다.

```c
1   #include <stdio.h>
2   #include <math.h>
3
4   struct point
5   {
6       int x;
7       int y;
8   };
9
10  struct rectangle
11  {
12      struct point p1;
13      struct point p2;
14  };
15
16  double distance(struct point p1, struct point p2)
17  {
18      return sqrt(pow(p1.x - p2.x, 2) + pow(p1.y - p2.y, 2));
19  }
20
21  double area(struct rectangle r)
22  {
23      return abs(r.p1.x - r.p2.x) * abs(r.p1.y - r.p2.y);
24  }
25
26  int main()
27  {
28      struct point pt1 = { 10, 20 };
29      struct point pt2 = { 30, 40 };
30      struct rectangle rect = { pt1, pt2 };
31
32      printf("두 점 사이의 거리는 : %f\n", distance(pt1, pt2));
33      printf("사각형의 면적은 : %f\n", area(rect));
34  }
```

점을 표현하는 구조체입니다. 구조체의 멤버로 x 좌표와 y 좌표를 갖습니다.

사각형을 표현하는 구조체입니다. 멤버로 두 개의 point 구조체를 갖습니다.

두 점 사이의 거리를 계산하여 반환하는 함수입니다.

사각형의 면적을 계산하여 반환하는 함수입니다.

점 pt1과 pt2를 선언하고 초기화합니다.

사각형 rect를 선언하고 초기화합니다.

두 점 사이의 거리를 계산하는 distance 함수를 호출하고 결과를 출력합니다.

사각형의 면적을 계산하는 area 함수를 호출하고 결과를 출력합니다.

▌결과

```
두 점 사이의 거리는 : 28.284271
사각형의 면적은 : 400.000000
```

051 구조체를 함수로 전달하기

■ 학습내용 구조체를 함수로 보내는 방법을 학습합니다.
■ 힌트내용 구조체 자체를 보내기보다는 구조체의 주소를 보내주는 것이 효율적입니다.

구조체를 함수로 전달할 때는 구조체 자체를 전달하는 방법과 구조체의 주소만 전달하여 포인터로 처리하는 방법이 있습니다. 함수를 호출할 때 큰 구조체를 매개변수로 전달하려고 하면 구조체의 모든 멤버의 값을 그대로 복사해야 하므로 주소 하나만 보내는 것과 비교할 때 시간이 많이 소요되겠지요. 따라서 함수에 구조체를 전달할 때는 구조체의 주소만 전달하는 것이 좋습니다.

학생의 정보를 저장하는 구조체를 함수로 전달하여 그 내용을 출력하는 프로그램을 작성하겠습니다.

🔧 소스 a051_structure.c

```
1   #define _CRT_SECURE_NO_WARNINGS
2   #include <stdio.h>
3
4   struct student {
5       char dept[20];
6       int year;
7       int id;
8       char name[20];
9       char phone[20];
10  };
11
12  void printInfo(struct student* s)
13  {
14      printf("\n학과 : %s\n", s->dept);
15      printf("학년 : %d\n", s->year);
16      printf("학번 : %d\n", s->id);
17      printf("이름 : %s\n", s->name);
18      printf("전화번호 : %s\n", s->phone);
19  }
20
21  int main()
22  {
23      struct student s;
```

```
24
25       printf("학과 : ");
26       scanf("%s", s.dept);
27       printf("학년 : ");
28       scanf("%d", &s.year);
29       printf("학번 : ");
30       scanf("%d", &s.id);
31       printf("이름 : ");
32       scanf("%s", s.name);
33       printf("전화번호 : ");
34       scanf("%s", s.phone);
35
36       printInfo(&s);
37   }
```

4~10 학생의 정보를 저장하는 student 구조체입니다.

12~19 student 구조체의 주소를 전달받아 포인터로 구조체의 내용을 출력합니다. 이때 전달받는 것은 구조체 전체가 아니고 주소만 전달받기 때문에 아무리 구조체가 크더라도 함수로 전달되는 정보는 4바이트인 주소입니다.

23 student 구조체 변수 s를 선언합니다.

25~34 구조체의 멤버를 콘솔에서 입력받아 저장합니다.

36 구조체의 내용을 출력하는 printInfo 함수를 호출합니다. 매개변수로 s의 주소를 전달합니다.

┃결과

```
학과 : 컴퓨터공학과 Enter
학년 : 1 Enter
학번 : 22301001 Enter
이름 : 홍길동 Enter
전화번호 : 010 - 1234 - 5678 Enter

학과 : 컴퓨터공학과
학년 : 1
학번 : 22301001
이름 : 홍길동
전화번호 : 010 - 1234 - 5678
```

052 구조체의 구조체 – 최근접 점의 쌍 찾기

■ 학습내용 구조체로 표현된 점들 사이의 거리를 계산하여 최근접 점의 쌍을 찾습니다.
■ 힌트내용 point 구조체와 이 구조체를 멤버로 갖는 pointPair 구조체를 사용합니다.

최근접 점의 쌍(closest pair)을 찾는 문제는 2차원 평면상의 n개의 점이 입력으로 주어질 때, 거리가 가장 가까운 한 쌍의 점을 찾는 문제입니다. 점의 위치는 랜덤하게 주어집니다. 점의 개수가 n개라면 두 점 사이의 거리를 계산하는 횟수는 n(n − 1)/2회입니다.

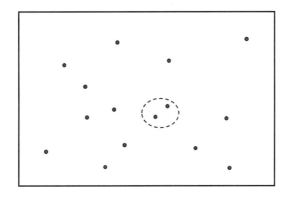

[그림 52-1] point 구조체와 pointPair 구조체 찾기

프로그램을 위해 점을 표현하는 point 구조체와 두 점의 쌍을 표현하는 pointPair 구조체를 사용합니다. pointPair 구조체는 멤버로 point 구조체를 갖습니다.

📁 a052_closestPair.cpp

```
1   #include <stdio.h>
2   #include <stdlib.h>
3   #include <time.h>
4   #include <math.h>
5
6   #define POINTS 100    // 점의 개수
7   #define MAXPOS 1000   // 최대 좌표
8
9   typedef struct point {
10      int x;
```

```
11      int y;
12   } point;
13
14   typedef struct pointPair {
15      double dist;
16      point p1;
17      point p2;
18   } pointPair;
19
20   point p[POINTS];
21
22   double dist(point p1, point p2)
23   {
24      return sqrt((p1.x − p2.x) * (p1.x − p2.x)
25              + (p1.y − p2.y) * (p1.y − p2.y));
26   }
27
28   pointPair makePair(point p1, point p2)
29   {
30      pointPair pp;
31
32      pp.dist = dist(p1, p2);
33      pp.p1 = p1;
34      pp.p2 = p2;
35      return pp;
36   }
37
38   pointPair closestPair()
39   {
40      double min = MAXPOS*MAXPOS, d;
41      pointPair minPair;
42
43      for(int i=0; i< POINTS−1; i++)
44        for(int j=i+1; j<POINTS; j++)
45          if( (d=dist(p[i], p[j])) < min) {
46              min = d;
47              minPair = makePair(p[i], p[j]);
48          }
49      return minPair;
50   }
```

```
51
52   int main()
53   {
54      srand(time(0));        // 랜덤 시드 설정
55      for(int i = 0; i < POINTS; i++){
56         p[i].x = rand() % MAXPOS;
57         p[i].y = rand() % MAXPOS;
58      }
59
60      pointPair pp = closestPair();
61      printf("closest pair : (%d,%d)-(%d,%d) distance = %f\n",
62         pp.p1.x, pp.p1.y, pp.p2.x, pp.p2.y, pp.dist);
63   }
```

9~12 점의 정보를 저장하는 구조체 point입니다.

14~18 점의 쌍을 저장하는 구조체 pointPair입니다.

20 POINTS 점을 저장하는 배열입니다.

22~26 두 점 사이의 거리를 계산하는 dist 함수입니다.

28~36 두 점을 매개변수로 전달받아 구조체 pointPair를 만들어 반환하는 함수입니다.

38~50 모든 점 사이의 거리를 계산하여 최소 거리를 갖는 점의 쌍을 찾아서 반환하는 closestPair 함수입니다. min 변수는 두 점 사이의 거리가 가질 수 있는 최대값인 MAXPOS의 제곱으로 초기화합니다.

54~58 랜덤 시드를 설정하고 점의 좌표를 랜덤하게 설정합니다.

60 closestPair 함수를 호출하여 최근접 점의 쌍을 구합니다.

❙ 결과

```
closest pair : (464,362)-(475,368) distance = 12.529964
```

053 구조체와 공용체를 사용하여 도형의 면적을 계산하기

■ 학습내용 구조체와 공용체의 차이점을 공부하고 이를 사용하여 프로그램합니다.
■ 힌트내용 원, 삼각형, 사각형은 크기를 저장할 내용이 다르므로 공용체를 사용합니다.

다음과 같은 구조체를 생각해보죠. 이 구조체의 크기는 얼마일까요?

```
struct {
    int x;
    float y;
    char z;
} myStruct;
printf("sizeof myStruct = %u\n", sizeof(myStruct));
```

프로그램을 실행해보면 결과는 12가 나옵니다. int가 4바이트, float가 4바이트, char가 1바이트이니까 합하면 9바이트인데 결과는 왜 12바이트가 될까요? 구조체가 저장될 때 word 단위로 저장되기 때문입니다. 따라서 9바이트 크기의 구조체는 4의 배수의 크기를 갖게 되어 12바이트가 되는 것입니다. 메모리에서 데이터를 읽어올 때도 프로세서는 한 번에 최소 1 word, 즉 4바이트를 읽어옵니다.

```
union {
    int x;
    float y;
    char z;
} myUnion;
printf("sizeof myUnion = %u\n", sizeof(myUnion));
```

공용체의 경우는 멤버들이 같은 공간을 공유합니다. 따라서 공용체의 크기는 가장 큰 멤버의 크기와 같습니다. 따라서 myUnion의 크기는 4바이트가 됩니다.

이처럼 공용체는 멤버들이 동시에 같이 사용되지 않을 때 저장 공간을 절약할 수 있는 좋은 대안이 됩니다. 원의 반지름, 삼각형의 세 변의 길이, 사각형의 가로와 세로 길이를 저장하는 다음의 figure 구조체는 크기가 24바이트입니다. 하지만 어떤 도형이 동시에 원, 삼각형, 사각형일 수는 없으므로 이 구조체의 멤버가 한 번에 다 같이 사용되지는 않습니다.

```
struct figure {
    int radius;                    // 반지름
    int tri_sides[3];              // 세변의 길이
    int rect_sides[2];             // 가로 세로
};
```

대신 다음과 같이 figure 구조체를 만들면 도형의 종류를 저장하는 type 멤버가 추가되었지만 크기가 16바이트가 됩니다. 도형의 종류에 따라 저장할 내용이 달라지므로 이런 경우에 공용체를 사용하는 것이 효율적임을 알 수 있습니다.

```
struct figure {
    enum FigureType type;    // enum
    union {
        int radius;              // 반지름
        int tri_sides[3];    // 세변의 길이
        int rect_sides[2];   // 가로 세로
};
```

이 장에서는 공용체를 사용하여 원, 삼각형, 사각형의 정보를 공용체에 저장하는 예제를 만들어보 겠습니다. 참고로 삼각형을 이루는 세 변의 길이는 가장 긴 변의 길이가 다른 두 변 길이의 합보다 작아야 하므로 이를 점검해야 합니다. 삼각형의 면적은 헤론의 공식을 사용하여 다음과 같이 구할 수 있습니다.

$$S = \sqrt{s(s-a)(s-b)(s-c)}, \left(s = \frac{a+b+c}{2}\right)$$

C 언어는 0을 거짓으로, 0이 아닌 숫자를 참으로 사용합니다. 〈stdbool.h〉 헤더 파일을 포함하면 true를 참으로, false를 거짓으로 사용할 수 있습니다.

```
1   #define _CRT_SECURE_NO_WARNINGS
2   #include <stdio.h>
3   #include <stdbool.h>
4   #include <conio.h>
5   #include <math.h>
6   #define COUNT 3
7
8   enum FigureType { CIRCLE, TRIANGLE, RECTANGLE };
9
10  struct figure {
11    enum FigureType type;
12    union {
13      int radius;           // 반지름
14      int tri_sides[3];     // 세변의 길이
15      int rect_sides[2];    // 가로 세로
16    };
17  };
18
19  float area(struct figure* f)
20  {
21    float area, s;
22    switch (f->type)
23    {
24    case CIRCLE:
25      area = 3.141592 * f->radius * f->radius;
26      break;
27    case TRIANGLE:
28      s = (f->tri_sides[0] + f->tri_sides[1] + f->tri_sides[2]) / 2;
29      area = sqrt(s * (s - f->tri_sides[0]) *
30        (s - f->tri_sides[1]) * (s - f->tri_sides[2]));
31      break;
32    case RECTANGLE:
33      area = f->rect_sides[0] * f->rect_sides[1];
34      break;
35    }
36    return area;
37  }
38
```

```
39   void printFigure(struct figure* f)
40   {
41      switch (f->type)
42      {
43      case CIRCLE:
44         printf("이 원의 반지름은 %d, 면적은 %.2f입니다.\n",
45            f->radius, area(f));
46         break;
47      case TRIANGLE50
48         printf("이 삼각형 세변의 길이는 %d, %d, %d, 면적은 %.2f입니다.\n",
49            f->tri_sides[0], f->tri_sides[1], f->tri_sides[2], area(f));
50         break;
51      case RECTANGLE:
52         printf("이 사각형의 두 변의 길이는 %d, %d, 면적은 %.2f입니다.\n",
53            f->rect_sides[0], f->rect_sides[1], area(f));
54         break;
55      }
56   }
57
58   // 가장 긴 변의 길이는 다른 두 변 길이의 합보다 작아야 합니다
59   bool checkTriangle(struct figure fig)
60   {
61      int max = 0;
62      for(int i = 1; i <= 2; i++)
63         if(max < fig.tri_sides[i])
64            max = i;
65
66      int otherSum = 0;
67      for(int i = 0; i <= 2; i++)
68         if(i != max)
69            otherSum += fig.tri_sides[i];
70
71      if(fig.tri_sides[max] < otherSum)
72         return true;
73      else
74         return false;
75   }
76
77   int main()
```

```
 78  {
 79      struct figure fig[COUNT];
 80
 81      for(int i = 0; i < COUNT; i++) {
 82          printf("\n도형의 타입은? (C:원, T:삼각형, R:사각형) : ");
 83          char type = _getche();
 84
 85          switch (type) {
 86          case 'C':
 87              fig[i].type = CIRCLE;
 88              printf("\n 반지름을 입력하세요: ");
 89              scanf("%d", &fig[i].radius);
 90              break;
 91          case 'T':
 92              fig[i].type = TRIANGLE;
 93              printf("\n 세 변의 길이를 입력하세요: ");
 94              scanf("%d%d%d", &fig[i].tri_sides[0],
 95                  &fig[i].tri_sides[1], &fig[i].tri_sides[2]);
 96              if(checkTriangle(fig[i]) == false) {
 97                  printf("삼각형을 이룰 수 없습니다.");
 98                  i--;
 99                  continue;
100              }
101              break;
102          case 'R':
103              fig[i].type = RECTANGLE;
104              printf("\n 폭과 높이를 입력하세요: ");
105              scanf("%d%d", &fig[i].rect_sides[0], &fig[i].rect_sides[1]);
106              break;
107          default:
108              i--;
109              break;
110          }
111      }
112
113      for(int i = 0; i < COUNT; i++)
114          printFigure(&fig[i]);
115  }
```

⁸ 도형의 종류를 구분하는 열거형 FigureType을 선언합니다.

^{10~17} 구조체 figure는 열거형 FigureType type과 원, 삼각형, 사각형의 크기를 저장할 수 있는 공용체로 정의합니다.

^{19~37} 도형의 면적을 구하는 area 함수입니다. 도형의 type에 따라서 원, 삼각형, 사각형의 면적을 계산하여 반환합니다. 삼각형의 면적은 헤론의 공식으로 계산합니다.

^{39~56} 도형의 type에 따라 도형을 이루는 원소와 면적을 출력합니다.

^{59~75} 삼각형은 가장 긴 변의 길이는 다른 두 변 길이의 합보다 작아야 합니다. 이를 점검하는 함수입니다. 가장 긴 변을 찾고, 다른 두 변의 길이의 합을 구한 후 가장 긴 변의 길이가 다른 두 변 길이의 합보다 작으면 true 아니면 false를 반환합니다.

⁷⁹ COUNT 크기의 figure 구조체의 배열 fig를 선언합니다.

^{82~83} 원, 삼각형, 사각형을 입력받습니다. _getche 함수는 〈conio.h〉에 정의되어 있으며 Enter를 누르지 않아도 하나의 문자를 입력받습니다.

^{85~111} switch~case 문으로 원, 삼각형, 사각형의 크기를 입력받습니다. 삼각형의 경우는 checkTriangle 함수로 삼각형의 조건에 맞는지를 점검합니다. 만일 입력된 값이 삼각형의 조건에 맞지 않으면 i를 하나 줄이고 다시 반복문을 실행합니다.

^{113~114} 모든 도형을 printFigure 함수로 출력합니다.

┃ 결과

```
도형의 타입은? (C:원, T:삼각형, R:사각형) : C[Enter]
 반지름을 입력하세요: 10[Enter]

도형의 타입은? (C:원, T:삼각형, R:사각형) : T[Enter]
 세 변의 길이를 입력하세요: 10 20 30[Enter]
삼각형을 이룰 수 없습니다.
도형의 타입은? (C:원, T:삼각형, R:사각형) : T[Enter]
 세 변의 길이를 입력하세요: 3 4 5[Enter]

도형의 타입은? (C:원, T:삼각형, R:사각형) : R[Enter]
 폭과 높이를 입력하세요: 10 20[Enter]
이 원의 반지름은 10, 면적은 314.16입니다.
이 삼각형 세변의 길이는 3, 4, 5, 면적은 6.00입니다.
이 사각형의 두 변의 길이는 10, 20, 면적은 200.00입니다.
```

054 연결리스트에서의 데이터 추가

■ 학습내용 연결리스트를 구조체로 선언하고 데이터를 삽입하는 프로그램을 공부합니다.
■ 힌트내용 연결리스트의 맨 처음, 맨 뒤, 그리고 특정 위치에 삽입하는 방법이 다릅니다.

포인터를 배우고 나면 연결리스트를 만들 수 있습니다. 연결리스트는 크기를 미리 지정해야 하는 배열과 달리, 딱 필요한 만큼의 메모리를 필요한 순간에 동적으로 할당하여 사용할 수 있으므로 매우 많이 사용되는 자료구조입니다. 정수 하나를 갖는 연결리스트의 node 구조체는 다음과 같이 정의됩니다.

```
struct node
{
    int value;          // 저장되는 데이터
    struct node* next;  // 다음 노드를 가리키는 포인터
};
struct node *head;      // 리스트의 맨 처음
```

[그림 54-1] 연결리스트

value는 정수를 저장하고 next 포인터는 또 다른 node 구조체를 가리킵니다. next 포인터를 사용하여 node 구조체가 연결된 연결리스트를 구성할 수 있습니다. 보통 리스트의 맨 처음 node 구조체를 가리키는 포인터를 head라고 합니다. 리스트의 맨 마지막 node의 next 포인터는 NULL입니다.

연결리스트를 사용하면 효율적으로 임의의 위치에 데이터를 추가하거나 삭제할 수 있습니다. 이와 달리 배열을 사용할 때에는 데이터 하나를 추가할 때 추가되는 위치 뒤에 있는 원소들을 모두 한 칸씩 뒤로 이동하고 나서 추가해야 합니다. 삭제할 때도 삭제한 후 삭제된 데이터 뒤에 있는 모든 원소를 한 칸씩 앞으로 이동시켜야 하는 불편함이 있습니다.

연결리스트의 맨 앞에 데이터를 추가하는 것(insert)과 맨 뒤에 데이터를 추가(append)하는 코드는 다르게 작성합니다. 또한 연결리스트의 특정한 위치에 새로운 데이터를 추가하려고 한다면 다음의 그림을 이해해야 합니다.

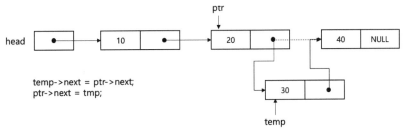

[그림 54-2] 새로운 데이터의 추가

예를 들어 10 - >20 - >40의 값이 저장된 리스트의 20 노드 뒤에 30을 추가하려고 합니다. ptr은 head에서부터 하나씩 이동하여 삽입하려고 하는 위치의 node를 가리킵니다. 새로 추가하려고 하는 node 구조체는 temp가 가리키고 있습니다. temp 노드를 리스트에 추가하려면 ptr이 가리키던 40 노드의 주소를 새로 추가되는 temp - >next로 복사하고, ptr - >next는 tmp를 가리키게 합니다. 즉, 다음과 같은 순서로 새로운 값을 할당해야 합니다. 순서가 중요합니다.

```
(1) temp->next = ptr->next;
(2) ptr->next = tmp;
```

이번 장에서는 연결리스트를 이용하여 데이터를 삽입하고 출력하는 프로그램을 만듭니다. 다음 장에서는 삭제하는 프로그램을 추가하겠습니다. 이 코드는 중요하며 자주 나오므로 외우는 정도로 익숙하게 연습해야 합니다.

소스 a054_linkedList.c

```
1    #define _CRT_SECURE_NO_WARNINGS
2    #include <stdio.h>
3    #include <stdlib.h>
4
5    void append();        // 리스트의 맨 뒤에 추가
6    void insert();        // 리스트의 맨 앞에 추가
7    void insert_pos();    // 특정 위치에 추가
8    void display();       // 리스트 출력
9
10   struct node
11   {
12       int value;
13       struct node* next;
14   };
```

```c
15
16   struct node* head = NULL;
17
18   int main()
19   {
20     int choice;
21
22     while (1) {
23       printf("\n============ MENU ============\n");
24       printf(" 1.Append\n");
25       printf(" 2.Insert\n");
26       printf(" 3.Insert at position\n");
27       printf(" 4.Display\n");
28       printf(" 0.Exit\n");
29       printf("————————————————————————————\n");
30       printf("Enter your choice: ");
31
32       scanf("%d", &choice);
33
34       switch (choice) {
35       case 1:
36         append();
37         break;
38       case 2:
39         insert();
40         break;
41       case 3:
42         insert_pos();
43         break;
44       case 4:
45         display();
46         break;
47       case 0:
48         exit(0);
49       }
50     }
51   }
52
53   void append()              // 맨 뒤에 추가
54   {
```

```
55      struct node* temp, * ptr;
56
57      temp = (struct node*)malloc(sizeof(struct node));
58      if(temp == NULL) {
59         printf("Out of Memory!\n");
60         exit(0);
61      }
62
63      printf("\nEnter data :");
64      scanf("%d", &temp->value);
65      temp->next = NULL;
66
67      if(head == NULL) {
68         head = temp;
69      }
70      else {
71         ptr = head;
72         while (ptr->next != NULL) {
73            ptr = ptr->next;
74         }
75         ptr->next = temp;
76      }
77   }
78
79   void insert()            // 맨 앞에 추가
80   {
81      struct node* temp = (struct node*)malloc(sizeof(struct node));
82
83      if(temp == NULL) {
84         printf("Out of Memory!\n");
85         return;
86      }
87      printf("Enter data: ");
88      scanf("%d", &temp->value);
89      temp->next = NULL;
90
91      if(head == NULL) {
92         head = temp;
93      }
```

```
94      else {
95          temp->next = head;
96          head = temp;
97      }
98  }
99
100 void insert_pos()      // 특정 위치에 추가
101 {
102     struct node* ptr, * temp;
103     int i, pos;
104
105     temp = (struct node*)malloc(sizeof(struct node));
106     if(temp == NULL) {
107         printf("Out of Memory!\n");
108         return;
109     }
110     printf("Enter position to insert : ");
111     scanf("%d", &pos);
112     printf("Enter data : ");
113     scanf("%d", &temp->value);
114     temp->next = NULL;
115
116     if(pos == 0) {
117         temp->next = head;
118         head = temp;
119     } else {
120         for(i = 0, ptr = head; i < pos - 1; i++) {
121             ptr = ptr->next;
122             if(ptr == NULL) {
123                 printf("Cannot insert at %d\n", pos);
124                 return;
125             }
126         }
127         temp->next = ptr->next;
128         ptr->next = temp;
129     }
130 }
131
```

```
132   void display()          // 리스트 출력
133   {
134      struct node* ptr = head;
135
136      if(ptr == NULL) {
137         printf("List is empty!\n");
138         return;
139      }
140      else {
141         printf(" List : ");
142         while (ptr != NULL) {
143            printf("%d ->\t", ptr->value);
144            ptr = ptr->next;
145         }
146         printf("\n");
147      }
148   }
```

^{10~14} 연결리스트의 node 구조체입니다.

¹⁶ 연결리스트의 맨 앞을 가리키는 head 포인터를 선언하고 NULL로 초기화합니다.

^{18~51} main 함수에서는 메뉴를 출력하고 사용자의 입력을 받아 switch 문에서 해당하는 함수를 호출합니다.

^{53~76} 연결리스트의 맨 뒤에 데이터를 추가하는 append 함수입니다.

^{57~61} temp에 node 구조체를 저장하기 위한 메모리를 동적으로 할당합니다. malloc 함수의 반환 값이 NULL이면 메모리를 할당하지 못한 것이므로 에러 메시지를 표시하고 프로그램을 끝냅니다.

^{63~65} 데이터를 입력받아 temp - >value에 저장하고 temp - >next는 NULL로 만듭니다.

^{67~76} head가 NULL이면 연결리스트에 데이터가 없는 상태이므로 head = temp로 연결리스트의 첫 번째 노드를 만듭니다. 그렇지 않다면 while 분으로 연결리스트의 맨 뒤 노드까지 찾아가서 temp 노드를 연결합니다.

^{79~97} 연결리스트의 맨 앞에 데이터를 추가하는 insert 함수입니다.

^{81~86} temp에 node 구조체를 저장하기 위한 메모리를 동적으로 할당합니다.

^{87~89} 데이터를 입력받아 temp - >value에 저장하고 temp - >next는 NULL로 만듭니다.

91~97 head가 NULL이면 연결리스트에 데이터가 없는 상태이므로 head = temp로 연결리스트의 첫 번째 노드를 만듭니다. 그렇지 않다면 tmp - >next를 head로 하고 head는 temp를 대입하여 연결리스트의 맨 앞에 temp를 삽입합니다.

100~130 특정 위치에 데이터를 삽입하는 insert_pos 함수입니다.

105~109 temp에 node 구조체를 저장하기 위한 메모리를 동적으로 할당합니다.

110~114 데이터를 삽입할 위치 pos와 데이터를 입력받습니다. 데이터는 temp - >value에 저장하고 temp - >next는 NULL로 만듭니다.

116~119 pos가 0이면 연결리스트의 맨 앞에 temp를 삽입합니다.

119~129 pos 위치로 연결리스트를 이동하고 temp를 삽입합니다. 만일 이동하는 중에 포인터가 NULL 이면 연결리스트의 끝까지 이동한 것이므로 삽입할 수 없다는 메시지를 출력하고 프로그램을 끝냅니다.

132~148 연결리스트의 내용을 출력합니다.

┃ 결과

다음은 데이터가 10, 20, 40의 순서로 저장된 리스트의 2번 위치에 30의 값을 추가하는 실행 결과입니다.

```
================ MENU ================
1.Append
2.Insert
3.Insert at position
4.Display
0.Exit
_____

Enter your choice: 4 Enter
List : 10 - > 20 - > 40 - >

================ MENU ================
1.Append
2.Insert
3.Insert at position
4.Display
0.Exit
_____
```

```
Enter your choice: 3 Enter
Enter position to insert : 2 Enter
Enter data : 30 Enter


============ MENU ============
1.Append
2.Insert
3.Insert at position
4.Display
5.Delete beginning
6.Delete end
7.Delete position
0.Exit
_____

Enter your choice: 4 Enter
List : 10 ->20 -> 30 ->40 ->
```

055 연결리스트에서의 데이터 삭제

■ 학습내용 연결리스트에서 데이터를 삭제하는 방법을 공부합니다.
■ 힌트내용 삭제할 노드가 맨 앞인 경우와 그렇지 않은 경우를 구분합니다.

연결리스트에서 노드를 삭제하는 프로그램을 하겠습니다. 삽입할 때와 마찬가지로 삭제할 노드가 맨 앞에 있는 경우와 중간에 있는 경우, 그리고 맨 뒤에 있는 경우를 구분합니다.

삭제할 노드가 맨 앞에 있는 경우에는 [그림 55-1]처럼 head를 head – >next로 바꾸고 head가 할당 받았던 메모리를 free 해줍니다.

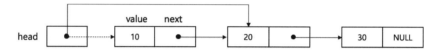

[그림 55-1] 삭제할 노드가 맨앞에 있을 때

```
ptr = head;
head = head->next;
free(ptr);
```

삭제할 노드가 중간에 있거나 맨 뒤에 있을 때는 삭제할 노드의 앞 노드를 알고 있어야 합니다. 그림과 같이 삭제할 노드가 ptr, 그 앞의 노드가 temp라면 temp – >next를 ptr – >next로 바꾸고 ptr이 가리키는 노드를 free 해줍니다.

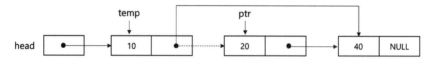

[그림 55-2] 삭제할 노드가 중간에 있을 때

소스 a055_linkedList.c

```
1  #define _CRT_SECURE_NO_WARNINGS
2  #include <stdio.h>
3  #include <stdlib.h>
4
5  void append();      // 리스트의 뒤에 추가
6  void insert();      // 리스트의 맨 앞에 추가
```

```
7    void insert_pos();      // 특정 위치에 추가
8    void display();         // 리스트 출력
9    void delete_begin();    // 리스트의 맨 앞을 삭제
10   void delete_end();      // 리스트의 맨 뒤를 삭제
11   void delete_pos();      // 리스트의 특정 위치를 삭제
12
13   struct node
14   {
15       int value;
16       struct node* next;
17   };
18   struct node* head = NULL;
19
20   int main()
21   {
22       int choice;
23       while (1) {
24           printf("\n============ MENU ============\n");
25           printf(" 1.Append\n");
26           printf(" 2.Insert\n");
27           printf(" 3.Insert at position\n");
28           printf(" 4.Display\n");
29           printf(" 5.Delete beginning\n");
30           printf(" 6.Delete end\n");
31           printf(" 7.Delete position\n");
32           printf(" 0.Exit\n");
33           printf("———————————————————————\n");
34
35           printf("Enter your choice: ");
36           scanf("%d", &choice);
37           switch (choice) {
38           case 1:
39               append();
40               break;
41           case 2:
42               insert();
43               break;
44           case 3:
45               insert_pos();
46               break;
```

```
47        case 4:
48          display();
49          break;
50        case 5:
51          delete_begin();
52          break;
53        case 6:
54          delete_end();
55          break;
56        case 7:
57          delete_pos();
58          break;
59        case 0:
60          exit(0);
61        }
62      }
63    }
64
65    void append() { ... }      // 54장의 소스와 동일
66    void insert() { ... }      // 54장의 소스와 동일
67    void insert_pos() { ... }  // 54장의 소스와 동일
68    void display() { ... }     // 54장의 소스와 동일
69
70    void delete_begin()    // 리스트의 맨 앞을 삭제
71    {
72      struct node* ptr = head;
73
74      if(ptr == NULL) {
75        printf("List is Empty!\n");
76        return;
77      }
78      else {
79        head = head->next;
80        printf("The deleted node is :%d\n", ptr->value);
81        free(ptr);
82      }
83    }
84
85    void delete_end()      // 리스트의 맨 뒤를 삭제
86    {
```

```
87      struct node* temp = NULL, * ptr = NULL;
88
89      if(head == NULL) {
90         printf("List is Empty!\n");
91         exit(0);
92      }
93      else if(head->next == NULL) {        // 하나의 노드만 있는 경우
94         ptr = head;
95         head = NULL;
96         printf("The deleted node is:%d\n", ptr->value);
97         free(ptr);
98      } else {
99         ptr = head;
100        while (ptr->next != NULL) {
101           temp = ptr;
102           ptr = ptr->next;
103        }
104        temp->next = NULL;
105        printf("\nThe deleted node is:%d\n", ptr->value);
106        free(ptr);
107     }
108  }
109
110  void delete_pos()       // 리스트의 특정 위치를 삭제
111  {
112     int i, pos;
113     struct node* temp = NULL, * ptr = NULL;
114
115     if(head == NULL) {
116        printf("List is Empty!\n");
117        exit(0);
118     }
119     else {
120        printf("Enter the position to delete: ");
121        scanf("%d", &pos);
122        if(pos == 0)
123        {
124           ptr = head;
125           head = head->next;
126           printf("The deleted node is: %d\n", ptr->value);
```

```
127            free(ptr);
128        } else {
129          ptr = head;
130          for(i = 0; i < pos; i++) {
131            temp = ptr;
132            ptr = ptr->next;
133            if(ptr == NULL) {
134              printf("Position not Found!\n");
135              return;
136            }
137          }
138          temp->next = ptr->next;
139          printf("The deleted node is:%d\n", ptr->value);
140          free(ptr);
141        }
142      }
143    }
```

13~18 연결리스트의 node 구조체입니다. 연결리스트의 맨 앞을 가리키는 head 포인터를 선언하고 NULL로 초기화합니다.

20~63 main 함수에서는 메뉴를 출력하고 사용자의 입력을 받아 switch 문에서 해당하는 함수를 호출합니다.

70~83 리스트 맨 앞의 노드를 삭제하는 함수입니다. head가 NULL이라면 리스트가 비어있으므로 반환합니다. head가 NULL이 아니라면 head는 head->next로 바꾸어 줍니다. head가 사용했던 메모리는 free를 사용하여 해제합니다.

85~108 리스트의 맨 뒤를 삭제하는 함수입니다.

89~92 head가 NULL이라면 리스트가 비어있으므로 반환합니다.

93~98 head->next가 NULL이라면 하나의 노드만 있는 리스트입니다. 이 경우에는 head를 NULL로 만듭니다.

98~107 그렇지 않다면 리스트에 2개 이상의 노드가 있는 경우입니다. ptr은 head로 설정하고 리스트의 맨 뒤로 이동합니다. ptr->next가 NULL일 때까지 ptr을 이동합니다. 이때 ptr의 앞 노드를 temp 포인터가 가리키게 합니다. 반복문이 끝날 때는 ptr->next가 NULL인 경우, 즉 ptr이 가장 뒤에 있는 노드일 때 입니다. 맨 뒤 노드를 삭제해야 하므로 맨 뒤의 바로 앞 노드를 가리키는 temp->next를 NULL로 바꿉니다.

^{110~143} 리스트에서 특정 위치의 노드를 삭제하는 delete_pos 함수입니다.

^{115~118} head가 NULL이면 빈 리스트이므로 반환합니다.

^{120~121} 삭제할 위치를 입력으로 받아 pos 변수에 저장합니다.

^{122~128} pos가 0이라면 맨 앞의 노드를 삭제하는 것이므로 head = head - >next로 바꿉니다.

^{128~141} 그렇지 않다면 pos 위치까지 리스트를 진행합니다. 반복문에서 temp는 ptr의 앞 노드를 가리킵니다. 반복문이 끝날 때 ptr은 삭제할 노드인 pos 위치의 노드를 가리키고 temp는 그 앞의 노드를 가리킵니다. temp - >next = ptr - >next; 문장에 의해 리스트에서 ptr이 가리키는 노드는 삭제됩니다.

| 결과

리스트에 10, 20, 30, 40, 50이 저장되어 있을 때, 실행 결과를 보입니다.

```
        List : 10 -> 20 -> 30 -> 40 -> 50 ->


        ================ MENU ================
        1.Append
        2.Insert
        3.Insert at position
        4.Display
        5.Delete beginning
        6.Delete end
        7.Delete position
        0.Exit
        ─────────────────────────────────────
        Enter your choice: 5 Enter
        The deleted node is :10

        List : 20 -> 30 -> 40 -> 50 ->

        ================ MENU ================
        1.Append
        2.Insert
        3.Insert at position
        4.Display
        5.Delete beginning
        6.Delete end
```

```
7.Delete position
0.Exit
_____

Enter your choice: 6 Enter
The deleted node is :50


List : 20 -> 30 -> 40 ->


=============== MENU ===============
1.Append
2.Insert
3.Insert at position
4.Display
5.Delete beginning
6.Delete end
7.Delete position
0.Exit
_____

Enter your choice: 7 Enter
Enter the position to delete: 1 Enter
The deleted node is:30


List : 20 -> 40 ->
```

056 정렬된 연결리스트

■ 학습내용 리스트의 데이터가 항상 정렬된 상태를 유지하는 정렬된 연결리스트를 구현합니다.
■ 힌트내용 데이터를 삽입할 때 정렬이 유지되는 위치에 삽입합니다.

연결리스트의 모든 데이터가 정렬된 순서로 유지되는 리스트를 정렬된 연결리스트라고 합니다. 데이터를 추가할 때 정렬된 위치에 추가되게 하면 정렬된 연결리스트를 유지할 수 있습니다. 정렬된 연결리스트의 삽입, 삭제, 출력 프로그램을 작성합니다.

📄 소스 a056_sortedLinkedList.c

```
1   #define _CRT_SECURE_NO_WARNINGS
2   #include <stdlib.h>
3   #include <stdio.h>
4
5   void insert_list();    // 리스트에 추가
6   void delete_list();    // 리스트에서 삭제
7   void display();        // 리스트 출력
8
9   struct node {
10      int value;
11      struct node* next;
12  };
13
14  struct node* head = NULL;
15
16  int main()
17  {
18      int choice;
19
20      while (1) {
21          printf("\n=========== MENU ============\n");
22          printf(" 1.Insert\n");
23          printf(" 2.Delete\n");
24          printf(" 3.Dislay\n");
25          printf(" 0.Exit\n");
26          printf("————————————————————————————\n");
```

```
27
28          printf("Enter your choice: ");
29          scanf("%d", &choice);
30
31          switch (choice) {
32          case 1:
33              insert_list();
34              display();
35              break;
36          case 2:
37              delete_list();
38              display();
39              break;
40          case 3:
41              display();
42              break;
43          case 0:
44              exit(0);
45          }
46      }
47  }
48
49  void display()
50  {
51      struct node* ptr = head;
52
53      if(ptr == NULL) {
54          printf("List is empty!\n");
55          return;
56      }
57      else {
58          printf(" List : ");
59          while (ptr != NULL) {
60              printf("%d ->\t", ptr->value);
61              ptr = ptr->next;
62          }
63          printf("\n");
64      }
65  }
66
```

```
67    void insert_list()
68    {
69      struct node* ptr, * temp;
70      int i, value;
71
72      temp = (struct node*)malloc(sizeof(struct node));
73      if(temp == NULL) {
74        printf("Out of Memory!\n");
75        return;
76      }
77
78      printf("Enter data : ");
79      scanf("%d", &value);
80      temp->value = value;
81      temp->next = NULL;
82
83      if(head == NULL)              // 빈 리스트
84        head = temp;
85      else if(head->value > value) {    // 맨 앞에 추가
86        temp->next = head;
87        head = temp;
88      } else {
89        for(ptr = head; ptr->next; ptr = ptr->next) {
90          if(ptr->next->value > value) {
91            temp->next = ptr->next;
92            ptr->next = temp;
93            return;
94          }
95        }
96        ptr->next = temp;
97      }
98    }
99
100   void delete_list()
101   {
102     int data;
103     struct node* ptr = head, *tmp;
104
105     if(head == NULL) {            // 빈 리스트라면
```

```
106         printf("Empty List. Return without deleting!\n");
107         return;
108     }
109
110     printf("Enter data to delete: ");
111     scanf("%d", &data);
112
113     if(head->value == data) {    // 지울 데이터가 헤드라면
114         head = head->next;
115         free(ptr);
116         return;
117     }
118
119     for(ptr = head; ptr->next; ptr = ptr->next) {
120         if(ptr->next->value == data) {
121             tmp = ptr->next;
122             ptr->next = ptr->next->next;
123             printf("%d deleted!\n", tmp->value);
124             free(tmp);
125             return;
126         }
127     }
128     printf("Data not found!\n");
129 }
```

9~12 연결리스트의 node 구조체입니다.

14 연결리스트의 맨 앞을 가리키는 head 포인터를 선언하고 NULL로 초기화합니다.

16~47 main 함수에서는 메뉴를 출력하고 사용자의 입력을 받아 switch 문에서 해당하는 함수를 호출합니다.

49~65 연결리스트의 내용을 출력합니다.

67~98 연결리스트에 정렬된 상태로 데이터를 추가하는 함수입니다.

72~76 temp에 node 구조체를 저장하기 위한 메모리를 동적으로 할당합니다. malloc 함수의 반환 값이 NULL이면 메모리를 할당하지 못한 것이므로 에러 메시지를 표시하고 프로그램을 끝냅니다.

^{78~81} 데이터를 입력받아 temp‒>value에 저장하고 temp‒>next는 NULL로 만듭니다.

^{83~84} head가 NULL이면 연결리스트에 데이터가 없는 상태이므로 head = temp; 문장으로 연결리스트의 첫 번째 노드를 만듭니다.

^{85~88} 추가될 데이터가 연결리스트의 첫 번째 값보다 작다면 temp를 맨 앞에 삽입합니다.

^{88~96} ptr 포인터는 head에서부터 마지막 노드까지를 순회합니다. 이 과정에서 ptr‒>value보다 삽입하려는 값이 작으면 그 위치에 temp를 삽입하고 반환합니다. 반복문이 끝까지 진행한다면 삽입하려는 데이터가 가장 큰 경우입니다. 이때에는 맨 뒤에 temp를 연결합니다.

^{100~129} 리스트에서 데이터를 삭제하는 delete_list 함수입니다.

^{105~108} 빈 리스트라면 메시지를 출력하고 반환합니다.

^{110~111} 삭제할 데이터를 입력받습니다.

^{113~117} 리스트의 맨 앞에 있는 데이터가 삭제할 데이터라면 head = head‒>next; 문장으로 맨 앞의 데이터를 삭제합니다.

^{119~128} ptr은 head에서부터 리스트의 끝까지 순회합니다. 만일 ptr 포인터가 가리키는 노드의 다음 노드가 삭제할 데이터라면 ptr‒>next = ptr‒>next‒>next; 문장으로 ptr‒>next를 삭제하고 반환합니다. 반복문의 끝을 만나게 된다면 리스트 안에 삭제할 데이터가 없는 것이므로 "Data not found!"를 출력하고 끝냅니다.

▌결과

리스트에 10, 20, 40이 저장된 상태에서 삽입, 삭제 과정을 수행하는 모습입니다.

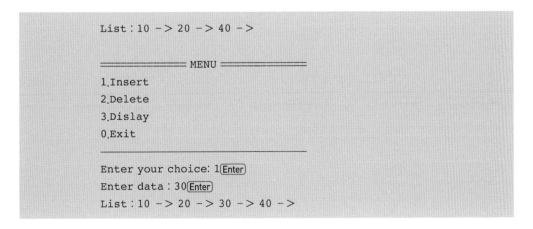

```
List : 10 -> 20 -> 40 ->


=============== MENU ===============
1.Insert
2.Delete
3.Dislay
0.Exit

_____

Enter your choice: 1[Enter]
Enter data : 30[Enter]
List : 10 -> 20 -> 30 -> 40 ->
```

```
================= MENU =================
1.Insert
2.Delete
3.Dislay
0.Exit
_____

Enter your choice: 2[Enter]
Enter data to delete: 40[Enter]
40 deleted!
List : 10 -> 20 -> 30 ->

================= MENU =================
1.Insert
2.Delete
3.Dislay
0.Exit
_____

Enter your choice: 2[Enter]
Enter data to delete: 30[Enter]
30 deleted!
List : 10 -> 20 ->
```

057 이진탐색트리의 삽입과 삭제

■ 학습내용 이진탐색트리의 특징을 알아보고 삽입, 삭제 함수를 구현합니다.
■ 힌트내용 이진탐색트리는 하나의 노드가 두 개의 링크를 갖습니다.

이진탐색트리는 데이터를 정렬된 형태로 유지하는 매우 효율적인 자료구조입니다. 트리의 모든 노드가 최대 2개의 자식을 갖기 때문에 이진트리이며, 저장된 데이터를 logN의 시간에 찾을 수 있는 탐색에 효율적인 자료구조이므로 탐색트리라고 합니다. 이진탐색트리의 특징은 다음과 같습니다.

(1) 루트 노드의 왼쪽 서브 트리는 모든 노드가 루트 노드의 값보다 작습니다.
(2) 루트 노드의 오른쪽 서브 트리는 모든 노드가 루트 노드의 값보다 큽니다.
(3) 각 부분 트리도 (1), (2) 번 특징을 갖는 이진탐색트리입니다.

예를 들어 다음의 왼쪽 그림은 이진탐색트리입니다. 루트에서부터 모든 노드가 (1), (2), (3) 번 특징을 갖습니다. 만일 오른쪽 트리와 같이 14번 노드가 추가되었다면 15번 노드보다 작은 값이 오른쪽 자식에 있으므로 이진탐색트리가 아닙니다.

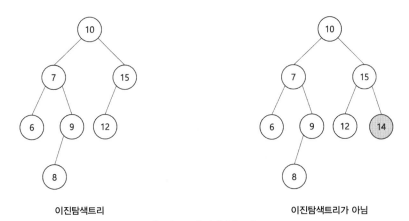

이진탐색트리   이진탐색트리가 아님

[그림 57-1] 이진탐색트리

이번 장에서는 어떻게 이진탐색트리를 만드는지 공부하고, C언어로 구현합니다. 먼저 데이터가 추가되는 동작을 공부하겠습니다. 데이터가 트리의 어느 곳에 저장될지는 루트에서부터 값을 비교하여 더 작으면 왼쪽 서브 트리로, 크면 오른쪽 서브 트리로 이동합니다. 더 이상의 서브 트리가 없을 때까지 이 과정을 반복하여 어디에 추가될지를 결정합니다. 따라서 데이터가 추가될 때 생기는 노드는 항상 트리의 단말노드가 됩니다.

[그림 57 – 1]의 왼쪽 그림에서 14가 추가될 때, 이진탐색트리는 어떻게 바뀔까요. 삽입은 루트에서 시작합니다. 14가 루트의 값인 10보다 크므로 오른쪽 서브 트리로 내려갑니다. 15보다 작으므로 왼쪽으로 내려갑니다. 12보다 크고 12는 서브 트리가 없으므로 오른쪽에 삽입됩니다.

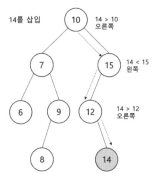

[그림 57 – 2] 이진탐색트리의 삽입

이진탐색트리의 삭제는 좀 복잡합니다. 3가지 경우를 고려해야 합니다. 가장 간단한 첫 번째 경우는 삭제할 노드가 단말노드인 경우입니다. 이때는 그 노드만 제거하면 됩니다. 두 번째는 삭제되는 노드가 하나의 자식만을 가진 경우입니다. 이때는 삭제할 노드를 자식 노드로 대체하고 자식 노드는 삭제하면 됩니다. 세 번째 경우가 가장 복잡한데요, 오른쪽 서브 트리에서 가장 작은 값을 찾아서 삭제할 노드로 대체하고 원래 위치에서 삭제합니다. 또는 왼쪽 서브 트리에서 가장 큰 값을 찾아서 삭제할 노드로 대체하고 원래 위치에서 삭제해도 됩니다.

그림으로 보면 다음과 같습니다. [그림 57 – 3]에서 (1)은 단말노드가 삭제되는 경우입니다. (2)는 삭제되는 노드가 하나의 자식만을 가진 경우입니다. (3)은 삭제되는 노드가 왼쪽과 오른쪽 2개의 자식 노드를 갖는 경우입니다.

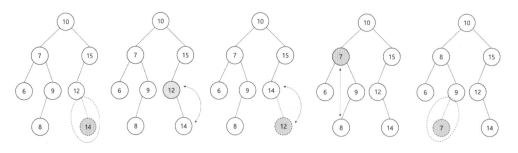

(1) 리프노드의 삭제   (2) 하나의 자식을 갖는 노드의 삭제   (3) 2개의 자식을 갖는 노드의 삭제

[그림 57 – 3] 이진탐색트리의 삭제

이진탐색트리의 노드는 다음과 같이 구조체로 정의합니다. key 값과 자식을 가리키는 2개의 포인터 left와 right를 갖습니다.

```
struct node {
    int key;
    struct node* left, * right;
};
```

이진탐색트리의 특징이 재귀적이므로 이진탐색트리의 프로그램에는 재귀함수가 많이 사용되는 것이 특징입니다. 프로그램으로 구현하겠습니다.

소스 a057_binarySearchTree.c

```
1   #define _CRT_SECURE_NO_WARNINGS
2   #include <stdio.h>
3   #include <stdlib.h>
4
5   struct node {
6       int key;
7       struct node* left, * right;
8   };
9
10  struct node* makeNode(int data)
11  {
12      struct node* ptr = (struct node*)malloc(sizeof(struct node));
13
14      ptr->key = data;
15      ptr->left = ptr->right = NULL;
16      return ptr;
17  }
18
19  struct node* insert(struct node* node, int data)
20  {
21      if(node == NULL)
22          return makeNode(data);
23      if(data < node->key)
24          node->left = insert(node->left, data);
25      else
26          node->right = insert(node->right, data);
27      return node;
```

```
28    }
29
30    // 가장 작은 노드를 가져옴
31    struct node* minNode(struct node* node)
32    {
33        struct node* cur = node;
34
35        if(cur == NULL)
36            return NULL;
37        while (cur->left != NULL)
38            cur = cur->left;
39        return cur;
40    }
41
42    struct node* deleteNode(struct node* node, int data)
43    {
44        if(node == NULL)
45            return node;
46        if(data < node->key)
47            node->left = deleteNode(node->left, data);
48        else if(data > node->key)
49            node->right = deleteNode(node->right, data);
50        else { // 이 노드가 삭제할 노드
51            // case (1), (2)
52            if(node->left == NULL) {
53                struct node* tmp = node->right;
54                free(node);
55                return tmp;
56            }
57            else if(node->right == NULL) {
58                struct node* tmp = node->left;
59                free(node);
60                return tmp;
61            }
62            // case (3)
63            struct node* tmp = minNode(node->right);
64            node->key = tmp->key;
65            node->right = deleteNode(node->right, tmp->key);
66        }
67        return node;
```

```
68    }
69
70    void inorder(struct node* node)
71    {
72        if(node != NULL) {
73            inorder(node->left);
74            printf("%d -> ", node->key);
75            inorder(node->right);
76        }
77    }
78
79    int main()
80    {
81        struct node* root = NULL;
82        int data[] = { 10,8,6,9,7,15,12,14 };  // 입력 데이터
83        int del;                               // 삭제할 노드
84
85        for(int i = 0; i < 8; i++)
86            root = insert(root, data[i]);
87
88        inorder(root);
89
90        while (1) {
91            printf("\nEnter node to delete(-1 to quit): ");
92            scanf("%d", &del);
93            if(del == -1)
94                break;
95            root = deleteNode(root, del);
96            inorder(root);
97        }
98    }
```

5-8 이진탐색트리의 노드 구조체입니다.

10-17 매개변수로 받은 data를 저장하는 노드 구조체를 만들어 반환하는 함수입니다. ptr 포인터는 node 크기만큼의 메모리를 동적으로 할당받고, key는 data로, left와 right는 NULL로 초기화 한 후 반환됩니다.

이진탐색트리에 데이터를 하나 추가하는 재귀함수입니다. 매개변수로 받은 node 포인터가 NULL이라면 makeNode 함수를 호출하여 node 구조체를 만들어 반환합니다. 만일 추가하려는 데이터가 현재 노드의 key보다 작으면 왼쪽 자식 노드에 data를 삽입하고 반환 값을 node->left에 할당합니다. 만일 추가하려는 데이터가 현재 노드의 key보다 크면 오른쪽 자식 노드에 data를 삽입하고 반환 값을 node->right에 할당합니다. 마지막으로 node를 반환합니다.

31~40 매개변수로 받은 node의 서브 트리에서 가장 작은 노드를 찾아서 반환합니다.

42~68 이진탐색트리에서 data를 삭제하는 재귀함수입니다.

44~45 만일 node가 NULL이라면 그대로 반환합니다.

46~47 삭제할 data가 node->key보다 작으면 왼쪽 자식 노드를 매개변수로 deleteNode 함수를 재귀 호출합니다.

48~49 삭제할 data가 node->key보다 크면 오른쪽 자식 노드를 매개변수로 deleteNode 함수를 재귀 호출합니다.

50~66 이때 node가 삭제할 노드입니다. 노드의 삭제는 세 가지 경우가 있습니다. 삭제할 노드의 왼쪽 자식 노드가 없다면 오른쪽 자식 노드를 반환합니다. 그렇지 않고 오른쪽 자식 노드가 없다면 왼쪽 자식 노드를 반환합니다. 세 번째 경우는 삭제할 노드가 단말노드가 아닌 경우입니다. 이때는 오른쪽 자식 노드로부터 시작하는 서브 트리에서 가장 작은 값을 minNode함수로 찾고 그 노드의 key를 현재 노드에 복사한 후, minNode의 key값을 매개변수로 deleteNode 함수를 재귀호출 합니다.

70~77 이진탐색트리를 inorder 순회하는 재귀함수입니다.

85~86 data[] 배열에 있는 값들을 insert 합니다.

88 indorder 함수를 호출하여 트리의 내용을 출력합니다.

90~97 -1이 입력될 때까지 삭제할 노드를 입력받아 deleteNode를 수행하고 inorder로 출력합니다.

프로그램의 실행은 다음과 같은 순서로 이진탐색트리를 구성하고 7, 10의 순으로 삭제합니다. 각 노드가 삭제된 뒤 트리를 inorder로 순회한 결과입니다.

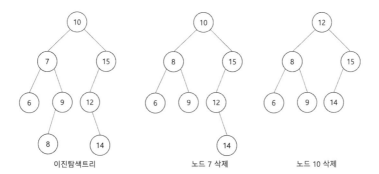

이진탐색트리 · · · · · · · · · · · · 노드 7 삭제 · · · · · · · · · · · · 노드 10 삭제

```
6 -> 7 -> 8 -> 9 -> 10 -> 12 -> 14 -> 15 ->
Enter node to delete(-1 to quit): 7 Enter
6 -> 8 -> 9 -> 10 -> 12 -> 14 -> 15 ->
Enter node to delete(-1 to quit): 10 Enter
6 -> 8 -> 9 -> 12 -> 14 -> 15 ->
Enter node to delete(-1 to quit): -1 Enter
```

058 이진탐색트리의 순회와 탐색

■ 학습내용 이진탐색트리의 모든 노드를 방문하는 3가지 방법을 공부합니다.
■ 힌트내용 재귀적으로 트리를 순회할 수 있습니다.

배열이나 리스트는 선형으로 자료를 저장하지만 트리는 계층적으로 자료를 저장하기 때문에 트리의 모든 노드를 한 번씩 방문하는 체계적인 방법이 있어야 합니다. 이진탐색트리의 모든 노드를 방문하여 노드가 가진 데이터를 처리하는 것을 순회(traverse)라고 합니다.

트리 자체가 재귀적으로 정의된 자료구조이기 때문에 순회도 재귀적으로 처리됩니다. 다음과 같이 트리의 노드를 C, L, R로 이름 붙인다면 이를 순서대로 방문하는 방법은 6가지가 됩니다. 즉, CLR, CRL, LCR, RCL, LRC, RLC의 순서가 됩니다. 이 중에서 왼쪽 노드를 오른쪽 노드보다 먼저 방문한다는 조건을 부여하면 순회 방법은 CLR, LRC, LCR의 세 가지 방법이 있습니다.

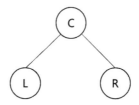

[그림 58-1] 이진탐색트리

세 가지 순회 방법을 가운데 노드인 C를 언제 방문하는지를 기준으로 전위순회(pre-order), 중위순회(in-order), 후위순회(post-order)라고 합니다. 즉 전위순회는 CLR, 중위순회는 LCR, 후위순회는 LRC의 순서로 트리를 순회하는 것입니다.

세 가지 순회 방법은 이진탐색트리의 모든 노드를 체계적으로 방문할 수 있으므로 트리 자료구조와 함께 사용되는 매우 중요한 알고리즘입니다. 특히 중위순회는 LCR의 순서로 방문을 하므로 방문순서 자체가 정렬된 결과를 얻을 수 있습니다. 어떤 방법을 쓰더라도 데이터의 탐색은 최대 트리의 높이만큼 비교하면 되므로 평균 $\log(n)$의 시간복잡도를 갖습니다.

이진탐색트리의 순회는 대표적인 재귀함수입니다. 프로그램으로 구현하겠습니다.

```
1   #define _CRT_SECURE_NO_WARNINGS
2   #include <stdio.h>
3   #include <stdlib.h>
4
5   typedef struct node {
6      int key;
7      struct node* left, * right;
8   } treeNode;
9
10  treeNode* makeNode(int data) { … }                    // 57장과 동일
11  treeNode* insert(treeNode* node, int data) { … }       // 57장과 동일
12  treeNode* minNode(treeNode* node) { … }                // 57장과 동일
13  treeNode* deleteNode(treeNode* node, int data) { … }   // 57장과 동일
14
15  void inorder(treeNode* node)
16  {
17     if(node != NULL) {
18        inorder(node->left);
19        printf("%d -> ", node->key);
20        inorder(node->right);
21     }
22  }
23
24  void preorder(treeNode* node)
25  {
26     if(node != NULL) {
27        printf("%d -> ", node->key);
28        preorder(node->left);
29        preorder(node->right);
30     }
31  }
32
33  void postorder(treeNode* node)
34  {
35     if(node != NULL) {
36        postorder(node->left);
37        postorder(node->right);
38        printf("%d -> ", node->key);
39     }
```

```
40      }
41
42      void traverse(treeNode* root)
43      {
44          printf("\ninorder : ");
45          inorder(root);
46          printf("\npreorder : ");
47          preorder(root);
48          printf("\npostorder : ");
49          postorder(root);
50      }
51
52      int main()
53      {
54          treeNode* root = NULL;
55          int data[] = { 10,8,6,9,7,15,12,14 };      // 입력 데이터
56          int del;                                    // 삭제할 노드
57
58          for(int i = 0; i < 8; i++)
59              root = insert(root, data[i]);
60
61          traverse(root);
62
63          while (1) {
64              printf("\nEnter node to delete(-1 to quit): ");
65              scanf("%d", &del);
66              if(del == -1)
67                  break;
68              root = deleteNode(root, del);
69              traverse(root);
70          }
71      }
```

_{5~8} 이진탐색트리의 노드 구조체입니다.

_{10~13} makeNode, insert, minNode, deleteNode 함수는 57장과 같습니다.

_{15~22} 이진탐색트리를 in‑order 순회하는 재귀함수입니다. 자식 노드를 매개변수로 하는 재귀호출 사이에 printf 문이 위치합니다.

_{24~31} 이진탐색트리를 pre‑order 순회하는 재귀함수입니다. 자식 노드를 매개변수로 하는 재귀호출 전에 printf 문이 위치합니다.

_{33~40} 이진탐색트리를 post‑order 순회하는 재귀함수입니다. 자식 노드를 매개변수로 하는 재귀호출 뒤에 printf 문이 위치합니다.

_{42~50} inorder, preorder, postorder 함수를 호출하여 트리를 세 가지 방법으로 순회합니다.

_{58~59} data[] 배열에 있는 값들을 insert 함수를 호출하여 트리에 추가합니다.

₆₁ traverse 함수를 호출하여 트리를 세 가지 방법으로 순회합니다.

_{63~70} −1이 입력될 때까지 삭제할 노드를 입력받아 deleteNode를 수행하고 세 가지 방법으로 트리를 순회합니다.

▎결과

프로그램의 실행은 다음과 같이 이진탐색트리를 구성하고 7과 10을 삭제할 때의 트리를 중위, 전위, 후위로 순회한 결과를 출력합니다.

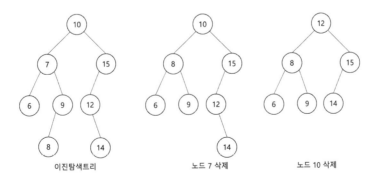

이진탐색트리   노드 7 삭제   노드 10 삭제

```
inorder : 6 -> 7 -> 8 -> 9 -> 10 -> 12 -> 14 -> 15 ->
preorder : 10 -> 8 -> 6 -> 7 -> 9 -> 15 -> 12 -> 14 ->
postorder : 7 -> 6 -> 9 -> 8 -> 14 -> 12 -> 15 -> 10 ->
Enter node to delete(-1 to quit): 7[Enter]

inorder : 6 -> 8 -> 9 -> 10 -> 12 -> 14 -> 15 ->
preorder : 10 -> 8 -> 6 -> 9 -> 15 -> 12 -> 14 ->
postorder : 6 -> 9 -> 8 -> 14 -> 12 -> 15 -> 10 ->
Enter node to delete(-1 to quit): 10[Enter]

inorder : 6 -> 8 -> 9 -> 12 -> 14 -> 15 ->
preorder : 12 -> 8 -> 6 -> 9 -> 15 -> 14 ->
postorder : 6 -> 9 -> 8 -> 14 -> 15 -> 12 ->
Enter node to delete(-1 to quit): -1[Enter]
```

059 힙을 사용하여 배열에서 n번째 큰 수 찾기

■ 학습내용 배열에서 n번째로 큰 수를 찾는 효율적인 방법을 공부합니다.
■ 힌트내용 힙 구조를 사용하면 됩니다.

배열에 저장된 값 중에서 n번째로 큰 수를 찾는 방법은 무엇인가요? 여러 방법이 있을 수 있는데 그 중 가장 효율적인 방법을 찾아보도록 하겠습니다.

첫 번째 방법은 배열에서 가장 큰 값을 찾고 그 값을 삭제한 후, 그 다음 큰 값을 찾고 또 삭제하는 과정을 n번 반복하는 것입니다. 배열에서 원소를 삭제하면 삭제된 원소 이후의 모든 값을 하나씩 앞으로 이동해야 합니다.

두 번째 방법은 배열을 내림차순으로 정렬하는 것입니다. 내림차순으로 정렬된 배열에서 가장 앞에 있는 원소가 가장 큰 값입니다. 따라서 n번째 큰 원소는 배열의 [n – 1]번 인덱스에 저장된 값이겠죠.

세 번째 방법은 우선순위 큐를 만드는 것입니다. 우선순위 큐는 우선순위가 가장 큰 값이 가장 앞에 배치되는 자료구조입니다. 위의 예제에서는 가장 큰 값이 우선순위가 가장 높으니까 가장 앞에 배치됩니다. 우선순위 큐는 힙(Heap)으로 구현합니다. 힙은 완전이진트리이며 모든 노드에 저장되는 값이 자식 노드보다 우선순위가 큰 자료구조입니다. 완전이진트리이므로 메모리의 낭비 없이 배열로 만들 수 있습니다. i번째 노드의 자식 노드는 $2*i+1$과 $2*i+2$번째 인덱스에 위치하며, i번째 인덱스의 부모 노드는 $i/2$번째 인덱스에 있습니다.

힙에 값을 넣을 때는 upheap, 값을 삭제할 때는 downheap 과정을 수행합니다. 그림을 보고 설명하겠습니다.

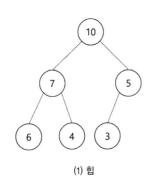
(1) 힙

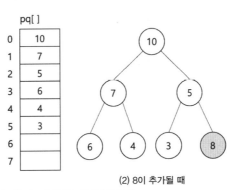
(2) 8이 추가될 때

[그림 59–1] 힙 구조와 우선순위 큐

[그림 59-1]은 완전이진트리이면서 모든 노드가 자식보다 큰 값을 가지므로 힙입니다. 가장 큰 값은 트리의 루트, 즉 배열의 맨 앞에 위치합니다. [그림 59-2]는 새로운 데이터 8이 추가될 때입니다. 완전이진트리를 유지하기 위해 배열의 맨 뒤에 8을 추가합니다. 힙 조건을 만족하여야 하므로 그 노드의 부모가 8보다 작으면 바꿉니다. 이 과정을 upheap이라고 하며 루트까지 반복하면서 올라갑니다. 따라서 8이 추가된 후의 힙은 다음의 그림과 같이 바뀝니다. 8과 5는 자리를 바꾸고, 8과 부모인 10은 부모가 더 크므로 바꾸지 않습니다.

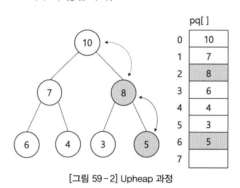

[그림 59-2] Upheap 과정

우선순위 큐에서 값을 하나 삭제하면 항상 우선순위가 가장 큰, 루트에 있는 값, 즉 배열의 0번 인덱스값이 삭제되고 반환됩니다. [그림 59-2]에서 값을 삭제하면 루트에 있는 10이 반환되고 [그림 59-3]의 (1)과같이 힙 조건을 유지하기 위해 배열의 가장 뒤에 있는 5를 루트로 이동시킵니다. 그 후에 (2)와 같이 루트의 자식 노드 중 큰 노드와 루트 노드를 바꾸고, 이 과정은 리프노드까지 반복됩니다. 5의 자식 노드 중 큰 값인 3이 5보다 작으므로 과정이 끝나게 됩니다. 이 과정을 downheap이라고 합니다.

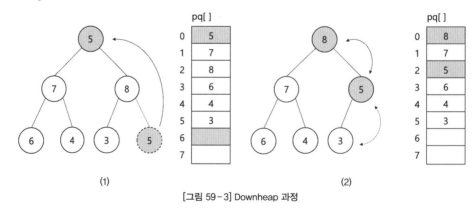

[그림 59-3] Downheap 과정

우선순위 큐를 사용하면 하나씩 삭제하면서 n번째 삭제되는 값이 n번째 큰 값이 됩니다. 데이터의 개수가 N일 때, 완전이진트리의 높이는 logN이므로 힙에 하나의 원소를 삽입하거나 삭제하는 시간 복잡도가 모두 logN으로 매우 효율적입니다.

소스 a059_heap.c

```
1    #define _CRT_SECURE_NO_WARNINGS
2    #include <stdio.h>
3
4    int pq[100] = { 0 };
5    int count = 0;
6
7    void printPQ()
8    {
9        for(int i = 0; i < count; i++)
10           printf("%5d", pq[i]);
11       printf("\n");
12   }
13
14   void insert(int x)
15   {
16       int i = count;
17       pq[count++] = x;
18
19       // upheap
20       while (i > 0) {
21           int p = (i - 1) / 2;        // 부모 인덱스
22           if(pq[p] >= x)
23               break;
24           pq[i] = pq[p];
25           i = p;
26       }
27       pq[i] = x;
28   }
29
30   int remove()
31   {
32       int max = pq[0];
33       int root = pq[count - 1];   // 맨 마지막 원소
```

```
34        count—;
35
36        // downheap
37        int i = 0;
38        while (i * 2 + 1 < count) {   // 리프노드가 될 때까지
39            pq[i] = root;
40            int left = i * 2 + 1;
41            int right = i * 2 + 2;
42            int c;
43            if(right < count && pq[right] > pq[left])
44                c = right;
45            else
46                c = left;
47
48            if(pq[c] > pq[i]) {          // 두 노드를 바꾸기
49                int t = pq[c];
50                pq[c] = pq[i];
51                pq[i] = t;
52                i = c;
53            }
54            else
55                break;
56        }
57    return max;
58 }
59
60 int main()
61 {
62    int n, d, k;
63
64    printf("몇 개의 데이터 : ");
65    scanf("%d", &n);
66
67    for(int i = 0; i < n; i++) {
68        printf("데이터 %d : ", i+1);
69        scanf("%d", &d);
70        insert(d);
71    }
72    printPQ();
```

```
73
74        printf("몇 번째 큰 값 : ");
75        scanf("%d", &k);
76
77        for(int i = 0; i < k − 1; i++)
78            remove();
79        printf("%d번째 큰 값 = %d\n", k, remove());
80    }
```

4 ········ 우선순위 큐로 사용되는 pq[] 배열을 선언하고 초기화합니다.

5 ········ count 변수는 pq[] 배열에 저장된 데이터의 개수입니다.

7~12 ······ pq[] 배열을 출력하는 함수입니다.

14~28 ······ 매개변수로 x를 전달받아서 pq[] 배열에 저장하는 함수입니다.

17 ········ pq[] 배열의 맨 뒤에 x를 저장하고 count를 하나 증가시킵니다.

20~27 ······ upheap 과정입니다. 맨 뒤에 있는 노드의 부모를 따라 루트까지 올라가면서 만일 부모 노드의 값이 더 작으면 값을 바꾸어 줍니다.

30~58 ······ 우선순위 큐에서 데이터를 하나 삭제하는 remove 함수입니다.

32 ········ 우선순위 큐에서 가장 큰 값은 루트에 있는 값입니다. max 변수에 저장합니다.

33~34 ······ pq[] 배열의 맨 마지막 원소를 root로 옮기고 count를 하나 줄입니다.

37~58 ······ downheap 과정입니다. 루트에서 단말노드까지 진행하면서 왼쪽 자식과 오른쪽 자식 노드 중 더 큰 노드와 현재 노드의 값을 비교하여 자식 노드의 값이 더 크면 두 노드를 바꿉니다. 현재 노드가 더 크면 반복문을 빠져나오고 max를 반환합니다.

64~65 ······ 몇 개의 데이터를 저장할지 입력받아 n에 저장합니다.

67~71 ······ n개의 데이터를 입력받아 insert 함수를 호출하여 pq[]에 저장합니다.

72 ········ printPQ 함수를 호출하여 pq[] 배열을 출력합니다.

74~75 ······ pq[]에서 몇 번째로 큰 값을 구할지 입력받아 k에 저장합니다.

77~78 ······ pq[]에서 remove 함수를 k − 1번 호출합니다.

79 ········ pq[]에서 remove 함수를 호출하고 함수의 반환 값을 출력합니다.

몇 개의 데이터 : 6 Enter
데이터 1 : 10 Enter
데이터 2 : 7 Enter
데이터 3 : 5 Enter
데이터 4 : 6 Enter
데이터 5 : 4 Enter
데이터 6 : 3 Enter
       10   7   5   6   4   3
몇 번째 큰 값 : 3 Enter
3번째 큰 값 = 6

060 X자 배열의 출력

- 학습내용 반복문을 사용하여 X자 배열을 출력합니다.
- 힌트내용 이중 반복문을 사용합니다.

프로그래밍을 잘하기 위해서는 반복문을 잘 사용해야 합니다. 특히 이중 반복문은 많은 연습을 통해서 익숙해져야 합니다. 이번 장에서는 이중 반복문을 사용하여 다음과 같은 형태의 출력을 만드는 프로그램을 작성합니다.

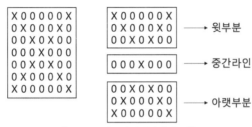

[그림 60-1] X자 배열의 출력 규칙

이런 종류의 문제는 반복의 규칙을 찾는 것이 중요합니다. 홀수개의 라인을 출력합니다. 위의 예제는 7줄짜리 X자 배열을 출력하는 것입니다. X자 배열은 윗부분, 중간라인, 아랫부분의 세 가지로 부분으로 출력합니다. 출력하는 규칙을 찾아볼까요? 출력하는 라인 수를 n이라고 하겠습니다.

윗부분의 각 라인은 0, X, 0, X, 0을 출력하는데 각각 출력하는 횟수는 다음과 같은 규칙을 갖습니다.

```
[윗부분] - 반복문의 인덱스 i는 0부터 n/2 -1까지 1씩 증가
X 0 0 0 0 0 X      i = 0일 때: 0(0개), X, 0(5개), X, 0(0개)
0 X 0 0 0 X 0      i = 1일 때: 0(1개), X, 0(3개), X, 0(1개)
0 0 X 0 X 0 0      i = 2일 때: 0(2개), X, 0(1개), X, 0(2개)
```

```
// 첫 번째 0은 0, 1, 2개, 즉 i개를 출력
// 두 번째 0은 5, 3, 1개, 즉 n -2 * (i + 1) 개를 출력
// 세 번째 0은 0, 1, 2개, 즉 i개를 출력
```

중간라인은 한 줄을 출력합니다. 0, X, 0의 순서인데 0의 개수는 다음과 같습니다.

```
[중간라인]
0 0 0 X 0 0 0      0(3개), X, 0(3개)        // n/2개의 0을 출력
```

아랫부분은 윗부분과 같이 0, X, 0, X, 0을 출력하며 출력하는 0의 개수는 다음과 같습니다.

```
[아랫부분] → 반복문의 인덱스 i는 n/2 − 1부터 0까지 1씩 감소
0 0 X 0 X 0 0     i = 2일 때: 0(2개), X, 0(1개), X, 0(2개)
0 X 0 0 0 X 0     i = 1일 때: 0(1개), X, 0(3개), X, 0(1개)
X 0 0 0 0 0 X     i = 0일 때: 0(0개), X, 0(5개), X, 0(0개)
```

```
// 첫 번째 0은 2, 1, 0개, 즉 i개를 출력
// 두 번째 0은 1, 3, 5개, 즉 n − 2 * (i + 1)개를 출력
// 세 번째 0은 2, 1, 0개, 즉 i개를 출력
```

이러한 규칙을 코드로 옮기면 다음과 같이 프로그램할 수 있습니다.

소스 a060_xArray.c

```c
1   #define _CRT_SECURE_NO_WARNINGS
2   #include <stdio.h>
3
4   int main()
5   {
6       int n;
7
8       printf("홀수 n을 입력하세요 : ");
9       scanf("%d", &n);
10
11      // 윗부분
12      for(int i = 0; i < n / 2; i++) {
13          for(int j = 0; j < i; j++)               // 0
14              printf(" %c", '0');
15          printf(" %c", 'X');                      // X
16          for(int j = 0; j < n − 2 * (i + 1); j++) // 0
17              printf(" %c", '0');
18          printf(" %c", 'X');                      // X
19          for(int j = 0; j < i; j++)               // 0
20              printf(" %c", '0');
21          printf("\n");
```

```
22        }
23
24        // 중간라인
25        for(int j = 0; j < n / 2; j++)
26           printf(" %c", '0');
27        printf(" %c", 'X');
28        for(int j = 0; j < n / 2; j++)
29           printf(" %c", '0');
30        printf("\n");
31
32        // 아랫부분
33        for(int i = n / 2 − 1; i >= 0; i−−) {
34           for(int j = 0; j < i; j++)              // 0
35              printf(" %c", '0');
36           printf(" %c", 'X');                     // X
37           for(int j = 0; j < n − 2 * (i + 1); j++) // 0
38              printf(" %c", '0');
39           printf(" %c", 'X');                     // X
40           for(int j = 0; j < i; j++)              // 0
41              printf(" %c", '0');
42           printf("\n");
43        }
44     }
```

_{8~9} 홀수 n을 입력받습니다.

_{12~22} 윗부분을 출력합니다. 바깥쪽 반복문을 0에서 n/2보다 작을 때까지 반복하며 0, X, 0, X, 0을 각각 출력합니다.

_{25~30} 중간라인을 출력합니다. 0, X, 0을 출력합니다.

_{33~43} 아랫부분을 출력합니다. 바깥쪽 반복문을 n/2 −1에서 0까지 반복하며 하나씩 감소하며 0, X, 0, X, 0을 각각 출력합니다.

| 결과

```
홀수 n을 입력하세요 : 7 Enter
X 0 0 0 0 0 X
0 X 0 0 0 X 0
0 0 X 0 X 0 0
0 0 0 X 0 0 0
0 0 X 0 X 0 0
0 X 0 0 0 X 0
X 0 0 0 0 0 X
```

061 마방진 출력하기

- 학습내용 홀수 마방진을 출력합니다.
- 힌트내용 마방진은 가로, 세로, 대각선의 합이 같은 사각형입니다.

마방진(magic square)이란 가로, 세로, 대각선의 합이 같은 사각형입니다. 가로, 세로의 개수를 n이라고 할 때, 1부터 n*n까지의 숫자를 한 번씩 사용하여 사각형을 채워야 합니다. 예를 들어 5x5 마방진은 다음과 같이 생겼습니다. 가로, 세로, 대각선의 합이 모두 65입니다.

17	24	1	8	15
23	5	7	14	16
4	6	13	20	22
10	12	19	21	3
11	18	25	2	9

[그림 61-1] 5×5 마방진

이번 장에서는 홀수 n을 입력으로 받아 n*n 크기의 홀수 마방진을 구하는 프로그램을 합니다. 짝수 마방진을 구하는 방법은 다릅니다. 홀수 마방진의 구현 방법은 다음과 같습니다.

(1) 첫 행, 중간 열에서 시작합니다.

(2) 행을 감소, 열을 증가하면서 순차적으로 수를 넣습니다.

(3) 행은 감소하므로 행이 첫 행보다 작아지는 경우는 마지막 행으로 넘어갑니다.

(4) 열은 증가하므로 열이 끝 열을 넘어가는 경우 첫 열로 넘어갑니다.

(5) 이동하려고 하는 곳에 이미 값이 들어가 있으면 바로 아래 칸에 값을 넣습니다. n의 배수에 해당하는 숫자를 넣으려고 할 때입니다.

📄 a061_magicSquare.c

```
1   #define _CRT_SECURE_NO_WARNINGS
2   #include <stdio.h>
3
4   int main()
5   {
```

```
  6        int x, y, n;
  7        int a[100][100] = { 0, };
  8
  9        printf("input number(홀수) : ");
 10        scanf("%d", &n);
 11
 12        int col = n / 2;
 13        int row = 0;
 14
 15        for(int i = 1; i <= n * n; i++) {
 16            a[row][col] = i;
 17            int t_row = row - 1;        // 한 칸 위쪽
 18            int t_col = col + 1;        // 한 칸 오른쪽
 19            if(t_row == -1)             // 제일 위를 넘어서면 제일 아래로 이동
 20                t_row = n - 1;
 21            if(t_col == n)              // 오른쪽을 넘어서면 맨 왼쪽으로 이동
 22                t_col = 0;
 23            if(a[t_row][t_col] != 0)    // 이미 채워져 있다면 아래칸으로 이동
 24                row++;
 25            else {
 26                row = t_row;
 27                col = t_col;
 28            }
 29        }
 30
 31        int sum_col;
 32        for(int i = 0; i < n; i++) {
 33            sum_col = 0;
 34            for(int j = 0; j < n; j++) {
 35                printf("%4d", a[i][j]);
 36                sum_col += a[i][j];
 37            }
 38            printf(" ->%4d", sum_col);
 39            printf("\n");
 40        }
 41    }
```

⁷ 마방진을 저장하는 2차원 배열 a[100][100]를 선언하고 0으로 초기화합니다.

^{9~10} 홀수를 입력받아 n에 저장합니다.

^{12~13} 마방진은 첫 행, 중간 열에서 시작합니다. 첫 행, 중간 열은 row = 0, col = n/2입니다.

^{15~28} 반복문으로 1부터 n*n까지의 숫자를 하나씩 추가합니다. t_row와 t_col은 다음 숫자가 저장될 장소이며 현재 row, col보다 한 칸 위쪽, 한 칸 오른쪽입니다.

^{19~20} 다음 저장할 행이 −1이 되면 맨 아래로 이동합니다.

^{21~22} 다음 저장할 열이 오른쪽 끝을 넘어서면 맨 왼쪽으로 이동합니다.

^{23~24} 다음 저장할 장소에 이미 다른 숫자가 저장되어 있다면 바로 아래 칸으로 이동합니다.

^{26~27} 값을 저장할 수 있으면 t_row와 t_col을 row와 col에 대입하고 반복문을 계속합니다.

³¹ 가로의 합을 계산하기 위해 sum_col 변수를 선언합니다.

^{32~40} 마방진이 저장된 2차원 배열 a를 출력합니다. 이때 가로의 합을 계산하여 함께 출력합니다.

결과

```
input number(홀수) : 3 Enter
    8    1    6   ->    15
    3    5    7   ->    15
    4    9    2   ->    15


input number(홀수) : 5 Enter
   17   24    1    8   15   ->   65
   23    5    7   14   16   ->   65
    4    6   13   20   22   ->   65
   10   12   19   21    3   ->   65
   11   18   25    2    9   ->   65
```

062 2차원 배열을 매개변수로 보내기

■ 학습내용 마방진의 출력을 함수에서 처리합니다.
■ 힌트내용 2차원 배열을 매개변수로 받을 때는 배열의 두 번째 인덱스를 써주어야 합니다.

1차원 배열의 내용을 출력하는 함수를 호출하고 함수에서 매개변수로 받을 때는 다음과 같이 씁니다. 매개변수를 받을 때 배열을 포인터로 선언할 수도 있습니다.

```
int a[10];
...
printArray(a, 10);

void printArray(int a[ ], int n) { ... }
void printArray(int *a, int n) { ... }
```

2차원 배열을 매개변수로 보내는 것은 생각보다 복잡합니다. 이때는 반드시 배열의 두 번째 인덱스의 수를 써주어야 합니다. 포인터로 선언할 때도 (*a)[20]과 같이 포인터를 괄호로 묶어서 정수 20개 배열의 포인터임을 명확하게 표시해야 합니다.

```
int a[10][20];
...
print2DArray(a, 10, 20);

void print2DArray(int a[ ][20], int col, int row) { ... }
void print2DArray(int (*a)[20], int col, int row) { ... }
```

앞 장에서 만들었던 마방진의 출력 부분을 함수로 호출하도록 바꿉니다. printMagicSquare 함수에서 마방진의 가로 원소의 합과 세로 원소의 합을 계산하도록 약간 변형하였습니다.

```c
1    #define _CRT_SECURE_NO_WARNINGS
2    #include <stdio.h>
3
4    void makeMagicSquare(int a[][100], int n)
5    {
6      int col = n / 2;
7      int row = 0;
8
9      for(int i = 1; i <= n * n; i++) {
10        a[row][col] = i;
11        int t_row = row - 1;        // 한칸 위쪽
12        int t_col = col + 1;        // 한칸 오른쪽
13        if(t_row == -1)             // 제일 위를 넘어서면 제일 아래로 이동
14          t_row = n - 1;
15        if(t_col == n)              // 오른쪽을 넘어서면 왼쪽으로 이동
16          t_col = 0;
17        if(a[t_row][t_col] != 0)    // 이미 채워져 있다면 아래칸으로 이동
18          row++;
19        else {
20          row = t_row; col = t_col;
21        }
22      }
23    }
24
25    void printMagicSquare(int a[][100], int n)
26    {
27      int sum_col, sum_row;
28
29      for(int i = 0; i < n; i++) {
30        sum_col = 0;
31        for(int j = 0; j < n; j++) {
32          printf("%4d", a[i][j]);
33          sum_col += a[i][j];
34        }
35        printf(" : %4d", sum_col);
36        printf("\n");
37      }
38
```

```
39      for(int i = 0; i < n; i++)
40        printf(" ...");
41      printf("\n");
42
43      for(int j = 0; j < n; j++) {
44        sum_row = 0;
45        for(int i = 0; i < n; i++) {
46          sum_row += a[i][j];
47        }
48        printf("%4d", sum_row);
49      }
50      printf("\n");
51   }
52
53   int main()
54   {
55      int x, y, n;
56      int a[100][100] = { 0, };
57
58      printf("홀수 마방진의 크기를 입력하세요 : ");
59      scanf("%d", &n);
60
61      makeMagicSquare(a, n);
62      printMagicSquare(a, n);
63   }
```

4~23 매개변수로 이차원배열 a와 n을 전달받아 n*n 마방진을 만드는 함수입니다. 59장에서 만든 코드와 같습니다. 2차원 배열을 매개변수로 받을 때 int a[][100]과 같이 두 번째 인덱스의 수를 써주어야 합니다.

25~51 매개변수로 이차원배열 a와 n을 전달받아 n*n 마방진을 출력하는 함수입니다. 가로와 세로의 합을 출력할 수 있게 했습니다.

56 마방진을 저장하는 2차원 배열 a[100][100]를 선언하고 0으로 초기화합니다.

58~59 홀수를 입력받아 n에 저장합니다.

61 마방진을 만드는 makeMagicSquare 함수를 호출합니다.

62 마방진을 출력하는 printMagicSquare 함수를 호출합니다.

홀수 마방진의 크기를 입력하세요 : 7 Enter

30	39	48	1	10	19	28 :	175
38	47	7	9	18	27	29 :	175
46	6	8	17	26	35	37 :	175
5	14	16	25	34	36	45 :	175
13	15	24	33	42	44	4 :	175
21	23	32	41	43	3	12 :	175
22	31	40	49	2	11	20 :	175
...	...	...	...	...	...	...	
175	175	175	175	175	175	175	

063 3차원 배열로 성적 데이터 저장하기

■ 학습내용 3차원 배열이 필요한 경우를 생각하고 프로그램으로 구현합니다.
■ 힌트내용 저장할 데이터가 3차원일 때 3차원 배열을 사용합니다.

1차원이나 2차원 배열은 프로그램에서 정말 많이 사용됩니다. 하지만 3차원 배열은 거의 사용하는 경우가 없는 것 같습니다. 어떤 경우에 3차원 이상의 배열이 필요할까요?

어느 학과의 학생 성적을 저장하는 score 배열을 생각해보겠습니다. 이 학과에는 4개 학년이 있고 각 학년에는 10명의 학생이 있으며, 각 학생은 10개 과목을 수강합니다. 예를 들어 3학년 8번 학생의 5번 과목 점수는 score[3][8][5]에 저장할 수 있습니다. 학과가 아니고 대학 전체의 학생 성적을 저장할 때 학과가 10개 있다면 5번 학과의 3학년, 8번 학생의 5번 과목 점수는 score[5][3][8][5]에 저장하겠지요.

이번 장에서는 3차원 배열을 사용하여 한 학과의 전체 성적을 하나의 배열에 저장하는 프로그램을 만들어보겠습니다. define 문으로 학년 수, 학생 수, 과목 수를 정의하면 전체 성적을 저장하는 배열은 다음과 같이 정의할 수 있습니다.

```
#define YEARS 4
#define STUDENTS 10
#define SUBJECTS 10

int score[YEARS][STUDENTS][SUBJECTS];
```

2차원 배열의 경우와 마찬가지로 3차원 배열을 함수로 전달할 때, 전달받는 함수에서는 두 번째와 세 번째 인덱스값을 명시해야 합니다.

소스 a063_score.c

```
1   #include <stdio.h>
2   #include <stdlib.h>
3   #define YEARS 4
4   #define STUDENTS 10
5   #define SUBJECTS 10
6
7   void randomScore(int score[][STUDENTS][SUBJECTS])
8   {
```

```
9      for(int i = 0; i < YEARS; i++)
10         for(int j = 0; j < STUDENTS; j++)
11             for(int k = 0; k < SUBJECTS; k++)
12                 score[i][j][k] = rand() % 101;
13     }
14
15     void printScore(int score[][STUDENTS][SUBJECTS])
16     {
17         for(int i = 0; i < YEARS; i++) {
18             printf("\n%d학년\n", i+1);
19             for(int j = 0; j < STUDENTS; j++) {
20                 printf("학생%2d ", j+1);
21                 for(int k = 0; k < SUBJECTS; k++) {
22                     printf("%4d", score[i][j][k]);
23                 }
24                 printf("\n");
25             }
26         }
27     }
28
29     void highestScore(int score[][STUDENTS][SUBJECTS])
30     {
31         int max = 0;
32         struct highest {
33             int year;
34             int student;
35             int subject;
36         } highest;
37
38         for(int i = 0; i < YEARS; i++)
39             for(int j = 0; j < STUDENTS; j++)
40                 for(int k = 0; k < SUBJECTS; k++)
41                     if(max < score[i][j][k]) {
42                         max = score[i][j][k];
43                         highest.year = i + 1;
44                         highest.student = j + 1;
45                         highest.subject = k + 1;
46                     }
47
```

```c
48          printf("Highest Score : %d학년, 학생%2d, 과목 %d = %d점\n",
49              highest.year, highest.student, highest.subject, max);
50      }
51
52      // 학년별 평균이 가장 높은 과목
53      void highestSubject(int score[][STUDENTS][SUBJECTS])
54      {
55          int sum[YEARS][SUBJECTS];
56
57          for(int i = 0; i < YEARS; i++) {
58              for(int k = 0; k < SUBJECTS; k++) {
59                  sum[i][k] = 0;
60                  for(int j = 0; j < STUDENTS; j++)
61                      sum[i][k] += score[i][j][k];
62              }
63          }
64
65          // 각 과목의 총점과 가장 점수가 높은 과목을 출력
66          for(int i = 0; i < YEARS; i++) {
67              printf("%d학년 과목별 총점\n", i+1);
68              int bestScore = 0;
69              int bestIndex = 0;
70              for(int j = 0; j < SUBJECTS; j++) {
71                  printf("%4d", sum[i][j]);
72                  if(bestScore < sum[i][j]) {
73                      bestScore = sum[i][j];
74                      bestIndex = j;
75                  }
76              }
77              printf("\n");
78              printf(" 가장 높은 점수의 과목 = %d, 과목 총점 = %d\n",
79                  bestIndex + 1, bestScore);
80          }
81      }
82
83      int main()
84      {
85          int score[YEARS][STUDENTS][SUBJECTS];
86
```

```
87      randomScore(score);
88      printScore(score);
89      highestScore(score);
90      highestSubject(score);
91    }
```

3~5 ...... 학년수, 학생 수, 과목 수를 정의합니다.

7~13 ...... 3차원 배열 score를 매개변수로 받아 0~100점 사이의 점수를 랜덤하게 저장합니다. 3차원 배열을 매개변수로 받을 때는 뒤의 두 인덱스를 명시해 주어야 합니다.

15~27 ...... 저장된 점수를 학년별, 학생별, 과목별로 출력합니다.

29~50 ...... highestScore 함수입니다. 가장 높은 점수를 기록한 학생과 과목을 출력합니다.

32~36 ...... 가장 높은 점수를 받은 원소를 저장하기 위해 highest 구조체를 정의합니다.

38~46 ...... 3차원 배열의 모든 원소 중에서 가장 높은 점수를 찾고 highest 구조체에 학년, 학생, 과목을 저장합니다.

48~49 ...... 제일 높은 점수의 학년, 학생, 과목 번호와 점수를 출력합니다.

53~81 ...... 학년별로 점수가 가장 높은 과목을 출력하는 highestSubject 함수입니다.

55 ...... 학년별 과목의 총점을 저장하는 2차원 배열 sum을 정의합니다.

57~63 ...... sum 배열에 학년별, 과목별 학생들의 점수의 합을 저장합니다.

66~80 ...... sum 배열에서 학년별로 가장 높은 총점을 갖는 과목을 찾고 그 과목의 번호와 점수를 출력합니다.

85 ...... 3차원 배열 score를 정의합니다.

87 ...... 랜덤하게 점수를 저장하는 randomScore 함수를 호출합니다.

88 ...... 점수를 출력하는 printScore 함수를 호출합니다.

89 ...... 전체 점수 중에서 가장 높은 점수를 찾는 highestScore 함수를 호출합니다.

90 ...... 학년별로 점수가 가장 높은 과목을 출력하는 highestSubject 함수를 호출합니다.

```
1학년
학생 1 41   85   72   38   80   69   65   68   96   22
학생 2 49   67   51   61   63   87   66   24   80   83
학생 3 71   60   64   52   90   60   49   31   23   99
학생 4 94   11   25   24   51   15   13   39   67   97
학생 5 19   76   12   33   99   18   92   35   74    0
학생 6 95   71   39   33   39   32   37   45   57   71
학생 7 95    5   71   24   86    8   51   54   74   24
학생 8 75   70   33   63   29   99   58   94   52   13
학생 9 35   99   46   57   71   23   17    3   94   48
학생10 77   18   83   11   83   25   59   62    2   78


2학년

...


3학년

...


4학년

...


Highest Score : 2학년, 학생 4, 과목 7 = 100점
1학년 과목별 총점
 651 562 496 396 691 436 507 455 619 535
 가장 높은 점수의 과목 = 5, 과목 총점 = 691
2학년 과목별 총점
 670 594 600 478 473 587 556 521 664 349
 가장 높은 점수의 과목 = 1, 과목 총점 = 670
3학년 과목별 총점
 526 487 424 554 481 544 411 636 652 374
 가장 높은 점수의 과목 = 9, 과목 총점 = 652
4학년 과목별 총점
 532 357 513 371 398 466 260 477 451 505
 가장 높은 점수의 과목 = 1, 과목 총점 = 532
```

064 연월일이 주어지면 그 해의 몇 번째 날인지를 찾기

■ 학습내용 2차원 배열을 이용하는 프로그램을 공부합니다.
■ 힌트내용 윤년과 평년이 다르므로 이차원배열을 활용하여 프로그램합니다.

예를 들어 2022년 11월 22일은 2022년의 몇 번째 날일까? 이 문제를 해결해봅시다. 2월이 윤년이면 29일, 평년이면 28일이므로 3월 이후의 날짜는 윤년과 평년의 경우 결과가 다릅니다. 이것을 해결하는 쉬운 방법은 2차원 배열을 사용하는 것입니다. 비슷한 문제로 2022년의 300일째 되는 날은 몇 월 며칠일까요? 이 문제도 비슷하게 해결할 수 있습니다.

소스 a064_day_of_year.c

```c
1    #include <stdio.h>
2
3    int daytable[2][13] = {
4        { 0, 31, 28, 31, 30, 31, 30, 31, 31, 30, 31, 30, 31 },
5        { 0, 31, 29, 31, 30, 31, 30, 31, 31, 30, 31, 30, 31 },
6    };
7
8    int day_of_year(int year, int month, int day)
9    {
10       int leap;
11
12       leap = year % 4 == 0 && year % 100 != 0 || year % 400 == 0;
13       for(int i = 1; i < month; i++)
14           day += daytable[leap][i];
15       return day;
16   }
17
18   void month_day(int year, int yearday, int* pmonth, int* pday)
19   {
20       int leap, i;
21
22       leap = year % 4 == 0 && year % 100 != 0 || year % 400 == 0;
23       for(i = 1; yearday > daytable[leap][i]; i++)
24           yearday -= daytable[leap][i];
25       *pday = yearday;
```

```
26        *pday = yearday;
27    }
28
29    int main()
30    {
31        int month, day;
32
33        printf("2022년 11월 22일은 2022년의 %d번째 날입니다.\n",
34            day_of_year(2022, 11, 22));
35        month_day(2022, 300, &month, &day);
36        printf("2022년의 300번째 날은 %d월 %d일입니다.\n", month, day);
37    }
```

3~6 2차원 배열 daytable[2][13]을 정의하고 초기화합니다. 평년은 daytable[0][13], 윤년은 daytable[1][13]에 저장합니다. 월별로 일수를 저장하는데 0월은 없으므로 0의 값을 갖습니다.

12 윤년은 4로 나누어지고 100으로 나누어지지 않거나 400으로 나누어지는 해입니다. 따라서 leap 변수는 평년이면 0, 윤년이면 1의 값을 갖습니다.

13~14 1월부터 시작하여 찾고자 하는 날짜의 월보다 작은 동안 daytable[leap][i]를 day에 더해 나갑니다. 11월 22일이라면 10월까지의 daytable값을 day의 값 22에 더해 나갑니다.

23~26 마찬가지로 leap 변수에 그 해가 윤년인지 평년인지를 저장하고 2차원 배열에서 daytable[leap][i]의 값을 뺍니다. 반복이 끝나면 월은 i에, 일은 yearday가 갖게 됩니다. 함수는 반환 값이 하나 밖에 안 되는데 지금처럼 월과 일을 반환해야 한다면 호출할 때 포인터를 매개변수로 보내어 포인터가 가리키는 값을 변경해주면 됩니다.

33~34 2022년 11월 22일은 2022년의 몇 번째 날인지를 계산하여 출력합니다.

35~36 2022년의 300번째 날이 몇월 몇일인지 month_day 함수를 호출하고 출력합니다. 결과값은 포인터로 보내준 month, day 변수에 저장됩니다.

▌결과

```
2022년 11월 22일은 2022년의 326번째 날입니다.
2022년의 300번째 날은 10월 27일입니다.
```

065 제라의 공식으로 요일 알아보기

- 학습내용 : 주어진 년, 월, 일이 무슨 요일인지 알아봅니다.
- 힌트내용 : 제라의 공식을 이용합니다.

연월일만으로 요일을 계산할 수 있을까요? 19세기 말 크리스티안 제라가 만든 공식(Zeller's congruence)을 활용하면 됩니다. 제라의 공식은 그레고리안 달력에 적용되므로 1583년 이후의 날짜에 적용됩니다. 연월일을 각각 w, m, d라고 할 때, 공식은 다음과 같은데 1월과 2월은 전년의 13월과 14월로 생각합니다. 따라서 1월과 2월은 연도에서 1을 빼고 월에 12를 더해서 계산합니다. 결과값 w는 0이 일요일, 1은 월요일, 2는 화요일, … 6은 토요일과 같이 해석합니다.

$$w = (y + y / 4 - y / 100 + y / 400 + (13 * m + 8)/5 + 1) \% 7$$
단 $m <= 2$이면 $y = y-1$, $m = m + 12$

제라의 공식을 이용하여 주어진 연월일이 무슨 요일인지 알아내는 프로그램을 합니다.

소스 a065_zeller.c

```
1   #define _CRT_SECURE_NO_WARNINGS
2   #include <stdio.h>
3
4   int main()
5   {
6       int year, month, day, w;
7       char dayOfWeek[7][3] = { "일", "월", "화", "수", "목", "금", "토" };
8
9       printf("년 월 일 입력: ");
10      scanf("%d %d %d", &year, &month, &day);
11
12      // 제라의 공식으로 요일 계산
13      if(month <= 2)          {
14          year -= 1;
15          month += 12;
16      }
17
18      w = (year + year / 4 - year / 100 + year / 400 +
```

```
19        (13 * month + 8) / 5 + day) % 7;
20
21    printf("%s요일\n", dayOfWeek[w]);
22  }
```

··7····· 요일을 저장하는 이차원 문자 배열입니다. unicode로 표현되는 한글 한 글자는 2바이트를 차
지하므로 문자열의 끝인 ' \0'를 포함하여 3자리 char 배열로 표현합니다. 이것이 7개 있으므
로 dayOfWeek[7][3]로 선언합니다.

··9~10···· 연월일을 입력받습니다.

··13~16··· 제라의 공식에서 1월과 2월은 연도는 1을 빼고 월은 12를 더합니다.

··18~19··· 제라의 공식으로 요일의 인덱스를 구합니다.

··21····· 인덱스에 해당하는 요일을 출력합니다.

❙ 결과

년 월 일 입력: 2023 7 4 Enter
화요일

066 제라의 공식을 활용하여 달력 출력하기

■ 학습내용 주어진 연도와 월에 해당하는 달력을 출력합니다.
■ 힌트내용 제라의 공식과 윤년을 고려하여 프로그램합니다.

연도와 월을 입력하면 달력을 출력하는 프로그램을 작성합니다. 달력은 해당 월의 첫날이 무슨 요일인지와 그달이 며칠까지 있는지를 알면 만들 수 있습니다. 앞 장에서 공부한 제라의 공식을 이용하여 그달의 첫날이 무슨 요일인지를 알아냅니다.

📁 a066_calendar.c

```
1    #define _CRT_SECURE_NO_WARNINGS
2    #include <stdio.h>
3
4    int zeller(int year, int month, int day);
5    void printWeekDays();
6    void printCalender(int year, int month, int w);
7
8    int main()
9    {
10      int year, month, w;
11
12      while (1) {
13        printf("=> 년도와 월을 입력하세요 : ");
14        scanf("%d %d", &year, &month);
15        printWeekDays();
16        w = zeller(year, month, 1);// 해당 월 1일의 요일을 찾습니다
17        printCalender(year, month, w);
18      }
19    }
20
21    void printWeekDays()
22    {
23      char dayOfWeek[7][3] = { "일", "월", "화", "수", "목", "금", "토" };
24
25      for(int i = 0; i < 7; i++)
26        printf("%s\t", dayOfWeek[i]);
```

```
27      printf("\n");
28   }
29
30   int zeller(int year, int month, int day)
31   {
32      int w;
33
34      if(month <= 2) {
35         year -= 1;
36         month += 12;
37      }
38      w = (year + year / 4 - year / 100 + year / 400 + (13 * month + 8) /
39         5 + day) % 7;
40      return w;
41   }
42
43   void printCalender(int year, int month, int w)
44   {
45      int days[2][13] = {
46         { 0, 31, 28, 31, 30, 31, 30, 31, 31, 30, 31, 30, 31 },
47         { 0, 31, 29, 31, 30, 31, 30, 31, 31, 30, 31, 30, 31 } };
48
49      int leap = year % 4 == 0 && year % 100 != 0 || year % 400 == 0;
50      for(int i = 0; i < w; i++)
51         printf("\t");
52      for(int d = 1; d <= days[leap][month]; d++) {
53         printf("%2d\t", d);
54         if((d + w) % 7 == 0)
55            printf("\n");
56      }
57      printf("\n");
58   }
```

함수의 원형입니다.

main 함수에서는 연도와 월을 입력받아 해당하는 달의 달력을 출력합니다. 요일을 출력하고 해당 월의 1일의 요일을 제라의 공식으로 찾은 후 printCalender 함수를 호출하여 달력을 출력합니다.

printWeekDays 함수는 달력의 맨 위에 일, 월, 화, 수, 목, 금, 토를 출력합니다.

zeller 함수에서는 제라의 공식을 사용하여 그달이 무슨 요일에서 시작하는지를 구합니다.

printCalender 함수는 연월일을 매개변수로 하여 평년과 윤년을 구분하여 매월 며칠까지 있는지는 판단하고 제라의 공식에서 구한 시작 요일을 이용하여 달력을 출력합니다.

결과

```
=> 년도와 월을 입력하세요 : 2022 9 Enter
    일    월    화    수    목    금    토
                            1     2     3
    4     5     6     7     8     9    10
   11    12    13    14    15    16    17
   18    19    20    21    22    23    24
   25    26    27    28    29    30
=> 년도와 월을 입력하세요 : 2023 12 Enter
    일    월    화    수    목    금    토
                                  1     2
    3     4     5     6     7     8     9
   10    11    12    13    14    15    16
   17    18    19    20    21    22    23
   24    25    26    27    28    29    30
   31
```

067 time 함수로 현재 시각 알아보기

■ 학습내용 표준함수를 사용하여 현재 시각을 가져오는 방법을 공부합니다.
■ 힌트내용 time을 localtime으로 변환하여 사용합니다.

프로그램에서 시간은 매우 중요합니다. 현재 시각을 구하거나 새로운 시간으로 설정하는 시간 관련 함수들은 〈time.h〉 헤더 파일에 선언된 표준함수에서 지원하고 있습니다.
대표적인 시간 관련 함수의 원형은 다음과 같습니다.

```
time_t time( time_t *destTime );
struct tm *localtime( const time_t *sourceTime );
char *asctime( const struct tm *timeptr );
```

time 함수는 만국표준시(UCT)의 1970년 1월 1일 자정부터 현재까지 경과된 시간을 초 단위로 반환합니다. 따라서 1970년 1월 1일 자정 이전의 날짜를 사용할 수는 없습니다. time 함수의 반환 값인 time_t는 long을 typedef 한 이름입니다. localtime 함수는 time 함수로 구한 time_t를 tm 구조체로 변환하고, asctime 함수는 tm 구조체를 문자열로 변환합니다.
tm 구조체는 다음과 같이 정의되어 있습니다.

```
struct tm {
    int tm_sec;     // seconds after the minute — [0, 60]
    int tm_min;     //minutes after the hour — [0, 59]
    int tm_hour;    //hours since midnight — [0, 23]
    int tm_mday;    //day of the month — [1, 31]
    int tm_mon;     //months since January — [0, 11]
    int tm_year;    //years since 1900
    int tm_wday;    //days since Sunday — [0, 6]
    int tm_yday;    //days since January 1 — [0, 365]
    int tm_isdst;   //daylight savings time flag
};
```

tm_sec이 60까지인 것은 시간 보정을 위한 윤초(leap second)를 고려한 것입니다. tm_mon은 0~11이며 여기에 1을 더한 값이 월을 나타냅니다. tm_year는 1900년부터의 연수이므로 1900을 더하면 우리가 사용하는 연도를 구할 수 있습니다.

```
1    #define _CRT_SECURE_NO_WARNINGS
2    #include <stdio.h>
3    #include <time.h>
4    #include <string.h>
5
6    void printDayTime(struct tm* t)
7    {
8        char week[][3] = { "일", "월", "화", "수", "목", "금", "토" };
9        char ampm[5] = "오전";
10
11       if(t->tm_hour > 12) {
12           t->tm_hour -= 12;
13           strcpy(ampm, "오후");
14       }
15
16       printf("%d년 %d월 %d일 %s요일 %s %d:%d:%d\n",
17           t->tm_year + 1900, t->tm_mon + 1, t->tm_mday,
18           week[t->tm_wday], ampm, t->tm_hour, t->tm_min, t->tm_sec);
19   }
20
21   int main()
22   {
23       struct tm* t;
24       time_t now;
25
26       time(&now);
27       printf("time = %ul\n", now);
28
29       t = localtime(&now);
30       printf("asctime = %s", asctime(t));
31
32       printDayTime(t);
33   }
```

6~19 tm 구조체를 매개변수로 받아 우리나라식 표현으로 날짜와 시간을 출력하는 함수입니다. tm_hour가 12보다 크면 12를 빼고 ampm을 "오후"로 바꿉니다.

26~27 time 함수로 1900년 1월 1일부터 현재까지 경과된 시간을 초로 받아서 now에 저장하고 출력합니다. now는 time_t 타입이며 이는 long과 같습니다.

29~30 localtime 함수를 이용하여 now를 tm 구조체 t로 변환합니다. 매개변수로 사용되는 now는 주소를 사용하는 것에 주의합니다. asctime 함수로 tm 구조체 t를 문자열로 변환하여 출력합니다.

32 tm 구조체 t를 매개변수로 printDayTime 함수를 호출합니다.

▌결과

```
time = 16638937011
asctime = Fri Sep 23 09:41:41 2022
2022년 9월 23일 금요일 오전 9:41:41
```

068 생애 계산기

■ 학습내용 태어나서 오늘까지의 날짜 수를 계산하는 생애 계산기를 만듭니다.
■ 힌트내용 날짜 수를 계산하기 위해 윤년을 고려합니다.

67장에서 C언어에서는 시간을 사용할 때 time 함수로 time_t형의 데이터를 가져오고, 이 값을 매개 변수로 localtime 함수를 호출하여 tm 구조체를 반환받아 사용하는 것을 공부했습니다.

라이브러리 함수인 mktime 함수는 tm 구조체의 연, 월, 일 값에 따라 tm_wday와 tm_yday를 설정해 줍니다. 그래서 이 기능을 사용하면 내 생일이 무슨 요일인지 또 태어난 해의 며칠째 날인지를 쉽게 알아낼 수 있습니다. 주의할 점은 mktime 함수가 1970년 1월 1일 자정 이후로부터 경과된 시간을 초로 반환하며, 그 시점 이전의 시간에 대해서는 -1을 반환합니다. 따라서 그날 이전의 날짜에 대해서는 mktime 함수를 사용할 수 없습니다.

이 장에서는 생년월일을 입력하면 오늘까지 살아 온 날짜 수를 계산하는 생애 계산기를 프로그램합니다. 날짜 수는 다음의 순서로 계산합니다.

(1) 올해 1월 1일부터 오늘까지의 날짜 수를 계산합니다.
(2) 태어난 해의 생일부터 마지막 날인 12월 31일까지의 날짜 수를 계산합니다.
(3) 태어난 해와 올해 사이의 연도에는 1년의 날짜 수를 더합니다.

모든 경우에 평년과 윤년에 따라 값이 달라지므로 윤년을 판단하는 함수가 필요합니다. 단, 올해 태어났으면 1년 중 오늘의 날짜 수에서 1년 중 생일의 날짜 수를 뺍니다.

📄 소스 a068_lifeCalc.c

```
1   #define _CRT_SECURE_NO_WARNINGS
2   #include <stdio.h>
3   #include <stdbool.h>
4   #include <time.h>
5
6   void printDay(struct tm* t)
7   {
8       char week[][3] = { "일", "월", "화", "수", "목", "금", "토" };
9       printf("%d년 %d월 %d일 %s요일\n",
10          t->tm_year + 1900, t->tm_mon + 1, t->tm_mday, week[t->tm_wday]);
11  }
```

```
12
13    bool isLeapYear(int year)
14    {
15        return year % 4 == 0 && (year % 100 != 0 || year % 400 == 0);
16    }
17
18    int dayOfYear(int y, int m, int d)
19    {
20        int mDay[13] = { 0, 31, 28, 31, 30, 31, 30, 31, 31, 30, 31, 30, 31 };
21        int days = 0;
22
23        for(int i = 1; i < m; i++)
24            days += mDay[i];
25        days += d;
26        return isLeapYear(y) && m > 2 ? days + 1 : days;
27    }
28
29    int main()
30    {
31        int bYear, bMonth, bDay;      // 생일
32        int tYear, tMonth, tDay;      // 오늘
33        time_t now, birthday;
34        struct tm *t, *birth;
35        int totalDays = 0;
36
37        printf("생일을 입력하세요(연 월 일) : ");
38        scanf("%d %d %d", &bYear, &bMonth, &bDay);
39
40        time(&birthday);
41        birth = localtime(&birthday);
42        birth->tm_year = bYear - 1900;
43        birth->tm_mon = bMonth - 1;
44        birth->tm_mday = bDay;
45
46        if(mktime(birth) == (time_t)(-1)) {
47            printf("사용 가능한 날짜(1970년 1월 1일 자정) 이전입니다.");
48            return 0;
49        }
50        printDay(birth);
51
```

```
52    time(&now);
53    t = localtime(&now);
54    printDay(t);
55
56    tYear = t->tm_year + 1900;
57    tMonth = t->tm_mon + 1;
58    tDay = t->tm_mday;
59
60    if(tYear != bYear) {
61        // 올해의 1월 1일 부터 오늘까지의 날짜 수
62      totalDays += dayOfYear(tYear, tMonth, tDay);
63
64        // 태어난 해의 생일부터 마지막 날까지의 날짜 수
65      int yearDays = isLeapYear(tYear) ? 366 : 365;
66      totalDays += yearDays − dayOfYear(bYear, bMonth, bDay);
67
68        // 그 사이의 매년 날짜 수
69      for(int y = bYear + 1; y < tYear; y++)
70          totalDays += isLeapYear(y) ? 366 : 365;
71    }
72    else {
73      totalDays = dayOfYear(tYear, tMonth, tDay)
74              − dayOfYear(bYear, bMonth, bDay);
75    }
76    printf("생일부터 오늘까지의 날짜수 : %d일", totalDays);
77  }
```

.... tm 자료형을 매개변수로 받아 연월일과 요일을 출력하는 함수입니다.
11

.... 윤년이면 true, 평년이면 false를 반환합니다.
13-16

.... 연월일을 매개변수로 받아, 그해의 1월 1일부터 며칠째 되는 날인지를 반환하는 함수입니다.
18-27   전월까지의 매월의 날짜 수를 더하고 해당 월의 날짜 수를 디하고 윤년이면서 3월 이후의 날
         짜는 1을 더해서 반환합니다.

.... 생년월일을 입력받습니다.
37-38

.... time으로 현재 시각을 구하고 localtime 함수로 tm 구조체 birth를 만든 후, tm 구조체의 연월
40-44   일을 생년월일로 바꿉니다.

^{46~50} tm 구조체 birth로 mktime 함수를 이용해 생년월일에 대한 tm 구조체를 만듭니다. mktime 함수는 tm 구조체의 바뀐 연월일에 따라 요일과 일 년 중 며칠째 날인지를 수정합니다. 수정된 생년월일을 printDay 함수로 출력하면 무슨 요일에 태어났는지를 알 수 있습니다. 단, 1970년 1월 1일 이후의 날에만 사용할 수 있습니다.

^{52~54} 현재 시각을 가져와서 tm 구조체 t를 만들고 printDay 함수로 출력합니다.

^{56~58} tm 구조체 t를 이용해서 tYear, tMonth, tDay를 설정합니다.

^{60~71} 올해 태어난 것이 아니라면 오늘까지 살아온 날짜 수인 totalDays는 (1) 올해의 1월 1일부터 오늘까지의 날짜 수 (2) 태어난 해의 생일부터 마지막 날까지의 날짜 수 (3) 그 사이의 매년 날짜 수를 더해서 구합니다. 이때 윤년을 고려합니다.

^{72~75} 만일 올해 태어났으면 올해의 1월 1일부터 오늘까지의 날짜 수에서 올해의 1월 1일부터 생일까지의 날짜 수를 뺀 값이 totalDays가 됩니다.

▌결과

```
생일을 입력하세요(연 월 일) : 1992 7 4 Enter
1992년 7월 4일 토요일
2022년 10월 20일 목요일
생일부터 오늘까지의 날짜수 : 11064일

생일을 입력하세요(연 월 일) : 1965 5 10 Enter
사용 가능한 날짜(1970년 1월 1일 자정) 이전입니다.
```

069 특정한 날의 요일 구하기

■ 학습내용 어떤 날이 무슨 요일인지 찾는 프로그램을 작성합니다.
■ 힌트내용 기준일로부터 며칠 차이가 있는지를 알면 이 차이를 7로 나눈 나머지로 요일을 계산할 수 있습니다.

68장에서 구조체 tm의 연, 월, 일을 수정한 후, mktime 함수를 실행하면 그날의 요일을 tm 구조체에 설정해 준다고 했습니다. 이번 장에서는 mktime을 사용하지 않고 직접 요일을 계산하는 방법을 찾아보겠습니다.

2022년 1월 1일은 토요일이었습니다. 그럼 2022년 2월 1일은 무슨 요일일까요? 두 날짜 사이에 31일이 있고 31 = 7*4+3이므로 토요일보다 3일이 더 많은 요일, 즉 화요일입니다. 그렇다면 2021년 12월 1일은? 역시 두 날짜 사이에는 31일이 있고 31 = 7*4+3이므로 토요일보다 3일 앞선 요일, 즉 수요일입니다. 이러한 사실을 이용하면 특정한 날짜가 무슨 요일인지는 우리가 요일을 알고 있는 기준 날짜와의 날짜 차이만 알면 구할 수 있습니다.

66장에서 생일에서부터 오늘까지의 날짜 수를 계산했습니다. 이번 장에서는 입력하는 특정일과 우리가 이미 요일을 알고 있는 기준일 사이의 날짜 수를 계산하여 특정일이 무슨 요일인지 찾습니다. 기준일은 언제로 잡아도 상관없습니다만 넉넉하게 1900년 1월 1일이 월요일이었습니다. 이날을 기준으로 잡아 계산하면 됩니다.

소스 a069_findingWeekDay.c

```
1   #define _CRT_SECURE_NO_WARNINGS
2   #include <stdio.h>
3   #include <stdbool.h>
4   #include <stdlib.h>
5
6   typedef struct {
7       int year, month, day;
8   } sDay;
9
10  bool isLeapYear(int year) { ... }          // 68장과 동일
11  int dayOfYear(int y, int m, int d) { ... }// 68장과 동일
12
13  // 두 날짜 간의 날짜 수를 계산
14  int calcTotalDays(sDay *base, sDay *the)
```

```
15  {
16      int totalDays = 0;
17
18      if(base->year != the->year) {
19          totalDays += dayOfYear(the->year, the->month, the->day);
20          int yearDays = isLeapYear(base->year) ? 366 : 365;
21          totalDays += yearDays - dayOfYear(base->year, base->month, base->day);
22          for(int y = base->year + 1; y < the->year; y++)
23              totalDays += isLeapYear(y) ? 366 : 365;
24      } else {
25          totalDays = dayOfYear(the->year, the->month, the->day)
26              - dayOfYear(base->year, base->month, base->day);
27      }
28
29      return totalDays;
30  }
31
32  int main()
33  {
34      sDay baseDay = { 1900, 1, 1 };
35      sDay theDay;
36      int tYear, tMonth, tDay;
37      int totalDays = 0;
38      char week[ ][3] = { "일", "월", "화", "수", "목", "금", "토" };
39
40      printf("요일을 알고 싶은 날짜를 입력하세요(연 월 일) : ");
41      scanf("%d%d%d", &theDay.year, &theDay.month, &theDay.day);
42
43      totalDays = calcTotalDays(&baseDay, &theDay);
44      printf("total days from 1900/1/1 : %d\n", totalDays);
45
46      printf("%d년 %d월 %d일 = %s요일\n", theDay.year,
47          theDay.month, theDay.day, week[(1 + totalDays % 7) % 7]);
48  }
```

6~8   연월일을 멤버로 하는 구조체 sDay를 정의합니다.

10~11 윤년을 검사하는 isLeapYear 함수와 1년 중 몇 번째 날인지를 계산하는 dayOfYear는 68장과
       같습니다.

14~30 특정일과 기준일 사이의 날짜 수를 계산하는 calTotalDays 함수입니다.

18   기준일과 특정 일의 연도가 다를 때 실행되는 부분입니다. 기준일을 1900년 1월 1일로 잡았
       으므로 알고 싶은 요일이 1900년의 어떤 날이 아닌 대부분의 상황에 해당하겠죠.

19~23 특정일이 그 해의 몇 번째 날인지를 계산하여 totalDays에 더합니다. 기준년에서 기준일이 그
       해의 마지막 날까지 며칠인지를 계산하여 더합니다. 그리고 기준년 이후에서부터 알고 싶은
       해의 전년까지 매년의 날짜 수를 더해줍니다. 윤년을 고려합니다.

24~27 기준일과 특정일이 같은 해일 경우 두 날짜 사이의 날짜 수를 계산합니다.

34   sDay 구조체 baseDay를 선언하고 1900년 1월 1일로 초기화합니다.

35   sDay 구조체 theDay는 요일을 알고 싶은 날짜를 저장하는 구조체입니다.

40~41 날짜를 입력받고 theDay에 저장합니다.

43~44 calcTotalDays 함수를 호출하여 기준일과 특정일 사이의 날짜 수를 계산합니다.

46~47 week[(1 + totalDays % 7) % 7]이 중요합니다. 기준일이 월요일이므로 week 배열의 1번 인덱
       스입니다. 여기에 totalDays를 7로 나눈 나머지를 더한 만큼의 인덱스에 해당하는 요일이 답
       입니다. 그런데 이 값이 7을 넘어설 수도 있으므로 다시 7로 나눈 나머지를 사용합니다.

┃ 결과

요일을 알고 싶은 날짜를 입력하세요(연 월 일) : 1950 6 25 Enter
total days from 1900/1/1 : 18437
1950년 6월 25일 = 일요일

04 PART 실무

다양한 실용 문제와 이미지 처리

C언어
100제

070 패스워드 체커

■ 학습내용 패스워드가 주어진 조건에 맞게 만들어졌는지 점검하는 프로그램을 작성합니다.
■ 힌트내용 문자열을 분석하여 조건을 점검합니다.

요즘 컴퓨터 보안이 강조되다 보니 간단하게 만든 패스워드는 사용할 수가 없습니다. 웬만한 사이트는 패스워드에 여러 가지 조건들이 있어서 그 조건을 만족해야만 패스워드로 저장할 수 있죠. 예를 들면 8글자 이상, 영문 대문자, 소문자, 숫자, 특수 문자 포함 등의 조건입니다.

이런 조건 중 하나라도 해당하지 않으면 부적절한 패스워드라고 안내가 되면서 다시 입력하라고 하죠. 패스워드가 적절하지 않은지를 검사하는 프로그램을 만들어 봅니다.

📄 소스 a070_PasswordChecker.c

```c
1    #define _CRT_SECURE_NO_WARNINGS
2    #include <stdio.h>
3    #include <string.h>
4    #include <ctype.h>
5
6    int passwordChecker(char password[]);
7
8    int main()
9    {
10     char password[30];
11
12     while (1) {
13       printf("패스워드 입력(8글자 이상, 대소문자/숫자/특수문자 포함): ");
14       scanf("%s", password);
15
16       switch (passwordChecker(password)) {
17       case 1:
18         printf("8글자 이상이어야 합니다.\n");
19         break;
20       case 2:
21         printf("영문 대문자가 하나 이상이어야 합니다.\n");
22         break;
23       case 3:
```

```
24          printf("영문 소문자가 하나 이상이어야 합니다.\n");
25          break;
26        case 4:
27          printf("숫자가 하나 이상이어야 합니다.\n");
28          break;
29        case 5:
30          printf("특수문자가 하나 이상이어야 합니다.\n");
31          break;
32        default:
33          printf("규칙에 맞는 패스워드입니다.\n");
34          return 0;
35      }
36    }
37  }
38
39  int passwordChecker(char password[])
40  {
41    int checkUpper = 0;
42    int checkLower = 0;
43    int checkSpecial = 0;
44    int checkDigit = 0;
45
46    if(strlen(password) < 8)
47      return 1;
48
49    for(int i = 0; i < strlen(password); i++) {
50      if(isupper(password[i]))
51        checkUpper = 1;
52      else if(islower(password[i]))
53        checkLower = 1;
54      else if(isdigit(password[i]))
55        checkDigit = 1;
56      else
57        checkSpecial = 1;
58    }
59
60    if(checkUpper == 0) return 2;
61    if(checkLower == 0) return 3;
62    if(checkLower == 0) return 3;
63    if(checkDigit == 0) return 4;
```

```
64    if(checkSpecial == 0) return 5;
65    return 0;
66 }
```

⁶ passwordChecker 함수의 원형을 선언합니다.

¹² 규칙에 맞는 패스워드가 입력될 때까지 반복합니다.

^{13~14} 패스워드 입력을 안내하고 콘솔로부터 입력받습니다.

^{16~34} passwordChecker 함수를 호출하고 switch 문으로 1~5까지의 값에 따라 규칙을 출력하고 모든 규칙을 만족하면 반복문을 빠져나옵니다.

^{39~66} passwordChecker 함수입니다.

^{41~44} 패스워드 규칙을 검사하기 위한 변수를 선언합니다.

^{46~47} 패스워드의 길이가 8보다 작으면 1을 반환합니다.

^{49~58} 패스워드의 각 문자를 비교하여 대문자, 소문자, 숫자, 특수 문자라면 해당하는 변수를 1로 바꿉니다. 이때 영문 대소문자와 숫자가 아닌 것은 특수 문자로 판단합니다.

^{60~65} 패스워드 규칙을 검사하기 위한 변수 중에 값이 0이면 해당하는 에러 코드를 반환합니다. 모든 규칙이 맞으면 0을 반환합니다.

▍결과

```
패스워드 입력(8글자 이상, 대소문자/숫자/특수 문자 포함): abcd123 Enter
8글자 이상이어야 합니다.
패스워드 입력(8글자 이상, 대소문자/숫자/특수문자 포함): abcd1234 Enter
영문 대문자가 하나 이상이어야 합니다.
패스워드 입력(8글자 이상, 대소문자/숫자/특수문자 포함): ABCD1234 Enter
영문 소문자가 하나 이상이어야 합니다.
패스워드 입력(8글자 이상, 대소문자/숫자/특수문자 포함): AbCd1234 Enter
특수문자가 하나 이상이어야 합니다.
패스워드 입력(8글자 이상, 대소문자/숫자/특수문자 포함): AbCd1234! Enter
규칙에 맞는 패스워드입니다.
```

071 주민등록번호 검사기

- 학습내용 주민등록번호가 유효한 번호인지 검사하는 프로그램을 작성합니다.
- 힌트내용 주민등록번호의 체크 숫자를 구하여 유효성을 확인합니다.

주민등록번호는 앞 6자리와 뒤 7자리의 총 13자리로 되어있습니다. 앞의 6개 자리는 생년월일을 나타냅니다. 뒤 7자리의 첫 번째 숫자인 7번째 자리는 성별을 가리킵니다. 1과 3은 남자를, 2와 4는 여자를 뜻하는데 2000년 이후 태어난 남자, 여자에게는 각각 3과 4의 숫자를 부여합니다. 8~11번째 자리는 태어난 지역 코드와 출생신고를 한 지역주민센터의 고유번호를 조합한 번호입니다. 그리고 12번째 자리의 숫자는 해당 지역에서 출생신고 접수순서, 마지막 13번 자리는 주민등록번호의 오류를 검증하기 위해 지정한 체크 숫자입니다.

13번째 자리의 체크 숫자는 12번째 자리까지의 각 숫자에 순서대로 2, 3, 4, 5, 6, 7, 8, 9, 2, 3, 4, 5를 곱하여 더한 값을 11로 나눈 나머지를 11에서 뺀 숫자입니다. 한 자리 숫자여야 하므로 이 값이 두 자리 숫자일 때는 10으로 나눈 나머지 값을 사용합니다. 즉 10이면 0, 11이면 1이 됩니다.

자기 주민등록번호를 입력하면 유효하다고 나오지만, 숫자를 바꾸어 입력하면 유효하지 않다고 나올 겁니다.

📄 a071_registNumber.c

```c
1   #define _CRT_SECURE_NO_WARNINGS
2   #include <stdio.h>
3
4   int checkNumber(char regNum[]);
5
6   int main()
7   {
8       char regNum[14];
9
10      printf("주민등록번호 13자리를 입력하세요 : ");
11      scanf("%s", regNum);
12
13      int check = checkNumber(regNum);
14
15      if(check == regNum[12] - '0')
16          printf("유효한 주민등록번호입니다.\n");
```

```
17        else
18            printf("유효하지 않은 주민등록번호입니다.\n");
19    }
20
21    int checkNumber(char regNum[])
22    {
23        int origin[13];
24        int chk[12] = { 2, 3, 4, 5, 6, 7, 8, 9, 2, 3, 4, 5 };
25        int chkSum = 0;
26
27        for(int i = 0; i < 13; i++)
28            origin[i] = regNum[i] – '0';
29        for(int i = 0; i < 12; i++)
30            chkSum += origin[i] * chk[i];
31        return (11 – chkSum % 11) % 10;
32    }
```

4   체크 숫자를 반환하는 checkNumber 함수의 원형을 선언합니다.

8   주민등록번호를 저장하는 문자 배열입니다.

10~11   주민등록번호를 입력하라고 안내하고 콘솔로부터 입력받습니다.

13   checkNumber 함수를 호출하고 체크 숫자를 반환받습니다.

15~16   체크 숫자가 주민등록번호 맨 뒷자리와 같으면 유효한 주민등록번호입니다.

23   문자 배열로부터 13개의 문자를 숫자로 변환하여 저장하는 정수 배열입니다.

24   각 자릿수에 곱할 숫자를 배열로 선언합니다.

27~28   문자 배열로부터 13개의 문자를 숫자로 변환하여 저장합니다.

29~30   origin[] 배열의 12개의 숫자를 chk[] 배열의 각 숫자와 곱해서 checkSum에 더해줍니다.

31   체크 숫자는 checkSum을 11로 나눈 나머지를 11에서 빼고 10으로 나눈 나머지입니다. 이 값
       을 반환합니다.

┃ 결과

주민등록번호 13자리를 입력하세요 : 0410102011612 Enter
유효하지 않은 주민등록번호입니다.

072 암스트롱 수 찾기

■ 학습내용 주어진 범위의 수 중에서 암스트롱 수를 찾는 프로그램을 합니다.
■ 힌트내용 암스트롱 수가 무엇인지 알아보고 알고리즘을 만듭니다.

암스트롱 수는 나르시시스트 수라고도 하는데, 각 자리의 숫자를 자릿수만큼 곱한 숫자의 합이 원래 숫자와 같은 수를 말합니다. 예를 들어 407은 3자리 숫자이고 각 자리의 숫자를 3번씩 곱한 값의 합은 (4*4*4)+(0*0*0)+(7*7*7) = 64+0+343 = 407로 원래 숫자와 같으므로 암스트롱 수가 됩니다. 같은 식으로 1634는 4자리 숫자이며 각 자리의 숫자를 4번씩 곱한 값의 합이 (1*1*1*1)+(6*6*6*6)+(3*3*3*3)+(4*4*4*4) = 1634이므로 암스트롱 수입니다.

어떤 숫자가 암스트롱 수인지를 알기 위해서는 다음의 단계가 필요합니다.

(1) 몇 자리 숫자인지를 점검하여 자릿수 n을 찾습니다.

(2) 각 자리 숫자를 n번 곱해서 더해준 값 sum을 찾습니다.

(3) sum과 원래의 숫자가 같으면 암스트롱 수입니다.

암스트롱 수를 찾는 문제는 프로그래밍 연습을 위해 종종 사용됩니다. 10에서 9,999,999까지의 수 중에서 암스트롱 수를 찾아서 출력하는 프로그램을 작성합니다.

📁 a072_amstrongNumber.c

```
1    #define _CRT_SECURE_NO_WARNINGS
2    #include <stdio.h>
3    #include <math.h>
4
5    int checkAmstrong(int origin)
6    {
7      int n = origin;
8      int digits = 0;
9      int sum = 0;
10
11     while (n != 0) {          // 자리수 찾기
12       n /= 10;
13       digits++;
14     }
15     n = origin;
16     while (n != 0) {
17       int rem = n % 10;
```

```
18          sum += pow(rem, digits);
19          n /= 10;
20      }
21      if(origin == sum)
22          return 1;
23      else
24          return 0;
25  }
26
27  int main()
28  {
29      int from, to;
30
31      printf("암스트롱 수를 찾는 범위를 입력하세요(from to): ");
32      scanf("%d %d", &from, &to);
33
34      for(int i = from; i <= to; i++) {
35          if(checkAmstrong(i) == 1)
36              printf("%8d", i);
37      }
38  }
```

3 〈math.h〉는 18번째 줄의 pow 함수를 사용하는 데 필요합니다.

11~14 숫자의 자릿수를 계산합니다.

16~20 % 연산자로 각 자리 숫자를 구하고 자릿수만큼 곱하기 위해 pow(rem, digits)를 계산하여 sum 에 더합니다.

21~24 sum이 원래 숫자와 같으면 1을 반환하고 아니면 0을 반환합니다.

31~32 암스트롱 수를 찾고자 하는 범위를 2개의 숫자로 입력합니다.

34~37 범위 내의 모든 수에 대해 암스트롱 수인지를 검사하는 checkAmstrong 함수를 호출하여 암스트롱 수이면 출력합니다.

▌결과

```
암스트롱 수를 찾는 범위를 입력하세요(from to): 10 9999999 [Enter]
     153       370       371       407      1634      8208      9474     54748     92727     93084
  548834   1741725   4210818   9800817   9926315
```

073 애너그램 찾기

■ 학습내용 두 문자열이 애너그램인지를 검사하는 프로그램을 작성합니다.
■ 힌트내용 애너그램이 무엇인지 알아보고 알고리즘을 구상합니다.

두 문자열이 알파벳의 나열 순서는 다르지만, 그 구성이 일치하면 애너그램(anagram)이라고 합니다. 예를 들어 god와 dog, creative와 reactive, course와 source는 서로 애너그램입니다. 당연히 문자열의 길이가 다르면 애너그램일 수 없습니다. 문자열에 대소문자가 섞여 있다면 대문자나 소문자로 한가지로 변환하여 검사합니다.

애너그램을 찾는 방법은 여러 가지가 있을 수 있지만, 대표적인 2가지 방법은 다음과 같습니다.

(1) 문자열의 알파벳을 정렬하여 비교
(2) 알파벳의 배열을 만들고 문자열의 알파벳 개수를 기록하여 비교

이 두 가지 방법을 모두 프로그램하겠습니다.

소스 a073_anagram.c

```
1   #define _CRT_SECURE_NO_WARNINGS
2   #include <stdio.h>
3   #include <string.h>
4   #include <ctype.h>
5   #include <malloc.h>
6
7   void toLower(char[]);
8   void sortArray(char[]);
9   int anagram1(char*, char*);
10  int anagram2(char*, char*);
11
12  int main()
13  {
14      char str1[] = "Reactive", str2[] = "Creative";
15
16      // 두 문자열의 길이를 비교합니다.
17      if(strlen(str1) != strlen(str2))
18          printf("두 문자열의 길이가 달라 애너그램이 아닙니다.\n");
19      else {
20          if(anagram1(str1, str2) == 1)
```

```
21          printf("(anagram1) %s와 %s는 애너그램입니다.\n", str1, str2);
22        else
23          printf("(anagram1) %s와 %s는 애너그램이 아닙니다.\n", str1, str2);
24        if(anagram2(str1, str2) == 1)
25          printf("(anagram2) %s와 %s는 애너그램입니다.\n", str1, str2);
26        else
27          printf("(anagram2) %s와 %s는 애너그램이 아닙니다.\n", str1, str2);
28    }
29  }
30
31  int anagram1(char* str1, char* str2)
32  {
33    char* s1 = (char*)malloc(strlen(str1) + 1);
34    char* s2 = (char*)malloc(strlen(str2) + 1);
35
36    strcpy(s1, str1);
37    strcpy(s2, str2);
38
39    // 대문자를 소문자로 바꿉니다.
40    toLower(s1);
41    toLower(s2);
42
43    // 문자열의 알파벳을 정렬합니다.
44    sortArray(s1);
45    sortArray(s2);
46
47    if(!strcmp(s1, s2))
48        return 1;
49    else
50        return 0;
51  }
52
53  int anagram2(char* str1, char* str2)
54  {
55    int alpha1[26] = { 0 }, alpha2[26] = { 0 };
56    char* s1 = (char*)malloc(strlen(str1) + 1);
57    char* s2 = (char*)malloc(strlen(str2) + 1);
58
59    strcpy(s1, str1);
60    strcpy(s2, str2);
```

```
61
62      // 대문자를 소문자로 바꿉니다.
63      toLower(s1);
64      toLower(s2);
65
66      while (*s1 != '\0') {
67          alpha1[*s1 - 'a']++;
68          alpha2[*s2 - 'a']++;
69          s1++;
70          s2++;
71      }
72      for(int i = 0; i < 26; i++)
73          if(alpha1[i] != alpha2[i]) {
74              return 0;
75          }
76
77      return 1;
78  }
79
80  void toLower(char a[])
81  {
82      for(int c = 0; c < strlen(a) - 1; c++) {
83          if(isupper(a[c]))
84              a[c] = a[c] - 'A' + 'a';
85      }
86  }
87
88  void sortArray(char a[])
89  {
90      for(int i = 0; i < strlen(a) - 1; i++) {
91          for(int j = i + 1; j < strlen(a); j++) {
92              if(a[i] > a[j]) {
93                  int t = a[i];
94                  a[i] = a[j];
95                  a[j] = t;
96              }
97          }
98      }
99  }
```

7~10 함수의 원형을 선언합니다.

17~28 두 문자열의 길이가 서로 다르면 애너그램이 아닙니다. 길이가 같다면 anagram1과 anagram2 함수를 호출하여 두 가지 방법으로 애너그램을 검사합니다.

31~51 정렬을 사용하는 애너그램 검사 함수입니다.

33~37 원본 문자열을 변경하지 않고 검사하기 위해 s1과 s2 문자열을 만들고 내용을 복사합니다.

40~41 문자열 내부의 대문자를 소문자로 변환합니다.

44~45 내부의 알파벳이 정렬된 문자열을 만듭니다.

47~50 정렬한 문자열을 비교하였을 때 서로 같다면 애너그램이므로 1을 반환합니다.

53~78 알파벳 배열을 사용하는 애너그램 검사 함수입니다.

55 첫 번째와 두 번째 문자열의 알파벳 개수를 저장하는 alpha1[], alpha2[] 배열을 정의합니다.

56~60 원본 문자열을 변경하지 않고 검사하기 위해 s1과 s2 문자열을 만들고 내용을 복사합니다.

63~64 문자열 내부의 대문자를 소문자로 변환합니다.

66~71 s1, s2의 알파벳 개수를 배열에 저장합니다. *str1 - 'a'는 ASCII 값을 사용하여 소문자 'a'는 0, 'a'는 1과 같이 배열의 인덱스를 만들어줍니다.

72~77 alpha1[] 배열과 alpha2[] 배열을 비교하여 서로 다른 값을 만나면 애너그램이 아니므로 0을 반환합니다. 배열의 모든 원소가 같으면 애너그램이므로 1을 반환합니다.

80~86 문자 배열 안의 대문자를 소문자로 바꿉니다.

88~99 문자열 내부의 문자들을 정렬합니다.

결과

```
(anagram1) Reactive와 Creative는 애너그램입니다.
(anagram2) reactive와 creative는 애너그램입니다.
```

074 회문(palindrome) 찾기

- 학습내용 주어진 숫자나 문자열이 회문인지를 검사합니다.
- 힌트내용 회문이 무엇인지 알아보고 찾는 알고리즘을 만듭니다.

익숙하지 않은 단어지요. 회문(回文) 또는 팰린드롬(palindrome)은 거꾸로 읽어도 제대로 읽는 것과 같은 문장이나 낱말, 숫자, 문자열입니다. 보통 낱말 사이에 있는 띄어쓰기나 대소문자는 무시합니다. 예를 들어 숫자 12321은 거꾸로 읽어도 12321이므로 회문입니다. 문자열 "madam"도 마찬가지로 회문입니다. 띄어쓰기나 대소문자를 무시한다고 하면 "Nurses Run"도 회문이 됩니다.

숫자와 문자열이 회문인지를 검사하는 프로그램을 작성합니다.

🔊 a074_palindrome.c

```
1   #define _CRT_SECURE_NO_WARNINGS
2   #include <stdio.h>
3   #include <string.h>
4   #include <stdlib.h>
5   #include <ctype.h>
6
7   void iPalindrome(int n);
8   void sPalindrome(char* s);
9   void toLower(char* s);
10  void removeSpace(char* s);
11
12  int main()
13  {
14      int n;
15      char s[80];
16
17      printf("Enter an integer: ");
18      scanf("%d", &n);
19      getchar();              // new line을 읽기 위해서 필요함
20      iPalindrome(n);
21
22      printf("Enter a string: ");
23      fgets(s, 80, stdin);
24      sPalindrome(s);
```

```
25   }
26
27   void iPalindrome(int n)
28   {
29       int originalN = n;
30       int reversedN = 0;
31       int rem;
32
33       while (n != 0) {
34           rem = n % 10;
35           reversedN = reversedN * 10 + rem;
36           n /= 10;
37       }
38
39       if(originalN == reversedN)
40           printf(" -> %d is a palindrome.\n", originalN);
41       else
42           printf(" -> %d is not a palindrome.\n", originalN);
43   }
44
45   void sPalindrome(char* s)
46   {
47       int i, k = 0;
48       int left, right;
49
50       removeSpace(s);        // 공백문자를 제거합니다
51       toLower(s);            // 대문자를 소문자로 바꿉니다
52
53       left = 0;
54       right = strlen(s) - 1;
55       while (left < right) {
56           if(s[left++] != s[right--]) {
57               printf(" -> %s is not a palindrome.\n", s);
58               return;
59           }
60       }
61       printf(" -> %s is a palindrome.\n", s);
62   }
63
64   void toLower(char* s)
```

```
65  {
66      while (*s) {
67          if(isupper(*s))
68              *s = *s − 'A' + 'a';
69          s++;
70      }
71  }
72
73  void removeSpace(char* s)
74  {
75      int i, k;
76
77      for(i = 0, k = 0; s[i + k]; i++) {
78          s[i] = s[i + k];
79          if(isspace(s[i])) {
80              k++;
81              i−−;
82          }
83      }
84      s[i] = '\0';
85  }
```

7~10 함수의 원형을 선언합니다.

17~19 정수를 입력받습니다. scanf 함수는 콘솔에서 입력할 때 개행 문자(' \n')을 버퍼에 남겨둡니다. 그래서 버퍼에 남아 있는 ' \n'을 읽어내기 위해 getchar 함수를 사용합니다.

20 정수가 회문인지를 점검하는 iPalindrome 함수를 호출합니다.

22~24 콘솔에서 한 줄을 입력받고 문자열이 회문인지를 점검하는 sPalindrome 함수를 호출합니다.

29~30 원래의 숫자와 뒤집힌 숫자를 저장하는 변수를 선언합니다.

33~37 n을 10으로 나눈 나머지는 숫자의 맨 뒷자리입니다. 이를 구해서 뒤집힌 숫자 reversedN을 만듭니다. n은 반복할 때마다 10으로 나누어주고, reversedN은 반복할 때마다 10을 곱해서 나머지를 더합니다.

39~42 원래 숫자와 뒤집힌 숫자가 같으면 회문입니다.

45~62 문자열의 회문 여부를 점검하는 sPalindrome 함수입니다.

50 remove_space 함수를 호출하여 문자열에서 공백을 제거합니다.

51 toLower 함수를 호출하여 문자열에서 대문자를 소문자로 변환합니다.

53~61 left 변수는 문자열의 왼쪽부터 하나씩 증가하고 right 변수는 문자열의 맨 뒤부터 하나씩 감소합니다. left가 right보다 작은 동안 반복하여 s[left]와 s[right]가 같은지를 비교합니다. 한 번 비교하면 left는 하나 증가시키고 right는 하나 감소시킵니다. 이 과정에서 다른 문자가 발견되면 회문이 아니므로 반환합니다. 반복문을 끝까지 수행하고 빠져나오면 회문입니다.

64~71 문자열에서 대문자를 소문자로 변환합니다.

73~85 문자열에서 공백 문자를 삭제하는 removeSpace 함수입니다. 공백을 만나면 공백 뒤의 문자를 앞으로 이동시키고, 문자열의 끝을 만나면 그 위치에 '\0'을 넣어서 문자열을 끝냅니다.

┃ 결과

```
Enter an integer: 12321 Enter
 -> 12321 is a palindrome.
Enter a string: Nurses Run Enter
 -> nursesrun is a palindrome.
```

075 행맨 게임

■ 학습내용 영어단어 맞추기 게임인 행맨을 만듭니다.
■ 힌트내용 사전을 파일에서 읽어서 배열에 저장하고, 입력하는 알파벳을 단어에서 찾습니다.

추억의 게임인 행맨을 만들어보겠습니다. 지금은 그래픽 수준이 화려하고 규모가 어마어마한 게임이 많지만, 예전에는 정말 단순한 단어 맞추기 게임인 행맨 게임이 인기가 있었답니다. 주어진 횟수 안에 단어를 맞추지 못하면 프로그램이 끝나고 교수형을 당한다는 게임이라 제목이 행맨(hangman)입니다.

단어 맞추기 게임이므로 관심이 있는 단어로 문제를 만드는 것이 좋습니다. 관심 분야의 영어단어를 사전으로 등록하면 단어 공부에도 도움이 되겠지요? 예제를 위해서 약 200개의 동물 이름을 사전 파일에 저장했습니다.

다음의 코드에서 주의할 점은 파일에서 단어들을 읽을 때, fgets 함수를 사용하기 때문에 words 배열에는 개행문자('\n')까지 같이 저장된다는 사실입니다. 따라서 strlen(words[index])로 단어의 길이를 계산하면 눈에 보이는 단어의 길이보다 1씩 더 큰 값이 나오기 때문에 41, 93, 97, 104번째 줄 등 여러 반복문에서 strlen(words[index]) − 1까지 반복문을 사용합니다.

📂 a075_hangman.c

```
1   #define _CRT_SECURE_NO_WARNINGS
2   #include <stdio.h>
3   #include <stdlib.h>
4   #include <string.h>
5   #include <windows.h>
6   #include <time.h>
7   #include <conio.h>
8
9   #define MAX_COUNT  200          // 사전의 최대 크기
10  #define BUFFER_SIZE 20          // 한 단어의 최대 길이
11
12  char words[MAX_COUNT][BUFFER_SIZE];  // 사전 배열
13  char inputs[BUFFER_SIZE];            // 사용자가 입력한 알파벳의 배열
14
15  int index;                           // 문제로 출제된 단어의 index
```

```c
16    int life = 10;                    // 생명: 10개로 시작
17    int opens = 0;                    // 맞춘 알파벳 수
18
19    int readDictionary();
20    void printHead();
21    void printWords(char ch[]);
22    int isInInputs(char c);
23    void addInInputs(char c);
24    void printAlphabet();
25
26    int main()
27    {
28       char c;
29       int count = readDictionary();
30
31       printf("%d words read...\n", count);
32       Sleep(1000);                   // 1초 동안 대기
33
34       srand(time(0));
35       index = rand() % count;
36       do {
37          printHead();
38          printf("알파벳을 입력하세요: ");
39          c = _getche();
40          addInInputs(c);
41       } while (opens != strlen(words[index]) - 1 && life != 0);
42
43       printHead();
44       if (life == 0)
45          printf("\n실패!! - 정답 : %s", words[index]);
46       else
47          printf("\n성공!!");
48    }
49
50    // 콘솔을 지우고 행맨게임의 헤드를 출력
51    void printHead()
52    {
53       system("cls");
54       printf("== HangMan!! ==\n");
55       printf("\nLife = %d\n", life);
```

```
56        printf("시도한 알파벳 : ");
57        printAlphabet();
58        // printf("%s", words[index]);// 테스트용: 문제단어 표시
59        printWords(inputs);
60    }
61
62    // 시도했던 알파벳 출력
63    void printAlphabet()
64    {
65        for (int i = 0; inputs[i] != '\0'; i++)
66            printf(" %c", inputs[i]);
67        printf("\n");
68    }
69
70    // 사전 파일에서 모든 단어 읽어오기
71    int readDictionary()
72    {
73        FILE* fp;
74        char line[20];        // line[]의 맨 뒤에는 '\n'이 들어있다
75        int cnt = 0;          // 단어의 갯수
76
77        fp = fopen("dictionary.txt", "r");
78        if (fp == NULL) {
79            printf("Error reading file \"dictionary.txt\"");
80            exit(0);
81        }
82
83        while (fgets(line, BUFFER_SIZE, fp) != NULL)
84            strcpy(words[cnt++], line);
85        fclose(fp);
86        return cnt;
87    }
88
89    // 숨겨지거나 알려진 알파벳을 출력
90    void printWords(char input[])
91    {
92        printf(" ┌");
93        for (int i = 0; i < strlen(words[index]) - 1; i++)
94            printf("──");
95        printf("┐ \n | ");
```

```
96
97      for (int i = 0; i < strlen(words[index]) - 1; i++)
98        if (isInInputs(words[index][i]))
99          printf(" %c", words[index][i]);
100       else
101         printf(" _");
102
103     printf(" | \n ┗");
104     for (int i = 0; i < strlen(words[index]) - 1; i++) {
105       printf("──");
106     }
107     printf("┛ \n");
108   }
109
110   // 문자 c가 이미 입력된 문자인지 체크
111   int isInInputs(char c)
112   {
113     for (int i = 0; inputs[i] != '\0'; i++)
114       if (inputs[i] == c)
115         return 1;
116     return 0;
117   }
118
119   // 입력된 알파벳 c를 inputs[] 배열에 저장
120   // 이미 저장되어 있는 문자라면 저장하지 않고 리턴
121   void addInInputs(char c)
122   {
123     int i = 0;
124     for (; inputs[i] != '\0'; i++)
125       if (inputs[i] == c) {
126         printf("\n이미 선택한 문자입니다.");
127         Sleep(1000);
128         return;
129       }
130
131     inputs[i] = c;
132     life--;
133
134     // words[index]에서 c의 갯수를 카운트
135     for (i = 0; words[index][i] != '\0'; i++)
```

```
136          if (words[index][i] == c)
137              opens++;
138  }
```

9~10 사전의 최대 크기, 한 단어의 최대 길이를 상수로 정의합니다.

12 words는 파일에서 읽어 들인 단어들을 저장하는 2차원 배열입니다.

13 inputs는 사용자가 입력한 알파벳을 저장하는 배열입니다.

15 랜덤하게 출제되는 문제의 index입니다.

16 생명의 개수입니다. 틀릴 때 마다 하나씩 줄어듭니다. 문제를 10번 안에 맞추어야 합니다.

17 출제된 단어에서 맞춘 알파벳의 개수입니다. 이 숫자와 단어의 길이가 같으면 모든 알파벳을 다 맞추었다고 판단합니다.

19~24 함수의 원형입니다.

29~32 readDictionary 함수를 호출하여 파일에 저장된 단어사전을 읽어 들입니다. 단어사전 파일의 이름은 dictionary.txt이며 소스 코드와 같은 폴더에 있어야 합니다. count는 사전에서 읽은 단어의 개수입니다. 사전을 읽은 후 몇 개의 단어를 읽었는지 출력하고 1초 동안 대기합니다.

34~35 랜덤하게 숫자를 만들고 단어 개수로 나눈 나머지를 출제할 문제의 인덱스로 정합니다. 이렇게 하여 랜덤하게 문제를 내게 됩니다.

36~41 행맨 게임의 핵심 부분입니다. printHead 함수는 문제 단어를 콘솔에 표시하고 맞춘 알파벳은 보여줍니다. _getche 함수는 콘솔에서 Enter 없이도 한 문자를 읽을 수 있습니다. addInInputs 함수에서는 입력한 문자를 inputs[] 배열에 저장합니다. 이 반복문은 opens 변수의 값이 words[index]의 길이보다 하나 작을 때까지 반복됩니다. -1 해주는 이유는 사전 파일을 fgets 함수로 읽어올 때, 단어 맨 뒤에 있는 개행문자('\n')까지 읽어서 배열에 저장하기 때문입니다. 실제 단어의 길이는 strlen(words[index])에서 1을 빼준 값이 됩니다. 사용자가 알파벳을 10번 입력하여 life가 0이 되면 반복은 끝나게 됩니다.

43 printHead 함수를 호출하여 문제 단어를 출력합니다.

44~47 반복문이 끝났을 때 life가 0이라면 10번 시도하여 못 맞춘 것이므로 "실패!"라고 출력하고 정답이 무엇이었는지도 출력합니다. 그렇지 않으면 모든 알파벳을 다 맞춘 것이므로 "성공!"이라고 출력합니다.

51~60 콘솔을 지우고 행맨 게임의 헤드를 출력합니다. 남아 있는 life의 개수를 표시하고, printAlphabet 함수를 호출하여 시도했던 알파벳을 표시합니다. 58번째 줄은 주석으로 막아놓았는데 이를 풀어주면 정답을 보여줍니다. printWords 함수로 문제로 출제된 단어를 표시하는데, 이때 단어 안의 이미 맞춘 알파벳은 보여줍니다.

63~68 시도했던 알파벳을 보여주는 함수입니다. input[] 배열에 저장된 알파벳을 출력합니다.

71~87 사전 파일에서 모든 단어를 읽어오는 함수입니다.

77~81 dictionary.txt 파일을 파일 포인터로 지정합니다. 만일 이 파일이 없다면 파일 포인터는 NULL이 되고, 이때는 에러를 출력하고 프로그램을 종료합니다.

83~84 fgets 함수로 파일에서 한 줄씩 읽어서 line[] 배열에 저장하고 이 문자열을 words[] 배열에 복사합니다.

85 파일 포인터를 닫습니다.

86 몇 개의 단어를 읽었는지 반환합니다.

90~108 문제로 출제된 단어를 출력합니다. 입력한 알파벳이 단어 안에 있으면 그 단어는 표시하고 아직 찾지 못한 알파벳은 밑줄('_')로 표시합니다. 테두리를 그리는 특수 문자는 한글 "ㅂ"을 치고 한자 키를 누를 때 나타나는 특수 문자를 선택해서 사용합니다.

92~95 단어의 길이에 따라 위와 왼쪽의 테두리를 그려줍니다.

97~101 문자의 길이만큼 반복하면서 isInInputs 함수를 사용하여 단어를 구성하는 알파벳이 사용자가 입력한 알파벳 중에 있으면 알파벳을 보여주고, 없으면 밑줄로 출력합니다.

103~107 오른쪽과 아래쪽 테두리를 그립니다.

111~117 매개변수로 전달된 특정 문자가 사용자가 입력한 문자 배열 안에 있으면 1, 없으면 0을 반환합니다.

121~138 사용자가 입력한 알파벳이 이미 입력했던 알파벳이라면 "이미 선택한 문자입니다."를 출력하고 반환합니다. 이때 화면이 너무 빠르게 지워져서 출력문이 보이지 않으므로 Sleep(1000)으로 1초간 지연시킵니다. 그렇지 않다면 inputs[] 배열의 맨 뒤에 알파벳을 저장하고 life를 하나 줄입니다. 그리고 문제 단어에서 이 알파벳이 몇 개 사용되었는지를 검사해서 opens 변수에 추가합니다.

"pelican"을 맞추어 "성공!"이라고 출력하는 과정과 "bumblebee"를 맞추지 못했을 때의 결과 화면을
보여줍니다.

```
══ HangMan!! ══

Life = 10
시도한 알파벳 :

    ┌───────────┐
    │ _ _ _ _ _ _ _ │
    └───────────┘

알파벳을 입력하세요: e

══ HangMan!! ══

Life = 9
시도한 알파벳 : e

    ┌───────────┐
    │ _ e _ _ _ _ _ │
    └───────────┘

알파벳을 입력하세요: n

...
══ HangMan!! ══

Life = 3
시도한 알파벳 : e i a l n p c

    ┌───────────┐
    │ p e l i c a n │
    └───────────┘


성공!!

══ HangMan!! ══

// 단어 맞추기를 실패한 경우의 결과 화면

Life = 0
시도한 알파벳 : e a i s t l o h y p

    ┌───────────┐
    │ _ _ m _ l e _ e e │
    └───────────┘

실패!! - 정답 : bumblebee
```

076 미로 찾기① – 미로 파일 읽기

■ 학습내용 미로 찾기 문제를 프로그램합니다.
■ 힌트내용 문제를 텍스트 파일에서 읽어서 이차원배열에 저장합니다.

미로 찾기 프로그램을 공부합니다. 이번 장에서는 미로 문제를 파일에 만들고 이 파일을 읽어서 2차원 배열에 저장한 후 출력하는 것까지 프로그램하겠습니다.

문제로 주어지는 미로는 텍스트 파일로 작성합니다. 파일의 맨 앞에는 행과 열의 수를 저장하고 '+'와 공백 문자로 미로를 그립니다. 입구는 'I'로, 출구는 'O'로 표시합니다. 예를 들어 maze.txt는 15행, 20열의 미로이며 입구는 'I', 출구는 'O', 미로의 벽은 '+'로 표시되어 있습니다. 입구와 출구는 미로의 어느 곳에 있어도 관계없습니다. 예제 미로에서는 미로의 가장자리에 위치시켰습니다.

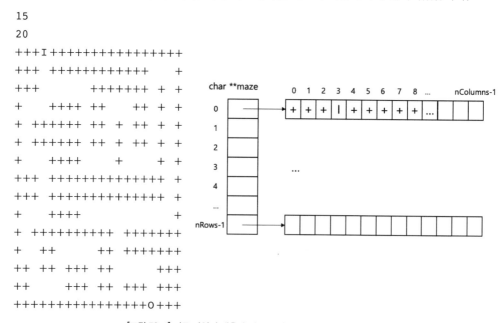

[그림 76-1] 미로 파일의 내용과 미로를 저장하는 maze 자료구조

미로를 저장하는 2차원 문자 배열 maze는 다음과 같이 메모리를 동적으로 할당합니다.

```
char** maze;
maze = (char**)malloc(sizeof(char*) * nRows);
for(int i = 0; i < nRows; i++)
    maze[i] = (char*)malloc(sizeof(char) * nColumns);
```

```c
1   #define _CRT_SECURE_NO_WARNINGS
2   #include <stdio.h>
3   #include <stdlib.h>
4
5   void printMaze(char** maze, int rows, int columns)
6   {
7       for(int i = 0; i < rows; i++) {
8           for(int j = 0; j < columns; j++)
9               printf("%c", maze[i][j]);
10          printf("\n");
11      }
12  }
13
14  int main()
15  {
16      FILE* fp;
17      char   filename[32];
18      char** maze;
19      int    nRows, nColumns;
20
21      printf("미로 파일의 이름을 입력하세요 : ");
22      scanf("%s", filename);
23
24      if((fp = fopen(filename, "r")) == NULL) {
25          printf("미로 파일을 못찾았습니다.\n");
26          exit(1);
27      }
28
29      // 행과 열의 개수를 입력받음
30      fscanf(fp, "%d", &nRows);
31      fscanf(fp, "%d", &nColumns);
32
33      maze = (char**)malloc(sizeof(char*) * nRows);
34      for(int i = 0; i < nRows; i++)
35          maze[i] = (char*)malloc(sizeof(char) * nColumns);
36
37      // 파일에서 한 문자씩 읽어서 maze 배열에 저장
38      fgetc(fp);              // '\n'을 제거
39      for(int i = 0; i < nRows; i++) {
```

```
40        for(int j = 0; j < nColumns; j++) {
41            maze[i][j] = fgetc(fp);
42        }
43        fgetc(fp);           // '\n'을 제거
44    }
45    fclose(fp);
46
47    printMaze(maze, nRows, nColumns);
48
49    for(int i = 0; i < nRows; i++)
50        free(maze[i]);
51    free(maze);
52 }
```

5~12 maze 배열을 출력합니다.

21~22 미로 파일의 이름을 입력받아 filename에 저장합니다.

24~27 filename을 "r" 모드로 오픈합니다. 파일이 없으면 에러 메시지를 출력하고 프로그램을 종료합니다.

30~31 파일 포인터에서 행과 열을 읽습니다.

33~35 행과 열에 따라 문자 배열 maze에 메모리를 동적으로 할당합니다.

38 행과 열을 읽은 후 '\n'을 읽어내기 위해 fgetc(fp)로 한 글자를 읽습니다.

39~44 파일에서 한 글자씩 읽어서 maze 배열에 저장합니다. 줄을 바꿀 때마다 fgetc(fp)로 '\n' 문자를 읽어내야 합니다.

45 파일 포인터를 닫습니다.

47 printMaze 함수를 호출하여 미로를 출력합니다.

49~51 maze에 할당된 메모리를 해제합니다.

```
미로 파일의 이름을 입력하세요 : maze.txt Enter

+++I ++++++++++++++++
+++ ++++++++++++     +
+++ +      ++++++ + +
+    ++++ ++      ++ + +
+ ++++++ ++ + ++  + +
+ ++++++ ++ + ++  + +
+   ++++     +     + +
+++ ++++++++++++   +
+++ +++++++++++++++ +
+   ++++        +     +
+ +++++++++++ +++++++
+  ++      ++ +++++++
++ ++ +++ ++     +++
++    +++ ++ +++ +++
+++++++++++++++O+++
```

077 미로 찾기② – 경로 찾기

- 학습내용 입구에서 출발하여 출구까지 가는 경로를 찾습니다.
- 힌트내용 길이 막히면 되돌아가는 백트래킹 기법을 사용합니다.

미로찾기의 핵심은 미로의 한 좌표에서 이동할 수 있는 다음 좌표를 찾는 것과 더 이상 이동할 수 없을 때 백트래킹 하여 이미 지나온 좌표에서 다시 이동할 위치를 찾아 나가는 것입니다. 백트래킹을 위해 스택을 직접 만들어서 사용할 수도 있고, 재귀함수를 사용할 수도 있습니다. 이 프로그램에서는 재귀함수를 사용합니다.

한 좌표에서 다음 좌표로 진행할 때는 항상 같은 순서로 이동할 다음 좌표를 검사합니다. 여기에서는 아래, 위, 왼쪽, 오른쪽의 순서로 이동할 수 있는지 검사하기로 합니다. 이를 위해서 열거형 Direction과 좌표를 저장하기 위한 구조체 Coord를 사용합니다.

```
enum Direction { DOWN, UP, LEFT, RIGHT };
typedef struct {
    int row, col;
} Coord;
```

이차원배열인 maze에서 미로의 출발점은 I로, 도착점은 O로 표시합니다. 프로그램은 출발점을 찾는 것에서 시작합니다. 출발점을 찾으면 이 좌표에서부터 재귀함수인 solveMaze 함수를 호출합니다. solveMaze 함수에서는 이동할 수 있는 다음 좌표를 찾는 dirToProceed 함수를 호출합니다.

dirToProceed 함수는 앞에서 설명한 열거형의 순서대로 아래, 위, 왼쪽, 오른쪽으로 이동할 수 있는지를 검사하여 좌표를 poss[4] 배열에 저장하는데, 이동할 수 없으면 (-1, -1) 좌표를 저장합니다. 4방향 모두 이동할 수 없으면 재귀함수에 의해 백트래킹이 되고, 도착점을 만난 때까지 진행됩니다. 만일 미로에서 출구까지의 경로가 없다면 결국 백트래킹은 출발점으로 돌아오게 되고 미로찾기는 실패하게 됩니다.

```
+++I+++++++++++++++          +++I+++++++++++++++
+++ ++++++++++++   +          +++1+++++++++++   +
+++       +++++++ + +         +++267890+++++++ + +
+   ++++ ++   ++ + +          +543++++1++890++ + +
++++++++ ++ + ++ + +          ++++++++2++7+1++ + +
++++++++    +    + +          ++++++++3456+23  + +
+++++++++++++++O+++++         +++++++++++++O+++++
```

[그림 77-1] 미로 찾기 과정

예를 들어 [그림 77-1]의 왼쪽 미로에서, 출발점 I에서부터 도착점 O를 찾아가는 순서를 오른쪽 그림에 숫자로 표시했습니다. 다음 좌표를 찾는 순서가 아래, 위, 왼쪽, 오른쪽이므로 1,2,3,4,5까지 진행한 다음, 길이 막혔기 때문에 백트래킹 하여 2까지 돌아옵니다. 여기에서는 오른쪽으로 진행할 수 있으므로 6, 7, 8, 9, 0까지 진행하고 다시 아래 방향으로 1, 2, 3, 계속해서 오른쪽으로 4, 5, 6까지 진행합니다. 여기서는 위 방향이 열려있으므로 7,8,9,0,1,2,3까지 진행한 후, 아래 방향으로 출구를 만나 끝나게 됩니다.

소스 a077_maze.c

```
1   #define _CRT_SECURE_NO_WARNINGS
2   #include <stdio.h>
3   #include <stdlib.h>
4
5   enum Direction { DOWN, UP, LEFT, RIGHT };
6
7   typedef struct {
8       int row, col;
9   } Coord;
10
11  Coord mEntrance;          // 출발점
12
13  Coord newCoord(int row, int col)
14  {
15      Coord c = { row, col };
16      return c;
17  }
18
19  Coord getEntrance(char** m, int rows, int columns)
20  {
21      Coord entrance;
22
23      for(int i = 0; i < rows; i++)
24          for(int j = 0; j < columns; j++)
25              if(m[i][j] == 'I') {
26                  entrance = newCoord(i, j);
27                  return entrance;
28              }
29
30      printf("No entrance found!\n");
```

```
31        exit(1);
32    }
33
34    void printMaze(char** maze, int rows, int columns) { ... }        // 76장
35
36    // 진행할 방향(direction to proceed)을 찾는 함수
37    // 각 방향으로 진행할 장소가 있으면 poss[] 배열에 그 좌표를 저장하고
38    // 더 이상 갈 곳이 없으면 poss[]를 (−1, −1)으로 만든다
39    void dirToProceed(Coord cur, char** maze, Coord* poss,
40                      int rows, int columns)
41    {
42        /* DOWN */
43        if(cur.row >= rows − 1)
44            poss[DOWN] = newCoord(−1, −1);
45        else {
46            if(maze[cur.row + 1][cur.col] == ' ' ||
47               maze[cur.row + 1][cur.col] == 'O')
48                poss[DOWN] = newCoord(cur.row + 1, cur.col);
49            else
50                poss[DOWN] = newCoord(−1, −1);
51        }
52
53        /* UP */
54        if(cur.row <= 0)
55            poss[UP] = newCoord(−1, −1);
56        else {
57            if(maze[cur.row − 1][cur.col] == ' ' ||
58               maze[cur.row − 1][cur.col] == 'O')
59                poss[UP] = newCoord(cur.row − 1, cur.col);
60            else
61                poss[UP] = newCoord(−1, −1);
62        }
63
64        /* LEFT */
65        if(cur.col <= 0)
66            poss[LEFT] = newCoord(−1, −1);
67        else {
68            if(maze[cur.row][cur.col − 1] == ' ' ||
69               maze[cur.row][cur.col − 1] == 'O')
70                poss[LEFT] = newCoord(cur.row, cur.col − 1);
```

```
71      else
72          poss[LEFT] = newCoord(-1, -1);
73    }
74
75    /* RIGHT */
76    if(cur.col >= columns - 1)
77        poss[RIGHT] = newCoord(-1, -1);
78    else {
79      if(maze[cur.row][cur.col + 1] == ' ' ||
80          maze[cur.row][cur.col + 1] == 'O')
81          poss[RIGHT] = newCoord(cur.row, cur.col + 1);
82      else
83          poss[RIGHT] = newCoord(-1, -1);
84    }
85  }
86
87  char isEqual(Coord c1, Coord c2)
88  {
89    if((c1.row == c2.row) && (c1.col == c2.col))
90        return 1;
91    else
92        return 0;
93  }
94
95  // 미로가 찾아지면 경로를 출력하고 (-2, -2)를 리턴함
96  // (-2, -2)는 출구가 발견되었는지를 체크하기 위해 사용됨
97  Coord solveMaze(Coord cur, char** maze, int rows, int columns)
98  {
99    Coord poss[4];        // D,U,L,R 방향으로 진행할 수 있는 다음 좌표
100                         // 진행할 수 없으면 (-1,-1)
101   Coord answer;
102
103   if(cur.row == -1 && cur.col == -1)
104       return cur;
105   if(maze[cur.row][cur.col] == 'O')
106       return newCoord(-2, -2);
107   maze[cur.row][cur.col] = '.';
108
109   dirToProceed(cur, maze, poss, rows, columns);
110   for(int i = 0; i < 4; i++) {
```

```
111        answer = solveMaze(poss[i], maze, rows, columns);
112        if(answer.row == -1 && answer.col == -1)
113          continue;
114        if(answer.row == -2 && answer.col == -2)  // 출구
115          return answer;
116      }
117
118      // 백트래킹
119      maze[cur.row][cur.col] = ' ';
120      return cur;
121  }
122
123  int main()
124  {
125      FILE* fp;
126      char   filename[32];
127      char** maze;
128      int    nRows, nColumns;
129
130      printf("미로 파일의 이름을 입력하세요 : ");
131      scanf("%s", filename);
132
133      if((fp = fopen(filename, "r")) == NULL) {
134        printf("미로 파일을 못찾았습니다.\n");
135        exit(1);
136      }
137
138      // 행과 열의 개수를 읽음
139      fscanf(fp, "%d", &nRows);
140      fscanf(fp, "%d", &nColumns);
141
142      maze = (char**)malloc(sizeof(char*) * nRows);
143      for(int i = 0; i < nRows; i++)
144        maze[i] = (char*)malloc(sizeof(char) * nColumns);
145
146      // 파일에서 한 문자씩 읽어서 maze 배열에 저장
147      fgetc(fp);                                    // '\n'을 제거
148      for(int i = 0; i < nRows; i++) {
149        for(int j = 0; j < nColumns; j++)
150          maze[i][j] = fgetc(fp);
```

```
151    fgetc(fp);                          // '\n'을 제거
152  }
153  fclose(fp);
154
155  printMaze(maze, nRows, nColumns);
156
157  mEntrance = getEntrance(maze, nRows, nColumns);
158  Coord mExit = solveMaze(mEntrance, maze, nRows, nColumns);
159
160  if(isEqual(mEntrance, mExit))          // 출발점으로 돌아왔으면 실패
161      printf("미로 찾기 실패!\n");
162  else {
163      printf("미로 찾기 성공!\n");
164      maze[mEntrance.row][mEntrance.col] = 'I'; /* 입구를 I로 바꿈 */
165      printMaze(maze, nRows, nColumns);
166  }
167  for(int i = 0; i < nRows; i++)
168      free(maze[i]);
169  free(maze);
170 }
```

5 　 열거형 enum Direction을 선언합니다.

7~9 　 좌표를 저장하는 구조체 Coord의 정의입니다.

11 　 출발점 mEntrance를 선언합니다.

13~17 　 row와 col을 매개변수로 받아 Coord 구조체를 만들어 반환하는 함수입니다.

19~32 　 maze 배열을 검색하여 출발점을 찾아 Coord 구조체를 만들어 반환하는 함수입니다.

39~85 　 한 좌표에서 이동할 수 있는 다음 좌표를 찾는 dirToProceed 함수입니다. cur은 현재 좌표이고 이동할 수 있는 4방향의 좌표를 poss[] 배열에 저장합니다. 찾는 순서는 아래, 위, 왼쪽, 오른쪽의 순서입니다. 이 순서는 프로그래머가 정할 수 있습니다. 미로의 범위를 넘어서지 않으면서 공백이거나 출구인 'O'는 이동할 수 있는 좌표입니다. '+'는 미로의 벽이고 '.'은 이미 방문한 좌표이므로 이동할 수 없습니다.

87~93 　 isEqual 함수는 두 좌표가 같은지를 검사하는 함수입니다. 같으면 1, 다르면 0을 반환합니다.

^{97~116} 이 프로그램의 가장 중요한 재귀함수인 solveMaze입니다. 현재 위치를 '.'으로 표시하고 dirToProceed 함수를 호출하여 받아온 poss[] 배열의 각각에 대해서 만일 이동할 수 있다면 solveMaze 함수를 재귀 호출합니다.

^{119~120} 백트래킹 하기 위해 현재 좌표의 maze를 공백으로 바꾸고 현재 좌표를 반환합니다.

¹⁵⁷ 출발점을 찾아 mEntrance의 좌표를 설정합니다.

¹⁵⁸ mExit 좌표는 solveMaze 함수의 반환 값입니다. 반환 값은 미로를 찾지 못한 경우에는 출발점이고, 찾았으면 도착점의 좌표입니다.

^{160~166} mExit가 mEntrance와 같다면 출발점으로 돌아왔다는 뜻이고 경로가 없다는 것입니다. 그렇지 않으면 도착점에 도착했다는 것이고 경로를 찾았다는 뜻입니다. maze 배열에서 출발점이 '.'으로 표시되어 있으므로 이것을 다시 'I'로 바꾸고 미로를 출력합니다.

^{167~170} maze에 할당된 메모리를 해제합니다.

▌결과

```
미로 파일의 이름을 입력하세요 : maze.txt Enter
 +++I++++++++++++++++
 +++ +++++++++++   +
 +++      +++++++ +  +
 +   ++++ ++   ++ + +
 + ++++++ ++ + ++ + +
 + ++++++ ++ + ++ + +
 +  ++++    +    + +
 +++ ++++++++++++++ +
 +++ ++++++++++++++ +
 +  ++++          + +
 + +++++++++ ++++++ +
 +  ++     ++ ++++++
 ++ ++ +++ ++    +++
 ++    +++ ++ +++ +++
 ++++++++++++++++O+++
```

미로 찾기 성공!

```
+++I++++++++++++++++
+++.++++++++++++...+
+++.....+++++++.+.+
+   ++++.++...++.+.+
+ ++++++.++.+.++.+.+
+ ++++++.++.+.++.+.+
+   ++++....+....+.+
+++ +++++++++++++.+
+++ +++++++++++++.+
+   ++++     ......+
+ ++++++++++.+++++++
+   ++      ++.+++++++
++ ++ +++ ++....+++
++    +++ ++ +++.+++
++++++++++++++++O+++
```

078 파일 입출력 함수를 이용하여 파일 복사하기

- 학습내용 파일 입출력 함수를 공부하고 파일을 복사하는 프로그램을 작성합니다.
- 힌트내용 파일을 열고 닫을 때 fopen과 fclose 함수를 사용합니다.

컴퓨터의 메모리는 전원이 꺼지면 값을 모두 잃어버립니다. 이 성질을 휘발성이라고 합니다. 컴퓨터에서 전원이 꺼져도 작업한 내용을 잃어버리지 않으려면 프로그램이 끝나기 전에 작업 내용을 파일에 저장해두는 것이 가장 간단한 방법입니다.

프로그램에서 파일을 사용하고자 할 때, 즉 읽기나 쓰기를 하기 전에는 반드시 fopen 라이브러리 함수에 의해 파일을 열어야 합니다. fopen은 운영체제와 연결되어 파일의 이름으로 읽고 쓰기 위해 사용되는 포인터를 반환합니다. 이 포인터를 파일 포인터라고 합니다.

〈stdio.h〉에 FILE 구조체가 정의되어 있습니다. 사용자는 이것을 이용하여 다음과 같이 파일 포인터를 선언하면 됩니다. fp는 FILE을 가리키는 포인터이고 fopen은 FILE을 가리키는 포인터를 반환합니다.

```
FILE *fp;
fp = fopen(char *filename, char *mode);
```

fopen의 첫 번째 매개변수는 파일의 이름이고, 두 번째 매개변수는 문자열로 표현된 모드(mode)인데 입력("r"), 출력("w"), 추가("a")가 있습니다. 2진 파일을 사용할 때는 binary의 약자인 "b"를 함께 사용합니다.

열린 파일을 읽거나 쓰는 방법은 여러 가지가 있는데 가장 간단한 함수는 getc와 putc입니다. fgetc와 fputc는 각각 getc, putc와 같은 동작을 합니다. getc는 fp에 의해 지정된 파일에서 한 문자를 읽어옵니다. 파일의 끝이거나 에러가 발생하면 EOF를 반환합니다. putc는 문자 c를 fp 파일로 출력하고 출력된 문자를 반환합니다. 에러가 발생하면 EOF를 출력합니다.

```
int getc(FILE *fp);
int putc(int c, FILE *fp);
int fgetc(FILE *fp);
int fputc(int c, FILE *fp);
```

한 번 파일이 열리면 반드시 닫아주어야 합니다. fclose는 fopen에 의해 설정된 파일과 파일 포인터의 접속을 해제하고 파일 포인터를 다른 파일에 재사용할 수 있게 합니다.

파일 내용을 라인 단위로 읽고 쓸 수도 있는데 이때 사용하는 함수가 fgets와 fputs입니다.

```
char *fgets(char *line, int maxline, FILE *fp);
int fputs(char *line, FILE *fp);
```

다음과 같이 fgets 함수가 파일 포인터로 stdin을 사용하면 콘솔에서 값을 입력받을 수 있고, fputs 함수가 파일 포인터로 stdout을 사용하면 콘솔에 출력할 수 있습니다.

```
fgets(line, 80, stdin);
fputs(line, stdout);
```

fgets 함수는 사용자가 Enter를 누를 때, 콘솔에 입력한 내용을 읽어 들입니다. 이때 입력의 마지막에 있는 '\n'까지 읽어서 line 배열에 저장합니다. 주의해야 합니다.

파일 입출력 함수를 이용하여 파일을 복사하는 프로그램을 작성합니다.

소스 a078_fileCopy.c

```c
1   #define _CRT_SECURE_NO_WARNINGS
2   #include <stdio.h>
3   #include <stdlib.h>
4   #include <string.h>
5
6   int main()
7   {
8       FILE* ifp, *ofp;
9       char sname[20], tname[20];
10      void fileCopy(FILE*, FILE*);
11
12      printf("Enter source file name : ");
13      scanf("%s", sname);
14
15      if((ifp = fopen(sname, "r")) == NULL) {
16          printf("cannot open %s!", sname);
17          exit(1);
18      }
19
```

```
20        printf("Enter target file name : ");
21        scanf("%s", tname);
22
23        if(!strcmp(tname, "stdout"))
24            ofp = stdout;
25        else
26            ofp = fopen(tname, "w");
27
28        fileCopy(ifp, ofp);
29        fclose(ifp);
30        fclose(ofp);
31    }
32
33    void fileCopy(FILE* ifp, FILE* ofp)
34    {
35        int c;
36
37        while ((c = fgetc(ifp)) != EOF)
38            fputc(c, ofp);
39
40          char line[80];
41
42            while(fgets(line, 80, ifp) != NULL)
43            fputs(line, ofp);
44    }
```

8 　입력 파일 포인터 ifp와 출력 파일 포인터 ofp를 선언합니다.

10 　fileCopy 함수의 원형입니다.

12~13 　입력 파일의 이름을 입력받습니다.

15~18 　입력 파일 포인터 ifp를 "r" 모드로 엽니다. 이 파일이 없으면 에러 메시지를 출력하고 종료합니다.

20~21 　출력 파일의 이름을 입력받습니다.

23~26 　출력 파일의 이름이 "stdout"이면 ofp를 stdout으로 합니다. 그렇지 않으면 파일이름으로 출력 파일 포인터 ofp를 "w" 모드로 엽니다. "w" 모드로 파일 포인터를 열 때는 파일이 없으면 새로 만들어주기 때문에 디스크가 꽉 찬 경우 등 아주 드문 경우가 아니면 에러가 생기지 않습니다.

28 fileCopy 함수를 호출합니다.

29~30 ifp와 ofp를 닫습니다.

35~38 입력 파일 포인터에서 EOF를 만날 때까지 한 글자를 읽어서 그대로 출력 파일 포인터에 써줍니다. 파일이 복사됩니다.

40~43 한 글자씩 복사하는 대신 한 라인씩 복사해도 같은 결과를 얻을 수 있습니다. 이때는 fgets와 fputs 함수를 사용합니다.

결과

첫 번째 결과는 test.txt 파일을 output.txt에 복사하게 됩니다. 두 번째 결과는 출력 파일이름을 stdout으로 하였을 때입니다. test.txt 파일의 내용을 화면으로 출력하게 합니다.

```
Enter source file name : test.txt Enter
Enter target file name : output.txt Enter
------------------------------------------
Enter source file name : test.txt Enter
Enter target file name : stdout Enter
void fileCopy(FILE* ifp, FILE* ofp)
{
    int c;

    while ((c = fgetc(ifp)) != EOF)
    fputc(c, ofp);
}
```

079 fseek와 ftell을 사용하여 파일 크기 알아보기

- 학습내용 파일 포인터를 원하는 대로 이동시킬 수 있습니다.
- 힌트내용 fseek와 ftell 함수를 사용합니다.

파일 포인터는 처음 fopen 했을 때는 파일의 맨 앞을 가리키고 있지만, 프로그램에서 위치를 마음대로 이동시킬 수 있습니다. 이때 사용하는 함수가 fseek입니다. fseek 함수는 기준점에서 얼마나 떨어진 곳으로 이동하는지를 지정할 수 있습니다. 기준점은 다음과 같이 세 가지입니다.

SEEK_SET	파일의 처음부터 이동
SEEK_CUR	파일 포인터의 현재 위치에서 이동
SEEK_END	파일의 끝에서부터 이동

예를 들어 파일 포인터 fp를 파일의 맨 처음으로 이동시키려면 fseek(fp, 0, SEEK_SET), 파일의 맨 끝으로 이동하려면 fseek(fp, 0, SEEK_END)를 사용합니다. 현재 위치에서 앞으로 10바이트 이동한다면 fseek(fp, -10, SEEK_CUR)를 사용합니다. -10이므로 앞으로 10바이트 이동하게 됩니다. +10이라면 뒤로 10바이트 이동합니다.

ftell 함수는 파일 포인터의 현재 위치를 가져옵니다. 단위는 바이트입니다. 만일 파일 포인터의 위치를 처음보다도 앞으로 이동시키면 ftell 함수의 반환 값은 마이너스 값이 되지 않고 0이 됩니다. 파일 포인터의 끝보다 뒤로 이동시켜면 ftell 함수의 반환 값은 파일의 끝보다 큰 값이 됩니다.

파일의 크기는 파일 포인터를 맨 뒤로 이동시켰을 때의 위치가 됩니다.

소스 a079_fileSize.c

```
1   #define _CRT_SECURE_NO_WARNINGS
2   #include <stdio.h>
3
4   int main()
5   {
6       int fsize;
7
8       FILE* fp = fopen("test.txt", "r");
9
10      fseek(fp, 0, SEEK_END);
```

```
11        fsize = ftell(fp);
12        printf("filesize of \"test.txt\" = %d bytes\n", fsize);
13
14        fseek(fp, 0, SEEK_SET);
15        printf("fp = %d\n", ftell(fp));
16
17        fseek(fp, -10, SEEK_CUR);
18        printf("fp = %d\n", ftell(fp));
19
20        fseek(fp, 10, SEEK_END);
21        printf("fp = %d\n", ftell(fp));
22
23        fclose(fp);
24    }
```

8   test.txt 파일을 "r" 모드로 열어줍니다.

10~12   파일 포인터를 파일의 맨 뒤로 이동하고 ftell 함수로 파일 포인터의 위치를 반환받아 fsize 변수에 대입하고 출력합니다. 파일의 크기를 출력합니다.

14~15   파일 포인터를 파일의 맨 앞으로 이동하고 ftell 함수로 파일 포인터의 위치를 출력합니다. 파일의 맨 앞이므로 0을 출력합니다.

17~18   현재 파일 포인터의 위치를 앞으로 10만큼 이동시킵니다. 현재 위치가 파일의 맨 앞이므로 앞으로 이동시켜도 이동할 수가 없습니다. 따라서 0을 출력합니다.

20~21   파일 포인터의 위치를 파일의 맨 뒤에서 10만큼 이동시킵니다. 이 경우에는 파일의 크기보다 큰 값을 출력합니다. 주의가 필요합니다.

윈도우즈 시스템에서 text.txt 파일의 속성을 보면 그림과 같이 파일의 크기가 471바이트라는 것을 알 수 있습니다. 파일의 앞에서 −10만큼 이동하면 −10이 아니고 0을 출력하지만, 파일의 끝에서 10만큼 뒤로 이동하면 파일의 크기보다도 큰 481을 출력합니다.

```
filesize of "test.txt" = 471 bytes
fp = 0
fp = 0
fp = 481
```

080 fread, fwrite를 사용하여 파일을 읽고 복사하기

■ 학습내용 파일 크기만큼 버퍼를 동적으로 할당하여 공간의 낭비 없이 파일을 읽는 방법을 공부합니다.
■ 힌트내용 fread와 fwrite 함수를 사용합니다.

파일에서 값을 읽어올 때 fread, 파일에 값을 쓸 때 fwrite 함수를 사용합니다.

```
size_t fread(void *buffer, size_t size, size_t count, FILE *stream);
size_t fwrite(void *buffer, size_t size, size_t count, FILE *stream);
```

참고로 size_t는 unsigned int 형입니다. 32비트 운영체제에서는 부호 없는 32비트 정수, 64비트 운영체제에서는 부호 없는 64비트 정수입니다. 64비트 윈도우즈 시스템에서 unsigned int 형의 크기는 32비트이고 size_t의 크기는 64비트입니다. 그리고 size_t를 출력할 때 사용하는 포맷 지정자는 %d를 써도 되지만 %zu를 쓰는 것이 C99에서 추가된 표준입니다.

fread와 fwrite 모두 buffer를 사용합니다. 버퍼는 char 배열로 선언하는데 너무 크게 만들면 공간이 낭비되겠지요. 그래서 파일의 크기를 알 수 있으면 버퍼를 필요한 만큼만 동적으로 할당하여 사용할 수 있습니다. buffer를 파일 크기만큼 동적 할당하여 파일의 내용을 읽고 똑같은 파일을 복사하는 프로그램을 만듭니다.

파일 포인터를 파일의 맨 앞으로 보낼 때, fseek 함수를 사용해도 되고, rewind 함수를 사용해도 됩니다. 다음의 두 문장은 같은 동작을 합니다.

```
fseek(fp, 0, SEEK_SET);
rewind(fp);
```

또 하나 주의할 점은 파일을 열 때 "rb", "wb" 모드로 열어주는 것이 좋습니다. 바이너리 모드로 파일을 열면 ftell 함수가 더 정확한 파일 크기를 반환합니다. 윈도우즈 운영체제에서 비주얼 스튜디오로 프로그램을 할 때 텍스트 모드로 파일을 열게 되면 '\n' 문자를 CR LF 쌍으로 바꾸기 때문입니다. 텍스트 모드로 파일을 열어서 프로그램을 실행하면 입력 파일과 출력 파일의 크기가 다른 것을 알 수 있습니다.

```
1   #define _CRT_SECURE_NO_WARNINGS
2   #include <stdio.h>
3   #include <stdlib.h>
4   #include <memory.h>
5
6   int main()
7   {
8       char* buffer;
9       size_t fsize;
10
11      FILE* fp = fopen("test.txt", "rb");
12      FILE* ofp = fopen("output.txt", "wb");
13      fseek(fp, 0, SEEK_END);
14      fsize = ftell(fp);
15      printf("size of \"test.txt\" file is %zu bytes\n", fsize);
16
17      buffer = (char*)malloc(fsize);
18      memset(buffer, 0, fsize);     // buffer를 0으로 초기화
19
20      rewind(fp);                   // fseek(fp, 0, SEEK_SET);와 동일
21      fread(buffer, fsize, 1, fp);
22
23      fwrite(buffer, fsize, 1, ofp);
24
25      fclose(fp);
26      fclose(ofp);
27      free(buffer);
28      printf("\"test.txt\" file is copied to \"output.txt\" file\n");
29  }
```

11~12 test.txt 파일을 "rb" 모드, ouput.txt 파일을 "wb" 모드로 열어줍니다.

14~15 파일 포인터를 파일의 맨 뒤로 이동하고 ftell 함수로 파일 포인터의 위치를 반환받아 fsize에 할당합니다. 파일의 크기를 출력합니다.

17~18 buffer에 fsize 만큼의 메모리를 동적 할당하고 memset 함수로 buffer의 내용을 모두 0으로 초기화합니다.

20 rewind 함수로 파일 포인터를 맨 앞으로 이동합니다.

21 fread 함수로 파일 포인터에서 파일 크기만큼을 읽어서 버퍼에 저장합니다.

23 fwrite 함수로 buffer의 내용을 ofp에 씁니다.

25~26 fp와 ofp 파일 포인터를 닫습니다.

27 buffer에 할당된 메모리를 free 시킵니다.

▌결과

```
size of "test.txt" file is 601 bytes
"test.txt" file is copied to "output.txt" file
```

04장_실무_다양한 실용 문제와 이미지 처리 **287**

081 이진 파일을 복사하는 두 가지 방법

■ 학습내용 이진 파일을 읽고 쓰는 방법을 공부합니다.
■ 힌트내용 fread와 fwrite를 사용합니다.

getc, putc, fgets, fputs 등의 함수는 문자 또는 라인 단위로 읽고 쓰는 함수입니다. 즉 파일이 텍스트 형태일 때 사용하기 편합니다. 만일 파일이 이진 파일이라면 fread와 fwrite를 사용하는 것이 좋습니다. char는 1바이트, int는 4바이트, double은 8바이트 등 자료형마다 크기가 다릅니다. 또 사용자가 정의한 구조체의 경우는 구조체를 어떻게 정의했는지에 따라 크기가 천차만별이겠지요. fread와 fwrite는 블록 단위로 파일에서 읽고 씁니다. 블록의 크기는 한 번에 저장되거나 읽어 낼 데이터의 크기를 말하며 바이트 단위입니다.

```
size_t fread(void *buffer, size_t size, size_t count, FILE *stream);
size_t fwrite(void *buffer, size_t size, size_t count, FILE *stream);
```

처음 파일을 오픈하면 파일 포인터는 파일의 맨 앞을 가리킵니다. 파일의 내용을 모두 읽고 나면 파일 포인터는 파일의 맨 끝으로 이동해 있겠지요. fseek 함수를 사용하여 파일 포인터의 위치를 이동시킬 수 있습니다.

```
int fseek(FILE *stream, long offset, int origin);
```

fseek 함수의 세 번째 매개변수인 origin은 SEEK_SET, SEEK_CUR, SEEK_END의 세 가지입니다. 각각 파일의 맨 앞, 현재 파일 포인터의 위치, 파일의 맨 끝을 의미합니다. 따라서 다음의 함수 호출은 ifp를 파일의 맨 뒤에서 0만큼 이동한 위치, 즉 맨 뒤로 보내주게 됩니다.

```
fseek(ifp, 0, SEEK_END);
ftell(ifp);
rewind(ifp);    // fseek(ifp, 0, SEEK_SET)과 같음
```

ftell 함수는 파일 포인터의 위치를 바이트 단위로 반환합니다. 따라서 파일 포인터가 맨 뒤에 있을 때 ftell(ifp)는 파일의 크기를 알려주게 됩니다. rewind 함수는 파일 포인터의 위치를 맨 앞으로 보내줍니다.

이진 파일을 복사하는 프로그램을 fgetc와 fputc를 이용한 방법과 fread와 fwrite를 사용하는 2가지
방법으로 작성하겠습니다. 다음의 프로그램은 이미지 파일인 bikang.png를 output.png와 output1.
png로 복사합니다.

소스 a081_binaryFile.c

```c
#define _CRT_SECURE_NO_WARNINGS
#include <stdio.h>

int main()
{
    FILE* ifp, * ofp;

    if((ifp = fopen("bikang.png", "rb")) == NULL)
        printf("Error opening bikang.png\n");

    fseek(ifp, 0, SEEK_END);
    int length = ftell(ifp);

    fseek(ifp, 0, SEEK_SET);        // rewind(ifp) 와 같음

    ofp = fopen("output.png", "wb");

    // fgetc, fputc를 사용하는 방법
    for(int i = 0; i < length; i++) {
        fputc(fgetc(ifp), ofp);
    }
    printf("File copied successfully.\n");
    fclose(ofp);

    // fread, fwrite를 사용하는 방법
    ofp = fopen("output1.png", "wb");
    rewind(ifp);

    char buf[256];

    while (fread(&buf, sizeof(buf), 1, ifp) != 0) {
        fwrite(&buf, sizeof(buf), 1, ofp);
    }

```

```
35      printf("File copied successfully.\n");
36      fclose(ifp);
37      fclose(ofp);
38  }
```

8~9 이미지 파일인 bikang.png을 "rb"모드로 엽니다. 여기서 "b"는 binary 파일이라는 뜻입니다.

11 파일의 크기를 알기 위해서 ifp 파일 포인터를 파일의 맨 끝으로 보냅니다.

12 ftell은 ifp 파일의 위치를 바이트 단위로 알려주므로 length는 파일의 크기입니다.

14 ifp 파일 포인터를 파일의 맨 앞으로 보냅니다.

16 output.png 파일을 "wb" 모드로 엽니다.

19~21 파일의 맨 끝까지 ifp에서 한 글자를 읽어와서 ofp에 써줍니다. 바이트 단위로 복사하는 셈입니다.

23~26 복사가 끝났으므로 ofp를 닫습니다. 두 번째 방법으로 복사하기 위해 output1.png 파일을 "wb" 모드로 엽니다.

27 rewind 함수로 ifp를 파일의 맨 앞으로 이동시킵니다.

29 256바이트 크기의 배열 buf를 선언합니다.

31~33 fread로 buf의 크기만큼 ifp에서 한 블록을 읽어와서 ofp에 buf의 크기만큼 한 블록을 써주는 과정을 반복합니다. fread는 파일의 끝까지 읽게 되면 0을 반환합니다.

36~37 파일 포인터 ifp와 ofp를 닫습니다.

결과

```
File copied successfully.
File copied successfully.
```

082 비트맵 파일의 구조와 비트맵 파일 읽고 쓰기

■ 학습내용 비트맵 파일을 읽고 파일 정보를 출력하고, 새로운 비트맵 파일을 만듭니다.
■ 힌트내용 비트맵 파일의 구조를 공부합시다.

비트맵은 이미지를 저장하는 포맷의 하나이며 2차원 디지털 이미지를 흑백 또는 컬러로 저장할 수 있습니다. 비트맵 파일은 확장자가 BMP입니다. 비트맵 파일을 읽기 위해서는 비트맵 파일의 구조를 알아야 합니다.

BMP 파일의 구조는 [그림 82-1]과 같습니다. 4바이트의 비트맵 파일 헤더, 40바이트의 비트맵 정보 헤더가 있습니다. 256개 이하의 색상을 사용하는 비트맵은 RGBQUAD 구조체의 배열로 구성된 색상 테이블(color table)이 존재합니다. 색상 테이블은 비트맵에서 사용되는 색상 정보를 담고 있는 영역으로 팔레트라고도 합니다. 그 뒤에 실제 이미지를 구성하는 픽셀 데이터가 위치합니다.

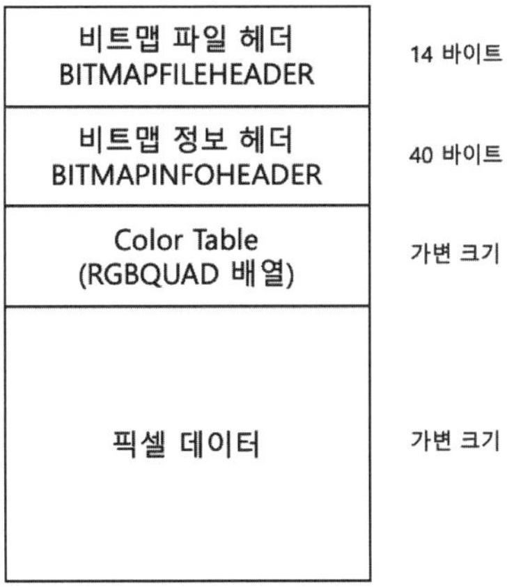

비트맵 파일 헤더 BITMAPFILEHEADER	14 바이트
비트맵 정보 헤더 BITMAPINFOHEADER	40 바이트
Color Table (RGBQUAD 배열)	가변 크기
픽셀 데이터	가변 크기

[그림 82-1] BMP 파일의 구조

BITMAP 파일을 다루는 프로그램을 할 때는 〈Windows.h〉 파일을 포함합니다. 〈Windows.h〉에는 〈wingdi.h〉 파일이 인클루드되어 있는데 이곳에 다음과 같이 BITMAPFILEHEADER, BITMAPINFOHEADER, RGBQUAD 구조체가 정의되어 있습니다.

```
typedef unsigned short  WORD;    // 2바이트
typedef unsigned long   DWORD;   // 4바이트
typedef unsigned char   BYTE;    // 1바이트
typedef long            LONG;    // 4바이트
```

```
typedef struct tagBITMAPFILEHEADER {
        WORD    bfType;                     // BMP 파일 매직 넘버
        DWORD   bfSize;                     // 파일 크기
        WORD    bfReserved1;                // 사용 안함
        WORD    bfReserved2;                // 사용 안함
        DWORD   bfOffBits;                  // 픽셀 데이터의 시작 위치
} BITMAPFILEHEADER;                         // 14바이트
typedef struct tagBITMAPINFOHEADER{
        DWORD   biSize;                     // 현재 구조체의 크기
        LONG    biWidth;                    // 비트맵 이미지의 폭
        LONG    biHeight;                   // 비트맵 이미지의 높이
        WORD    biPlanes;                   // 사용하는 색상판의 수
        WORD    biBitCount;                 // 픽셀 하나를 표현하는 비트 수
        DWORD   biCompression;              // 압축 방식
        DWORD   biSizeImage;                // 비트맵 이미지의 픽셀 데이터 크기
        LONG    biXPelsPerMeter;            // 그림의 가로 해상도(미터당 픽셀)
        LONG    biYPelsPerMeter;            // 그림의 세로 해상도(미터당 픽셀)
        DWORD   biClrUsed;                  // 색상 테이블에서 실제 사용되는 색상 수
        DWORD   biClrImportant;             // 비트맵을 표현하기 위한 색상 인덱스 수
} BITMAPINFOHEADER;                         // 40바이트

typedef struct tagRGBQUAD {
        BYTE    rgbBlue;                    // 파란색
        BYTE    rgbGreen;                   // 녹색
        BYTE    rgbRed;                     // 빨간색
        BYTE    rgbReserved;                // 사용하지 않음, 항상 0
} RGBQUAD;                                  // 4바이트
```

색상 테이블을 구성하는 구조체의 이름은 RGBQUAD이지만 실제 색상이 저장되는 순서는 RGB 순서가 아니라 BGR 순서인 것을 주의해야 합니다.

그레이스케일 비트맵 파일은 256개의 RGBQUAD 배열이 존재하며, 각각의 원소에는 rgbBlue, rgbGreen, rgbRed 값이 같은 값으로 설정되어 있습니다. 그레이스케일 비트맵 파일의 팔레트는 검은색에 해당하는 (0, 0, 0, 0)부터 시작하여 흰색에 해당하는 (255, 255, 255, 0)까지 차례대로 밝기 값이 증가하도록 설정되어 있습니다.

트루컬러 비트맵 파일은 팔레트가 없습니다. 트루컬러 영상에서 표현 가능한 색상 수가 $2^{24} = 16,777,216$이기 때문에 팔레트를 만드는 것 자체가 BMP 파일 용량을 많이 증가시키기 때문입니다.

실제 이미지 정보를 저장하는 24비트 비트맵 이미지의 픽셀 구조체는 다음과 같이 정의되어 있습니다. 픽셀 하나는 파란색, 녹색, 빨간색 각각 1바이트이므로 색깔별로 0~255까지 숫자로 저장됩니다.

```
typedef struct tagRGBTRIPLE        // 24비트 비트맵 이미지의 픽셀 구조체
{
    BYTE        rgbtBlue;          // 파란색
    BYTE        rgbtGreen;         // 녹색
    BYTE        rgbtRed;           // 빨간색
} RGBTRIPLE;
```

따라서 폭이 w이고 높이가 h인 이미지는 [그림 82 – 2]과 같이 RGBTRIPLE의 이차원배열로 저장할 수 있습니다. w와 h는 이미지마다 크기가 다르므로 동적으로 메모리를 할당하여야 합니다. 이미지가 BMP 파일에 저장되는 방식은 가로 방향으로 한 줄씩, 픽셀의 정보를 RGBTRIPLE 구조체로 저장합니다. 이미지의 제일 아래쪽 라인부터 앞쪽에 저장됩니다.

```
RGBTRIPLE **image = (RGBTRIPLE **)calloc(sizeof(RGBTRIPLE *), height);
for(int i = 0; i < height; i++) {
    image[i] = (RGBTRIPLE*)calloc(sizeof(RGBTRIPLE), width);
    fread(image[i], sizeof(RGBTRIPLE), width, ifp);
}
```

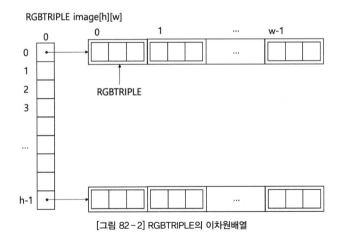

[그림 82 – 2] RGBTRIPLE의 이차원배열

이번 장에서는 팔레트가 없는 24비트 비트맵 파일을 읽고 정보를 자료구조에 저장한 후, 새로운 비트맵 파일을 만드는 프로그램을 작성합니다.

```c
1    #define _CRT_SECURE_NO_WARNINGS
2    #include <stdio.h>
3    #include <Windows.h>
4
5    BITMAPFILEHEADER hBmpFile;
6    BITMAPINFOHEADER hBmpInfo;
7
8    int checkBMP()
9    {
10       if(hBmpFile.bfType == 0x4D42) {      // 아스키 값으로 BMP 확인
11          printf("BMP 파일입니다.\n");
12          return 0;
13       }
14       else {
15          printf("BMP 파일이 아닙니다.\n");
16          return 1;
17       }
18   }
19
20   void printBMPInfo()
21   {
22       printf("file.bfSize = %d\n", hBmpFile.bfSize);
23       printf("file.bfType = %x\n", hBmpFile.bfType);
24       printf("file.bfOffBits = %d\n", hBmpFile.bfOffBits);
25       printf("info.biSize = %d\n", hBmpInfo.biSize);
26       printf("info.biWidth = %d\n", hBmpInfo.biWidth);
27       printf("info.biHeight = %d\n", hBmpInfo.biHeight);
28       printf("info.biBitCount = %d\n", hBmpInfo.biBitCount);
29       printf("info.biCompression = %d\n", hBmpInfo.biCompression);
30       printf("info.biSizeImage = %d\n", hBmpInfo.biSizeImage);
31       printf("filesize - imagesize = %d\n",
32       hBmpFile.bfSize - hBmpInfo.biSizeImage);
33   }
34
35   int main()
36   {
37       FILE* ifp, *ofp;
38       RGBTRIPLE** image;
39       int width = 0;
```

```
40      int height = 0;
41
42      if((ifp = fopen("lena_color.bmp", "rb")) == NULL) {
43          printf("Error opening Lenna.bmp");
44          return 1;
45      }
46      if((ofp = fopen("output.bmp", "wb")) == NULL) {
47          printf("Error opening output file");
48          return 1;
49      }
50      fread(&hBmpFile, sizeof(BITMAPFILEHEADER), 1, ifp);
51      if(checkBMP() == 1) { return 1; }
52      fread(&hBmpInfo, sizeof(BITMAPINFOHEADER), 1, ifp);
53
54      width = hBmpInfo.biWidth;
55      height = hBmpInfo.biHeight;
56      printBMPInfo();
57
58      fwrite(&hBmpFile, sizeof(BITMAPFILEHEADER), 1, ofp);
59      fwrite(&hBmpInfo, sizeof(BITMAPINFOHEADER), 1, ofp);
60
61      image = (RGBTRIPLE **)calloc(sizeof(RGBTRIPLE *), height);
62      for(int i = 0; i < height; i++) {
63          image[i] = (RGBTRIPLE*)calloc(sizeof(RGBTRIPLE), width);
64          fread(image[i], sizeof(RGBTRIPLE), width, ifp);
65      }
66
67      for(int i = 0; i < height; i++)
68          fwrite(image[i], sizeof(RGBTRIPLE), width, ofp);
69
70      for(int i = 0; i < height; i++)
71          free(image[i]);
72      free(image);
73
74      fclose(ifp);
75      fclose(ofp);
76  }
```

5~6 BITMAPFILEHEADER 구조체 hBmpFile과 BITMAPINFOHEADER 구조체 hBmpInfo를 선언합니다.

8~18 BMP 파일인지를 검사하는 함수입니다. BMPFILEHEADER의 bfType의 값이 0x4D42이면 BMP 파일입니다. 16진수 0x4D42는 아스키코드로 비트맵 파일을 의미하는 BM입니다.

20~33 BMP 파일의 정보를 출력하는 함수입니다. hBmpFile과 hBmpInfo 구조체 멤버의 값을 출력합니다.

42~45 입력으로 lena_color.bmp 파일을 "rb" 모드로 엽니다.

46~49 output.bmp 파일을 "wb" 모드로 엽니다.

50 ifp에서 BITMAPFILEHEADER 크기의 블록을 읽어서 hBmpFile에 저장합니다.

51 checkBMP 함수를 호출하여 BMP 파일이 아니라면 프로그램을 끝냅니다.

52 ifp에서 BITMAPINFOHEADER 크기의 블록을 읽어서 hBmpInfo에 저장합니다.

54~55 hBmpInfo에서 이미지의 폭과 높이를 width, height 변수에 저장합니다.

56 printBMPInfo 함수를 호출하여 BMP 파일의 정보를 출력합니다.

58~59 출력 파일에 hBmpFile의 정보와 hBmpInfo의 정보를 블록으로 저장합니다.

61 [그림 82 – 2]와 같이 이미지의 높이만큼 RGBTRIPLE 포인터의 배열을 동적으로 할당하여 만듭니다.

62~65 RGBTRIPLE 포인터에 이미지의 폭만큼 RGBTRIPLE 배열을 동적으로 할당하고 입력 파일에서 RGBTRIPLE 구조체 크기를 width 개만큼 fread로 읽어 image[i]에 저장합니다.

67~68 image 배열에 저장된 정보를 fwrite 함수를 사용하여 출력 파일에 씁니다.

70~72 동적으로 할당했던 image 배열을 free시킵니다.

74~75 ifp와 ofp를 닫습니다.

lena_color.bmp 파일과 tom_and_jerry.bmp 파일을 입력 파일로 설정하여 실행한 결과는 다음과 같습니다.

BMP 파일입니다.
file.bfSize = 786486
file.bfType = 4d42
file.bfOffBits = 54
info.biSize = 40
info.biWidth = 512
info.biHeight = 512
info.biBitCount = 24
info.biCompression = 0
info.biSizeImage = 786432
filesize - imagesize = 54

BMP 파일입니다.
file.bfSize = 311094
file.bfType = 4d42
file.bfOffBits = 54
info.biSize = 40
info.biWidth = 360
info.biHeight = 288
info.biBitCount = 24
info.biCompression = 0
info.biSizeImage = 311040
filesize - imagesize = 54

083 비트맵 파일을 그레이스케일로 변환하기

■ 학습내용 비트맵 파일을 읽고 정보를 출력합니다.
■ 힌트내용 〈Windows.h〉 파일에 정의된 비트맵 파일의 구조를 알아야 합니다.

비트맵 픽셀을 나타내는 비트는 행 단위로 압축됩니다. 이 행들이 모여서 이미지를 구성하지요. 각 행의 크기는 패딩에 의해 4바이트의 배수로 반올림됩니다. 한 행의 픽셀을 저장하는 데 필요한 총 바이트 수는 다음과 같이 계산할 수 있습니다. 식에서 RowSize는 바이트 수, Width는 픽셀 수입니다.

$$RowSize = \left\lceil \frac{BitsPerPixel \cdot Width}{32} \right\rceil \cdot 4 = \left\lfloor \frac{BitsPerPixel \cdot Width + 31}{32} \right\rfloor \cdot 4$$

예를 들어 가로 픽셀 수가 5인 이미지가 있다면 [그림 83-1]과 같이 행의 크기를 4의 배수로 만들기 위해 1바이트의 패딩이 맨 뒤에 추가되어야 합니다.

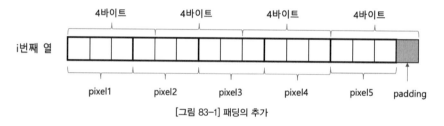

[그림 83-1] 패딩의 추가

lena.bmp 파일의 이미지 크기는 512x512이므로 패딩이 필요 없지만, bikang.bmp 파일은 크기가 541x960이므로 행마다 1바이트의 패딩이 필요합니다. 따라서 읽고 쓸 때 행의 크기가 4바이트의 배수인지 아닌지에 따라 패딩이 있을 수도 있고 없을 수도 있습니다. 이미 만들어진 정상적인 bmp 파일은 이미 패딩이 들어가 있으므로 fread로 읽을 때 패딩이 들어간 바이트 수만큼 읽어야 합니다. 쓸 때도 패딩을 포함한 바이트 수만큼 써야 정상적인 bmp 파일이 됩니다. 이를 고려한 fread와 fwrite는 다음과 같습니다.

```
// 읽기
int bytesInARow = ((24 * width + 31) / 32) * 4;
for(int i = height - 1; i >= 0; i--) {
    img.pixel[i] = (sRGB*)calloc(width, sizeof(sRGB));
    fread(img.pixel[i], bytesInARow, sizeof(BYTE), fp);
}
// 쓰기
```

```
for(int i = img.height - 1; i >= 0; i--)
    fwrite(img.pixel[i], bytesInARow, sizeof(BYTE), ofp);
```

픽셀 하나를 그레이스케일로 변환하는 grayscale 함수는 RGB 값의 평균을 계산하여 반환합니다.

```
unsigned char grayscale(sRGB pixel) {
    return (pixel.red + pixel.green + pixel.blue) / 3;
}
```

이미지 구조체의 모든 픽셀은 red, green, blue 값을 grayscale 함수에 의해 구해진 평균값으로 할당합니다. RGB 값이 모두 같으므로 그레이스케일이 됩니다.

```
void colorToGrayscale(sImage img)
{
    for(int i = 0; i < img.height; i++)
        for(int j = 0; j < img.width; j++)
            img.pixel[i][j].red =
            img.pixel[i][j].green =
            img.pixel[i][j].blue = grayscale(img.pixel[i][j]);
}
```

다만, 이 방법은 그레이스케일이지만 컬러 이미지를 저장하는 파일과 같은 크기의 파일로 저장됩니다. 다음 장에서는 그레이스케일 이미지를 8비트 비트맵으로 저장하는 방법을 알아보겠습니다.

소스 a083_bmpToGrayscale.c

```
1   #define _CRT_SECURE_NO_WARNINGS
2   #include <stdio.h>
3   #include <Windows.h>
4
5   BITMAPFILEHEADER hBmpFile;
6   BITMAPINFOHEADER hBmpInfo;
7
8   typedef unsigned char BYTE;
9   FILE* ifp, * ofp;
10  BYTE* inImg;
11
12  typedef struct RGB {
```

```
13      BYTE blue;
14      BYTE green;
15      BYTE red;
16    } sRGB;
17
18    typedef struct image {
19      int width;
20      int height;
21      sRGB** pixel;
22    } sImage;
23
24    int fileOpen()
25    {
26      if((ifp = fopen("lena_color.bmp", "rb")) == NULL) {
27        printf("Error opening lena_color.bmp");
28        return 1;
29      }
30      if((ofp = fopen("lena_gray.bmp", "wb")) == NULL) {
31        printf("Error opening lena_gray.bmp file");
32        return 1;
33      }
34      return 0;
35    }
36
37    sImage readImage(FILE* fp, int width, int height)
38    {
39      sImage img;
40      img.width = width;
41      img.height = height;
42      img.pixel = (sRGB**)calloc(height, sizeof(sRGB*));
43
44      // padding을 고려한 total number of bytes
45      int bytesInARow = ((24 * width + 31) / 32) * 4;
46      for(int i = height − 1; i >= 0; i——) {
47        img.pixel[i] = (sRGB*)calloc(width, sizeof(sRGB));
48        fread(img.pixel[i], bytesInARow, sizeof(BYTE), fp);
49      }
50      return img;
51    }
52
```

```
53    unsigned char grayscale(sRGB pixel)
54    {
55       return (pixel.red + pixel.green + pixel.blue) / 3;
56    }
57
58    void colorToGrayscale(sImage img)
59    {
60       for(int i = 0; i < img.height; i++)
61          for(int j = 0; j < img.width; j++)
62             img.pixel[i][j].red =
63             img.pixel[i][j].green =
64             img.pixel[i][j].blue = grayscale(img.pixel[i][j]);
65    }
66
67    void writeGrayscale(sImage img)
68    {
69       fwrite(&hBmpFile, sizeof(BITMAPFILEHEADER), 1, ofp);
70       fwrite(&hBmpInfo, sizeof(BITMAPINFOHEADER), 1, ofp);
71
72       int bytesInARow = ((24 * img.width + 31) / 32) * 4;
73       // image 쓰기
74       for(int i = img.height − 1; i >= 0; i−−) {
75          fwrite(img.pixel[i], bytesInARow, sizeof(BYTE), ofp);
76       }
77    }
78
79    int checkBMP() { ... }          // 82장의 소스와 동일
80    void printBMPInfo() { ... }     // 82장의 소스와 동일
81
82    int main()
83    {
84       if(fileOpen() == 1) return 1;
85       fread(&hBmpFile, sizeof(BITMAPFILEHEADER), 1, ifp);
86       if(checkBMP() == 1) return 1;
87       fread(&hBmpInfo, sizeof(BITMAPINFOHEADER), 1, ifp);
88
89       printBMPInfo();
90
91       int width = hBmpInfo.biWidth;
92       int height = hBmpInfo.biHeight;
```

```
 93        sImage img = readImage(ifp, width, height);

 94

 95        colorToGrayscale(img);

 96        writeGrayscale(img);

 97

 98      fclose(ifp);

 99      fclose(ofp);

100   }
```

5~6 BITMAPFILEHEADER 구조체 hBmpFile과 BITMAPINFOHEADER 구조체 hBmpInfo를 선언합니다.

12~16 픽셀의 정보를 저장하는 sRGB 구조체를 정의합니다.

18~22 이미지를 저장하는 sImage 구조체를 정의합니다.

24~35 입력 파일과 출력 파일을 열어 각각 ifp와 ofp 파일 포인터에 연결합니다.

37~51 입력 파일 포인터와 이미지의 width, height를 매개변수로 전달받아 sImage 구조체인 img에 저장합니다. img의 멤버 중 pixel은 [그림 82-2]와 같이 sRGB 구조체 포인터의 배열이며 메모리를 동적으로 할당합니다. bytesInARow는 패딩을 고려한 한 행의 이미지 정보 크기입니다. fread 함수에서 bytesInARow 바이트씩 읽어서 img.pixel[i]에 저장하고 img를 반환합니다.

53~56 grayscale 함수는 매개변수로 전달받은 pixel의 rgb 값의 평균을 계산하여 반환합니다.

58~65 img를 매개변수로 전달받아 각 픽셀의 rgb 값을 grayscale 함수의 반환 값, 즉 rgb의 평균값으로 바꾸어 줍니다.

67~77 writeGrayscale 함수는 출력 파일에 비트맵 파일을 씁니다. fwrite 함수로 BMPFILEHEADER 구조체인 hBmpFile과 BITMAPINFOHEADER 구조체인 hBmpInfo를 출력 파일에 씁니다. 패딩을 고려하여 한 줄을 구성하는 바이트 수, bytesInARow를 계산하고 img.pixel 배열에 저장된 픽셀 정보를 출력 파일에 씁니다.

84~87 fileOpen 함수를 호출하여 입출력 파일을 파일 포인터에 연결합니다. BMPFILEHEADER 크기의 블록을 읽어서 hBmpFile에 저장합니다. checkBMP 파일을 호출하여 비트맵 파일이라면 BITMAPINFOHEADER 크기의 블록을 읽어서 hBmpInfo에 저장합니다.

89 BMP 파일의 정보를 출력합니다.

91~93 hBmpInfo의 biWidth와 biHeight를 width, height에 저장하고 readImage 함수를 호출하여 픽셀 정보를 img에 저장합니다.

95 colorToGrayscale 함수를 호출하여 img의 pixel 값을 grayscale로 바꿉니다.

96 writeGrayscale 함수를 호출하여 img 정보를 출력 파일에 씁니다.

98~99 ifp와 ofp를 닫습니다.

┃ 결과

```
BMP 파일입니다.
file.bfSize = 786486
file.bfType = 4d42
file.bfOffBits = 54
info.biSize = 40
info.biWidth = 512
info.biHeight = 512
info.biBitCount = 24
info.biCompression = 0
info.biSizeImage = 786432
filesize - imagesize = 54

BMP 파일입니다.
file.bfSize = 1847094
file.bfType = 4d42
file.bfOffBits = 54
info.biSize = 40
info.biWidth = 641
info.biHeight = 960
info.biBitCount = 24
info.biCompression = 0
info.biSizeImage = 1847040
filesize - imagesize = 54
```

084 24비트 컬러 비트맵 파일을 8비트 그레이스케일 비트맵 파일로 변환하기

■ 학습내용 24비트 컬러 비트맵 파일을 8비트 그레이스케일 비트맵 파일로 변환합니다.
■ 힌트내용 8비트 비트맵 파일에는 컬러 테이블이 있어야 합니다.

그레이스케일 이미지는 24비트 비트맵 파일로 저장할 수도 있고 8비트 비트맵 파일로 저장할 수도 있습니다. 24비트 비트맵 파일은 한 픽셀 당 R, G, B 3가지 색깔을 0~255까지의 숫자로 저장하므로 각각 1바이트씩 3바이트, 즉 24비트의 정보를 저장합니다. 당연히 24비트 비트맵 파일의 용량이 8비트 비트맵 파일의 용량보다 큽니다. 하지만 그레이스케일 이미지는 R,G,B 값이 모두 같으므로 8비트로도 같은 품질의 이미지를 저장할 수 있습니다.

24비트 비트맵 파일을 8비트 비트맵으로 변환하는 것은 생각보다 복잡합니다. 헤더 파일의 여러 곳을 바꾸어야 합니다. 특히 24비트 비트맵 파일에는 색상 테이블이 없지만 8비트 비트맵 파일에는 색상 테이블이 있어야 합니다. 〈windgi.h〉 파일에 다음과 같이 RGBQUAD 구조체가 정의되어 있다고 했죠? 8비트 그레이스케일 이미지의 색상 테이블은 256개의 RGBQUAD 구조체로 구성되어 총 1,024바이트의 크기를 갖습니다. 그레이스케일이므로 RGBQUAD 구조체의 RGB의 값은 모두 같고 rgbReserved는 0으로 합니다.

```
typedef     struct        tagRGBQUAD {
    BYTE    rgbBlue;        // 파란색
    BYTE    rgbGreen;       // 녹색
    BYTE    rgbRed;         // 빨간색
    BYTE    rgbReserved;    // 사용하지 않음, 항상 0
} RGBQUAD;                  // 4바이트
```

이번 장에서는 24비트 비트맵 파일을 8비트 비트맵 파일로 바꿉니다. 주의해야 할 점은 앞장에서 설명한 것과 같이 비트맵의 폭은 항상 4의 배수가 되어야 한다는 점입니다.

24비트 컬러 비트맵 파일과 83장에서 만든 24비트 그레이스케일 비트맵 파일은 크기가 같습니다. 24비트 그레이스케일 비트맵과 8비트 그레이스케일 비트맵으로 저장된 이미지를 뷰어 프로그램에서 보면 똑같아 보이지만 윈도우즈 파일 탐색기에서 파일 크기를 확인하면 lena_color.bmp 파일의 크기는 769KB인데 lena_8bit.bmp 파일의 크기는 258KB로 8비트 비트맵 파일이 훨씬 작다는 것을 확인할 수 있습니다.

```
1   #define _CRT_SECURE_NO_WARNINGS
2   #include <stdio.h>
3   #include <Windows.h>
4
5   BITMAPFILEHEADER hBmpFile;
6   BITMAPINFOHEADER hBmpInfo;
7   FILE* ifp, * ofp;
8
9   int checkBMP() { ... }          // 82장의 소스와 동일
10  void printBMPInfo() { ... }     // 82장의 소스와 동일
11
12  int error() {
13     fclose(ofp);
14     fclose(ifp);
15     return 0;
16  }
17
18  int fileOpen()
19  {
20     if((ifp = fopen("lena_color.bmp", "rb")) == NULL) {
21        printf("Error opening lena_color.bmp");
22        return 1;
23     }
24     if((ofp = fopen("lena_8bit.bmp", "wb")) == NULL) {
25        printf("Error opening output file");
26        return 1;
27     }
28     return 0;
29  }
30
31  void checkOutput()
32  {
33     if((ifp = fopen("lena_8bit.bmp", "rb")) == NULL) {
34        printf("Error opening lena_8bit.bmp");
35        return 1;
36     }
37     printf("\nlena_8bit.bmp 정보\n");
38
39     fread(&hBmpFile, sizeof hBmpFile, 1, ifp);
```

```
40        fread(&hBmpInfo, sizeof hBmpInfo, 1, ifp);
41
42        if(checkBMP() == 1) return 1;
43
44        printBMPInfo();
45        fclose(ifp);
46   }
47
48   int main()
49   {
50        int width, height;
51
52        if(fileOpen() == 1)
53           return 1;
54
55        fread(&hBmpFile, sizeof hBmpFile, 1, ifp);
56        fread(&hBmpInfo, sizeof hBmpInfo, 1, ifp);
57
58        if(checkBMP() == 1) return 1;
59
60        width = hBmpInfo.biWidth;
61        height = hBmpInfo.biHeight;
62
63        printBMPInfo();
64
65        if(hBmpInfo.biBitCount != 24)
66        {
67           printf("입력파일이 24비트 포맷이 아닙니다.\n");
68           error();
69        }
70
71        // width in bytes
72        int srcBytesInARow = ((width * 24 + 31) / 32) * 4;
73        int dstBytesInARow = ((width * 8 + 31) / 32) * 4;
74
75        BYTE* src = (BYTE*)malloc(srcBytesInARow * height);
76        BYTE* dst = (BYTE*)malloc(dstBytesInARow * height);
77
78        //read pixels
79        fread(src, 1, srcBytesInARow * height, ifp);
```

```
80
81     //make gray scale color-table
82     BYTE colorTable[1024] = { 0 };
83     for(int i = 0; i < 256; i++)
84        colorTable[i * 4 + 0] = colorTable[i * 4 + 1]
85        = colorTable[i * 4 + 2] = (BYTE)i;
86
87     for(int y = height - 1; y >= 0; y--)
88     {
89        for(int x = 0; x < width; x++)
90        {
91           BYTE b = src[y * srcBytesInARow + x * 3 + 0];
92           BYTE g = src[y * srcBytesInARow + x * 3 + 1];
93           BYTE r = src[y * srcBytesInARow + x * 3 + 2];
94           BYTE gray = (BYTE)(.33 * r + .34 * g + .33 * b);
95           dst[y * dstBytesInARow + x] = gray;
96        }
97     }
98     // modify headers
99     hBmpFile.bfSize = sizeof(hBmpFile) + sizeof(hBmpInfo) +
100        sizeof(colorTable) + dstBytesInARow * height;
101    hBmpFile.bfOffBits
102      = sizeof(hBmpFile) + sizeof(hBmpInfo) + sizeof(colorTable);
103    hBmpInfo.biBitCount = 8;
104    hBmpInfo.biSizeImage = dstBytesInARow * height;
105
106    // write output file
107    fwrite(&hBmpFile, sizeof(hBmpFile), 1, ofp);
108    fwrite(&hBmpInfo, sizeof(hBmpInfo), 1, ofp);
109    fwrite(colorTable, 1, 1024, ofp);
110    fwrite(dst, 1, dstBytesInARow*height, ofp);
111
112    free(src);
113    free(dst);
114    fclose(ofp);
115    fclose(ifp);
116
117    // output file의 정보를 출력
118    checkOutput();
119 }
```

BITMAPFILEHEADER 구조체 hBmpFile과 BITMAPINFOHEADER 구조체 hBmpInfo를 선언합니다.

12~16 24비트 포맷이 아닌 경우에는 error 함수가 호출됩니다. 파일 포인터를 닫고 프로그램을 끝냅니다.

18~29 입력 파일과 출력 파일을 열어 각각 ifp와 ofp 파일 포인터에 연결합니다.

31~46 8비트로 비트맵 파일로 변환이 끝난 후 결과를 확인하기 위해, 출력 파일인 "lena_8bit.bmp"를 ofp로 fopen 하여 비트맵 정보를 출력합니다.

52~53 fileOpen 함수를 호출합니다. 에러가 생기면 프로그램을 종료합니다.

55 ifp에서 BITMAPFILEHEADER 크기의 블록을 읽어서 hBmpFile에 저장합니다.

56 ifp에서 BITMAPINFOHEADER 크기의 블록을 읽어서 hBmpInfo에 저장합니다.

58 checkBMP 함수를 호출하여 BMP 파일이 아니라면 프로그램을 끝냅니다.

60~61 hBmpInfo에서 이미지의 폭과 높이를 width와 height에 저장합니다.

63 BMP 파일의 정보를 출력합니다.

65~69 hBmpInfo.biBitCount는 픽셀당 비트 수를 저장하고 있습니다. 이 프로그램은 24비트 비트맵을 8비트 비트맵으로 변환하는 프로그램이므로, 이 값이 24가 아니라면 error 함수를 호출하여 프로그램을 종료합니다.

72~73 패딩을 고려하여 24비트와 8비트 이미지의 한 행의 픽셀을 저장하기 위한 바이트 수를 계산합니다.

75~76 scr는 24비트, dst는 8비트 이미지를 저장하기 위한 메모리를 동적으로 할당합니다.

79 입력 파일에서 이미지를 읽어서 src에 저장합니다.

82~85 출력 파일은 8비트 비트맵이므로 컬러 테이블이 필요합니다. RGBQUAD 구조체의 크기가 4바이트이므로 256 컬러의 colorTable은 1,024바이트입니다. 1,024바이트의 colorTable을 선언하고 0으로 초기화합니다. 256개의 colorTable의 rgbBlue, rgbGreen, rgbRed는 0~255까지의 값으로 설정합니다. rgbReserved는 사용하지 않는 영역이므로 그대로 0으로 둡니다.

87~97 dst의 각 픽셀은 src의 각 픽셀의 rgb 값을 평균하여 만듭니다. 이렇게 하면 컬러 이미지가 그레이스케일 이미지로 변환됩니다.

99 8비트 비트맵으로 변경되면 비트맵 파일의 헤더들도 바꾸어야 합니다. 비트맵 파일의 크기는 bfSize이며 BITMAPFILEHEADER의 크기(14바이트) + BITMAPINFOHEADER의 크기(40바이트) + 컬러 테이블의 크기(1,024바이트)와 이미지를 저장하는 픽셀 데이터의 크기입니다. 픽셀 데이터의 크기는 이미지 한 줄을 저장하는 바이트 수에 이미지의 높이를 곱한 값

입니다. 헤더 파일의 구조는 82장을 참고합니다.

101 bfOffBits는 픽셀 데이터의 시작 위치입니다.

103 biBitCount는 픽셀 하나를 표현하는 비트 수이므로 8로 설정합니다.

104 biSizeImage는 비트맵 이미지의 픽셀 데이터 크기입니다.

107~110 출력 파일에 hBmpFile, hBmpInfo, colorTable, 그리고 픽셀 데이터가 저장된 dst를 씁니다.

112~115 src와 dst를 free 시키고, 파일 포인터를 닫습니다.

118 8비트로 변환된 비트맵 파일의 정보를 출력합니다.

결과

18번째 줄의 fileOpen 함수에서 lena_color.bmp나 83장에서 만든 lena_gray.bmp를 입력 파일로
지정하고 출력 파일로 lena_8bit.bmp를 지정하여 프로그램을 실행한 결과입니다.

```
BMP 파일입니다.
file.bfSize = 786486
file.bfType = 4d42
file.bfOffBits = 54
info.biSize = 40
info.biWidth = 512
info.biHeight = 512
info.biBitCount = 24
info.biCompression = 0
info.biSizeImage = 786432
filesize - imagesize = 54


lena_8bit.bmp 정보
BMP 파일입니다.
file.bfSize = 263222
file.bfType = 4d42
file.bfOffBits = 1078
info.biSize = 40
info.biWidth = 512
info.biHeight = 512
info.biBitCount = 8
info.biCompression = 0
info.biSizeImage = 262144
filesize - imagesize = 1078
```

085 BMP 파일을 텍스트 아트로 출력하기

■ 학습내용 이미지를 문자로 출력하는 텍스트 아트를 프로그램합니다.
■ 힌트내용 0~255의 픽셀 값을 8개의 문자로 표현합니다.

텍스트 아트는 ASCII 아트 또는 키보드 아트라고도 하며 텍스트로 그림을 만드는 것입니다. 우리가 앞에서 BMP 파일을 처리했지만, 화면에 이미지를 그려주는 프로그램을 만들지는 않았습니다. C 언어로 BMP 뷰어를 만들 필요는 거의 없습니다. 이는 C 언어로 뷰어를 만드는 과정이 복잡하기도 하지만 C#이나 파이선과 같은 언어로 만들면 훨씬 쉽기 때문입니다.

텍스트 아트를 만드는 과정은 생각보다 간단합니다. 이미지의 각 픽셀에 대해 밝고 어두운 정도에 따라서 문자를 써줍니다. 예를 들어 @ 문자는 O 문자보다 진한 부분에 써주는 것입니다. 코드에서 8개의 문자 배열을 만들었는데 진한 픽셀에서 점점 흐린 픽셀에 해당하는 문자입니다. 출력되는 콘솔 화면이 검은색 바탕에 흰색 글씨라면 공백 문자가 가장 어둡고 복잡한 문자일수록 희게 보이게 됩니다. 0~255까지의 그레이스케일을 32단위로 구분하여 가장 어두운 부분은 공백 문자로, 가장 밝은 부분은 @로 써줍니다. gs 값은 픽셀의 그레이스케일 값이므로 숫자가 0에 가까우면 어둡고 255에 가까울수록 밝아집니다.

```
char textPixel[] = { '@', '#', '%', 'O', 'a', '-', '.', ' ' };
for(int i = 0; i < img.height; i++) {
    for(int j = 0; j < img.width; j++) {
        gs = grayscale(img.pixel[i][j]);
        printf("%c", textPixel[7 - gs / 32]);
    }
    printf("\n");
}
```

```c
1   #define _CRT_SECURE_NO_WARNINGS
2   #include <stdio.h>
3   #include <Windows.h>
4
5   BITMAPFILEHEADER hBmpFile;   // hBmpFile
6   BITMAPINFOHEADER hBmpInfo;   // hBmpInfo
7
8   FILE* ifp;
9
10  typedef struct RGB {
11      unsigned char blue;
12      unsigned char green;
13      unsigned char red;
14  } sRGB;
15
16  typedef struct image {
17      int width;
18      int height;
19      struct RGB** pixel;
20  } sImage;
21
22  int checkBMP() { ... }          // 82장의 소스와 동일
23  void printBMPInfo() { ... }     // 82장의 소스와 동일
24
25  unsigned char grayscale(struct RGB pixel)
26  {
27      return (pixel.red + pixel.green + pixel.blue) / 3;
28  }
29
30  void imageToText(sImage img)
31  {
32      unsigned char gs;
33      // 0~31, 32~63... 32단위로 어둡기를 표현
34      char textPixel[] = { '@', '#', '%', 'O', 'a', '-', '.', ' ' };
35      for(int i = 0; i < img.height; i++) {
36          for(int j = 0; j < img.width; j++) {
37              gs = grayscale(img.pixel[i][j]);
38              printf("%c", textPixel[7 - gs / 32]);
39          }
```

```
40          printf("\n");
41      }
42  }
43
44  sImage readImage(FILE* fp, int width, int height)
45  {
46      sImage img;
47      img.width = width;
48      img.height = height;
49      img.pixel = (sRGB**)calloc(height, sizeof(sRGB*));
50
51      int bytesInARow = ((24 * width + 31) / 32) * 4; // padding을 고려
52      for(int i = height − 1; i >= 0; i−−) {
53          img.pixel[i] = (sRGB*)calloc(width, sizeof(sRGB));
54          fread(img.pixel[i], bytesInARow, sizeof(BYTE), fp);
55      }
56      return img;
57  }
58
59  int main()
60  {
61      if((ifp = fopen("fruit.bmp", "rb")) == NULL) {
62          printf("Error opening fruit.bmp");
63          return 1;
64      }
65
66      fread(&hBmpFile, sizeof(BITMAPFILEHEADER), 1, ifp);
67      if(checkBMP() == 1) return 1;
68      fread(&hBmpInfo, sizeof(BITMAPINFOHEADER), 1, ifp);
69      printBMPInfo();
70
71      sImage img = readImage(ifp, hBmpInfo.biWidth, hBmpInfo.biHeight);
72      imageToText(img);
73
74      fclose(ifp);
75  }
```

5~6　BITMAPFILEHEADER 구조체 hBmpFile과 BITMAPINFOHEADER 구조체 hBmpInfo를 선언합니다.

10~14　픽셀의 정보를 저장하는 sRGB 구조체를 정의합니다.

16~20　이미지를 저장하는 sImage 구조체를 정의합니다.

22　BMP 파일인지를 검사하는 함수입니다.

23　BMP 파일의 정보를 출력하는 함수입니다.

25~28　픽셀의 rgb 값의 평균을 계산하여 반환하는 함수입니다.

30~42　img를 매개변수로 받아 어두운 정도를 8단계로 구분하여 textPixel[] 배열의 해당하는 문자로 출력합니다.

44~57　입력 파일에서 이미지 부분을 읽어서 sImage 구조체인 img에 저장한 후 반환합니다.

61~64　fruit.bmp 파일을 열어서 ifp 파일 포인터에 연결합니다.

66　ifp에서 BITMAPFILEHEADER 크기의 블록을 읽어서 hBmpFile에 저장합니다.

67　checkBMP 함수를 호출하여 BMP 파일이 아니라면 프로그램을 끝냅니다.

68　ifp에서 BITMAPINFOHEADER 크기의 블록을 읽어서 hBmpInfo에 저장합니다.

69　BMP 파일의 정보를 출력합니다.

71　ifp에서 이미지 부분을 읽어서 img에 저장합니다.

72　imageToText 함수를 호출하여 img의 각 픽셀을 텍스트로 출력합니다.

[그림 85 – 1]의 BMP 파일을 텍스트 아트로 출력한 결과는 [그림 85 – 2]와 같습니다.

[그림 85 – 1] BMP 파일

[그림 85 – 2] 텍스트 아트 출력 결과

086 이미지 처리 – 밝기 및 콘트라스트 조절과 반전 이미지 만들기

■ 학습내용 이미지의 밝기, 콘트라스트를 조절하고 반전 이미지를 만듭니다.
■ 힌트내용 이미지를 저장하고 픽셀값을 조정하여 비트맵 파일에 씁니다.

앞장에서 몇 개의 프로그램을 통해 비트맵 파일의 구조를 잘 알게 되었습니다. 비트맵 파일의 이미지 부분을 수정하면 이미지에 여러 가지 효과를 줄 수 있습니다. 이 장에서는 8비트 그레이스케일 비트맵 파일의 밝기 조절, 콘트라스트 조절, 이미지 반전을 프로그램해보겠습니다.

예제로 사용하는 lena_gray.bmp 파일은 512x512의 8비트 BMP 파일입니다. 이 파일의 색상 테이블은 1,024바이트 크기를 갖습니다. 픽셀당 8비트의 정보를 갖고 있으며 픽셀 데이터를 그림으로 보면 다음과 같습니다. 즉 이미지의 폭(w)과 높이(h)의 각 픽셀을 8비트로 저장하고 있습니다. 단, 저장되는 순서는 이미지의 맨 아래쪽 픽셀이 맨 앞에 저장됩니다.

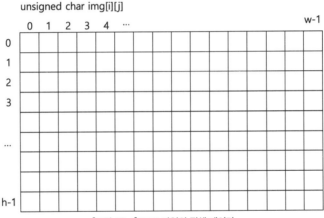

[그림 86-1] BMP 파일의 픽셀 데이터

image를 저장하는 배열은 동적으로 할당해야 하므로 포인터로 만듭니다. inImg는 원본 이미지이고 outImg는 수정할 이미지입니다. bpp는 픽셀 당 바이트 수(bytes per pixe)인데 예제로 사용하는 8비트 비트맵 파일의 bpp는 1입니다.

```
BYTE* inImg, *outImg;
int bpp;        // byte per pixel

inImg = (BYTE*)calloc(sizeof(BYTE), width * height * bpp);
outImg = (BYTE*)calloc(sizeof(BYTE), width * height * bpp);
```

밝기 조절을 알아보겠습니다. 그레이스케일 이미지의 각 픽셀값에 숫자를 더하면 더 밝아지게 되고 숫자를 빼면 더 어두워집니다. 단 숫자의 범위는 0~255 사이에 있어야 합니다. 콘트라스트는 밝은 곳은 더 밝게, 어두운 곳은 더 어둡게 합니다. 0과 255의 중간값인 127을 기준으로 127보다 크면 밝은 점이고 127보다 작으면 어두운 점입니다. 픽셀값과 127의 차이에 입력한 조정값을 곱하여 원래 픽셀값에 가감해줍니다. 이미지 반전은 각 픽셀값에 255에서 현재 픽셀 값을 뺀 숫자를 저장합니다.

📁 **a086_imagePorcessing.c**

```
1   #define _CRT_SECURE_NO_WARNINGS
2   #include <stdio.h>
3   #include <Windows.h>
4
5   int width = 0;
6   int height = 0;
7   int bitCount = 0;
8   int bpp = 0;                       // bytesPerPixel, 픽셀당 바이트수
9
10  BITMAPFILEHEADER hBmpFile;   // hBmpFile
11  BITMAPINFOHEADER hBmpInfo;   // hBmpInfo
12  RGBQUAD rgb[256];
13
14  typedef unsigned char BYTE;
15
16  FILE* ifp, * ofp;
17  BYTE* inImg;
18  BYTE* outImg;
19
20  void changeBrightness()
21  {
22      int bright;
23
24      printf("밝기 조절 값 : ");
25      scanf("%d", &bright);
26
27      for(int j = 0; j < height; j++)
28        for(int i = 0; i < width; i++) {
29          int newPic = *(inImg + (i + j * width) * bpp) + bright;
30          if(newPic > 255)
31            newPic = 255;
```

```
32        if(newPic < 0)
33          newPic = 0;
34        *(outImg + (i + j * width) * bpp) = (BYTE)newPic;
35      }
36  }
37
38  void changeContrast()
39  {
40    int contrast, delta;
41
42    printf("콘트라스트 조절 값(%) : ");
43    scanf("%d", &contrast);
44
45    for(int j = 0; j < height; j++)
46      for(int i = 0; i < width; i++) {
47        unsigned newPic = *(inImg + (i + j * width) * bpp);
48        if(newPic > 127) {
49          if((newPic += (newPic - 127) * contrast / 100.) > 255)
50            newPic = 255;
51        }
52        else if(newPic < 127) {
53          if((newPic -= (127 - newPic) * contrast / 100.) < 0)
54            newPic = 0;
55        }
56        *(outImg + (i + j * width) * bpp) = newPic;
57      }
58  }
59
60  void invert()
61  {
62    for(int j = 0; j < height; j++)
63      for(int i = 0; i < width; i++) {
64        int newPic = 255 - *(inImg + (i + j * width) * bpp);
65        *(outImg + (i + j * width) * bpp) = (BYTE)newPic;
66      }
67  }
68
69  void menu()
70  {
71    int choice;
```

```
72
73    printf("\nImage Processing...\n");
74    printf(" 1. 밝기 조절\n");
75    printf(" 2. 콘트라스트\n");
76    printf(" 3. 이미지 반전\n");
77    printf("Choose Menu :");
78    scanf("%d", &choice);
79
80    switch (choice) {
81    case 1: changeBrightness(); break;
82    case 2: changeContrast(); break;
83    case 3: invert(); break;
84    }
85  }
86
87  int fileOpen()
88  {
89    if((ifp = fopen("lena_gray.bmp", "rb")) == NULL) {
90      printf("Error opening lena_gray.bmp");
91      return 1;
92    }
93    if((ofp = fopen("output.bmp", "wb")) == NULL) {
94      printf("Error opening output file");
95      return 1;
96    }
97    return 0;
98  }
99
100 void printBMPInfo() { ... }        // 82장의 소스와 동일
101 int checkBMP() { ... }             // 82장의 소스와 동일
102
103 void writeBMP()
104 {
105   fwrite(&hBmpFile, sizeof(BITMAPFILEHEADER), 1, ofp);
106   fwrite(&hBmpInfo, sizeof(BITMAPINFOHEADER), 1, ofp);
107   fwrite(rgb, sizeof(RGBQUAD), 256, ofp);
108   fwrite(outImg, width * height * bitCount / 8, 1, ofp);
109 }
110
111 int main()
```

```
112  {
113      if(fileOpen() == 1) return 1;
114
115      fread(&hBmpFile, sizeof(BITMAPFILEHEADER), 1, ifp);
116      if(checkBMP() == 1) return 1;
117
118      fread(&hBmpInfo, sizeof(BITMAPINFOHEADER), 1, ifp);
119      fread(rgb, sizeof(RGBQUAD), 256, ifp);
120      printBMPInfo();
121
122      width = hBmpInfo.biWidth;
123      height = hBmpInfo.biHeight;
124      bitCount = hBmpInfo.biBitCount;
125      bpp = bitCount / 8;
126
127      inImg = (BYTE*)calloc(sizeof(BYTE), width * height * bpp);
128      outImg = (BYTE*)calloc(sizeof(BYTE), width * height * bpp);
129
130      fread(inImg, width * height * bpp, 1, ifp);
131
132      menu();
133      writeBMP();
134
135      free(inImg);
136      free(outImg);
137      fclose(ifp);
138      fclose(ofp);
139  }
```

10-11 BITMAPFILEHEADER 구조체 hBmpFile과 BITMAPINFOHEADER 구조체 hBmpInfo를 선언합니다.

12 RGBQUAD 배열 rgb[256]을 선언합니다.

17-18 원본 이미지 inImg와 수정할 이미지 outImg를 동적으로 메모리를 할당하기 위해 BYTE*로 선언합니다.

20~36 이미지의 밝기를 조절하는 함수입니다. 조절할 밝기의 양을 bright로 입력받아 이미지의 각 픽셀값에 더해줍니다. bright의 값은 음수일 수도 있습니다. 조정된 값이 255를 넘으면 255로 바꾸고 0보다 작으면 0으로 바꿉니다. 바뀐 픽셀값을 outImg에 저장합니다.

38~58 콘트라스트를 조절하는 함수입니다. 콘트라스트 조절 값을 %로 입력받아 이미지의 각 픽셀 값을 변경합니다. 픽셀값이 0과 255의 중간값인 127보다 크면 더 밝게 하고 127보다 작으면 더 어둡게 합니다. 픽셀값과 127의 차이를 콘트라스트 조절 값으로 곱해서 원래 픽셀값에 더 해줍니다. 결과가 255를 넘으면 255로 바꾸고 0보다 작으면 0으로 바꿉니다. 바뀐 픽셀값을 outImg에 저장합니다.

60~67 이미지를 반전하는 함수입니다. 픽셀값을 255에서 뺀 값으로 바꾸고 outImg에 저장합니다.

73~78 메뉴를 표시하고 선택하게 합니다.

80~83 선택한 메뉴에 따라 해당 함수를 호출합니다.

87~98 입력과 출력 파일을 열어서 파일 포인터에 연결합니다.

103~109 출력 파일을 쓰는 함수입니다. BITMAPFILEHEADER와 BITMAPINFOHEADER, 컬러 테 이블을 쓰고 변경된 이미지 부분을 써줍니다.

113 fileOpen 함수를 호출하여 입출력 파일을 파일 포인터에 연결합니다.

115 ifp에서 BITMAPFILEHEADER 크기의 블록을 읽어서 hBmpFile에 저장합니다.

116 checkBMP 함수를 호출하여 BMP 파일이 아니라면 프로그램을 끝냅니다.

118 ifp에서 BITMAPINFOHEADER 크기의 블록을 읽어서 hBmpInfo에 저장합니다.

119 ifp에서 컬러테이블을 읽어서 rgb에 저장합니다.

120 BMP 파일의 정보를 출력합니다.

122~125 hBmpInfo 구조체에서 이미지의 폭과 높이, 픽셀당 비트 수를 가져오고 픽셀당 바이트 bpp를 설정합니다.

127~128 입력 이미지를 저장하는 inImg와 출력 이미지를 저장하는 outImg를 동적으로 할당합니다.

130 ifp에서 이미지 부분을 읽어와서 inImg에 저장합니다.

132~133 menu 함수를 호출하여 사용자의 선택에 따라 이미지를 변경한 후, writeBMP 파일을 호출하 여 BMP 파일에 저장합니다.

135~138 inImg, outImg를 free 시키고 ifp와 ofp를 닫습니다.

lena_gray.bmp 파일을 밝기 조절, 콘트라스트 조절, 이미지 반전한 후의 출력 파일입니다.

```
BMP 파일입니다.
file.bfSize = 263222
file.bfType = 4d42
file.bfOffBits = 54
info.biSize = 40
info.biWidth = 512
info.biHeight = 512
info.biBitCount = 8
info.biCompression = 0
info.biSizeImage = 262144
filesize - imagesize = 1078

Image Processing...
 1. 밝기 조절
 2. 콘트라스트
 3. 이미지 반전
Choose Menu :1 [Enter]
밝기 조절 값 : 30 [Enter]

Choose Menu :2 [Enter]
콘트라스트 조절 값(%) : 30 [Enter]

Choose Menu :3 [Enter]
```

| 원본 | 30 밝게 | 30 어둡게 | 30% 콘트라스트 | 이미지 반전 |

087 이미지 처리
– 미러링, 확대, 축소, 잘라내기

■ 학습내용 이미지를 좌우, 상하 반전, 확대, 축소, 잘라내기 기능을 학습합니다.
■ 힌트내용 이미지를 배열에 저장하고 수정하여 파일에 저장합니다.

원본 이미지를 처리하여 여러 가지 방법으로 변환할 수 있습니다. 이때 헤더 파일은 필요에 따라 수정이 필요할 수 있습니다. 헤더 파일과 색상 테이블, 배열에서 변환된 이미지는 출력 파일에 써주면 됩니다.

예제로 사용하는 lena_gray.bmp 파일은 512×512의 8비트 BMP 파일입니다. 이 파일의 색상테이블은 1,024바이트 크기를 갖습니다. 픽셀당 8비트의 정보를 갖고 있으며 픽셀 데이터를 그림으로 보면 다음과 같습니다. 즉 이미지의 폭(w)과 높이(h)의 각 픽셀을 8비트로 저장하고 있습니다. 단, 저장되는 순서는 이미지의 맨 아래쪽 픽셀이 맨 앞에 저장됩니다.

이미지를 저장하는 image 배열은 동적으로 할당해야 하므로 포인터로 선언합니다. 이번 장에서는 86장과 다르게 2차원 배열로 처리하겠습니다. 2차원 배열이므로 포인터의 포인터, 즉 이중 포인터로 선언합니다. 아래에서 BYTE는 unsigned char와 같습니다.

```
BYTE **image;
image = (BYTE **)calloc(h, sizeof(BYTE *));
for(int 0; i<h; i++)
    image[i] = (BYTE *)calloc(w, sizeof(BYTE));
```

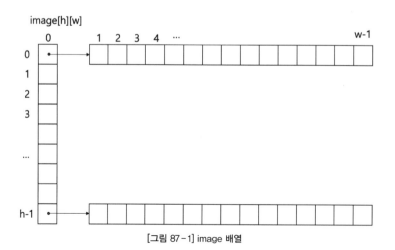

[그림 87 – 1] image 배열

먼저 좌우 대칭 이미지와 상하 대칭 이미지를 만듭니다. 좌우 대칭은 원본 이미지의 가로 방향으로 왼쪽 픽셀부터 출력 이미지의 오른쪽 픽셀로 이동시켜주면서 반복합니다.

```
for(int i = height - 1; i >= 0; i--) {
    for(int j = 0; j < width; j++)
        outImg[i][width - j - 1] = inImg[i][j];
}
```

상하 대칭은 맨 위의 한 줄을 맨 다음의 한 줄로 이동시켜주는 식으로 반복합니다.

```
for(int i = 0; i < height; i++) {
    for(int j = 0; j < width; j++)
        outImg[height - i - 1][j] = inImg[i][j];
}
```

[그림 87-2] 원본 이미지와 좌우 대칭, 상하 대칭된 이미지

특정한 영역을 지정하여 잘라내기 기능을 구현할 수 있습니다. 출력 이미지는 잘라낸 이미지만을 저장할 수 있는 크기로 메모리를 할당하고 원본 이미지의 복사할 영역을 그대로 옮겨주면 됩니다. 이 장의 프로그램에서는 잘라내기 예로 [그림 87-3]과 같이 이미지 중앙에서 이미지 폭의 절반, 높이의 절반 크기 영역을 잘라냅니다.

```
for(int i = 0; i < h; i++) {
    for(int j = 0; j < w; j++)
        outImg[i][j] = inImg[w-2/w + i][h-h/2 + j];
}
```

unsigned char img[i][j]

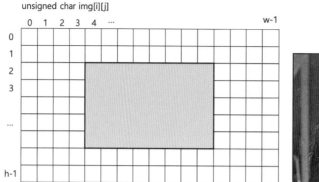

[그림 87-3] 원본 이미지와 잘라낸 이미지

확대와 축소도 가능합니다. 확대와 축소비율을 곱해서 새로운 이미지의 폭과 높이를 지정하고 비율의 역수를 곱한 위치의 원본 이미지를 복사해줍니다.

```
float f; // 비율
int h = (int)(height * f);
int w = (int)(width * f);
w = ((w * 8 + 31) / 32) * 4; // 패딩

for(int i = 0; i < h; i++) {
    for(int j = 0; j < w; j++)
        outImg[i][j] = inImg[(int)(i/f)][(int)(j/f)];
}
```

[그림 87-4] 원본 이미지와 축소, 확대 이미지

```
1    #define _CRT_SECURE_NO_WARNINGS
2    #include <stdio.h>
3    #include <Windows.h>
4
5    FILE* ifp, * ofp;
6    unsigned char** inImg;
7    unsigned char** outImg;
8
9    BITMAPFILEHEADER hBmpFile;    // hBmpFile
10   BITMAPINFOHEADER hBmpInfo;    // hBmpInfo
11   RGBQUAD rgb[256];             // Color Table
12
13   int width = 0;
14   int height = 0;
15   int bitCount = 0;
16
17   void writeImage(int width, int height)
18   {
19       for(int i = height - 1; i >= 0; i--)
20           fwrite(outImg[i], width, sizeof(unsigned char), ofp);
21   }
22
23   void freeImage(int w, int h)
24   {
25       for(int i = 0; i < height; i++)
26           free(inImg[i]);
27       free(inImg);
28       for(int i = 0; i < h; i++)
29           free(outImg[i]);
30       free(outImg);
31   }
32
33   void writeHeader()
34   {
35       fwrite(&hBmpFile, sizeof(BITMAPFILEHEADER), 1, ofp);
36       fwrite(&hBmpInfo, sizeof(BITMAPINFOHEADER), 1, ofp);
37       fwrite(rgb, sizeof(RGBQUAD), 256, ofp);
38   }
```

```c
39   void changeHeader(int w, int h)
40   {
41      hBmpInfo.biWidth = w;
42      hBmpInfo.biHeight = h;
43      hBmpFile.bfSize = sizeof(hBmpInfo) + sizeof(hBmpFile)
44               + sizeof(rgb) + w * h;
45   }
46
47   void xMirroring()
48   {
49      outImg = (unsigned char**)calloc(height, sizeof(unsigned char*));
50
51      for(int i = height - 1; i >= 0; i--) {
52         outImg[i] = (unsigned char*)calloc(width, sizeof(unsigned char));
53         for(int j = 0; j < width; j++)
54            outImg[i][width - j - 1] = inImg[i][j];
55      }
56      writeHeader();
57      writeImage(width, height);
58
59      freeImage(width, height);
60   }
61
62   void yMirroring()
63   {
64      outImg = (unsigned char**)calloc(height, sizeof(unsigned char*));
65      for(int i = 0; i < height; i++)
66         outImg[i] = (unsigned char*)calloc(width, sizeof(unsigned char));
67
68      for(int i = 0; i < height; i++) {
69         for(int j = 0; j < width; j++)
70            outImg[height - i - 1][j] = inImg[i][j];
71      }
72      writeHeader();
73      writeImage(width, height);
74      freeImage(width, height);
75   }
76
77   void crop()
78   {
```

```
79      int h = height / 2;
80      int w = width / 2;
81      w = ((w * 8 + 31) / 32) * 4;
82
83      changeHeader(w, h);
84      writeHeader();
85
86      outImg = (unsigned char**)calloc(h, sizeof(unsigned char*));
87      for(int i = 0; i < h; i++)
88         outImg[i] = (unsigned char*)calloc(w, sizeof(unsigned char));
89
90      for(int i = 0; i < h; i++)
91         for(int j = 0; j < w; j++)
92            outImg[i][j] = inImg[w-2/w + i][h-h/2 + j];
93
94      writeImage(w, h);
95      freeImage(w, h);
96   }
97
98   void resize(float f)
99   {
100     int h = (int)(height * f);
101     int w = (int)(width * f);
102     w = ((w * 8 + 31) / 32) * 4;        // 패딩
103
104     changeHeader(w, h);
105     writeHeader();
106
107     outImg = (unsigned char**)calloc(h, sizeof(unsigned char*));
108     for(int i = 0; i < h; i++)
109        outImg[i] = (unsigned char*)calloc(w, sizeof(unsigned char));
110
111     for(int i = 0; i < h; i++)
112        for(int j = 0; j < w; j++)
113           outImg[i][j] = inImg[(int)(i/f)][(int)(j/f)];
114
115     writeImage(w, h);
116     freeImage(w, h);
117  }
118
```

```
119   void menu()
120   {
121       int choice;
122
123       printf("\nImage Processing...\n");
124       printf(" 1. 좌우 반전\n");
125       printf(" 2. 상하 반전\n");
126       printf(" 3. 이미지 자르기\n");
127       printf(" 4. 이미지 축소\n");
128       printf(" 5. 이미지 확대\n");
129       printf("Choose Menu :");
130       scanf("%d", &choice);
131
132       switch (choice) {
133       case 1: xMirroring(); break;
134       case 2: yMirroring(); break;
135       case 3: crop(); break;
136       case 4: resize(0.5); break;
137       case 5: resize(1.5); break;
138       }
139   }
140
141   void printBMPInfo() { ... }        // 83장의 소스와 동일
142   int checkBMP() { ... }             // 83장의 소스와 동일
143   int fileOpen() { ... }             // 83장의 소스와 동일
144
145   int main()
146   {
147       if(fileOpen() == 1) return 1;
148
149       fread(&hBmpFile, sizeof(BITMAPFILEHEADER), 1, ifp);
150       if(checkBMP() == 1) return 1;
151
152       fread(&hBmpInfo, sizeof(BITMAPINFOHEADER), 1, ifp);
153       fread(rgb, sizeof(RGBQUAD), 256, ifp);
154       printBMPInfo();
155
156       width = hBmpInfo.biWidth;
157       height = hBmpInfo.biHeight;
158
```

```
159      // inImg 메모리 할당과 이미지 읽어오기
160      inImg = (unsigned char**)calloc(height, sizeof(unsigned char*));
161      for(int i = height−1; i >= 0; i−−) {
162         inImg[i] = (unsigned char*)calloc(width, sizeof(unsigned char));
163         fread(inImg[i], width, 1, ifp);
164      }
165
166      menu();
167      printf("output.bmp saved!");
168
169      fclose(ifp);
170      fclose(ofp);
171   }
```

9~11 BITMAPFILEHEADER 구조체 hBmpFile과 BITMAPINFOHEADER 구조체 hBmpInfo를
선언합니다. RGBQUAD 배열 rgb[256]을 선언합니다.

17~21 매개변수로 전달받은 width와 height에 따라 outImg를 ofp에 써줍니다.

23~31 동적으로 할당했던 inImg와 outImg를 free 시킵니다.

33~38 출력 파일에 BITMAPFILEHEADER와 BITMAPINFOHEADER, 컬러 테이블을 쓰는 함수
입니다.

39~45 변화된 이미지의 폭과 높이, 비트맵 파일 크기를 헤더에서 수정합니다.

47~60 좌우 대칭 이미지를 만드는 함수입니다. 원본 이미지의 가로 방향으로 왼쪽 픽셀부터 출력 이
미지의 오른쪽 픽셀로 이동시켜주면서 반복합니다. 출력 이미지가 만들어지면 writeHeader
함수를 호출하여 헤더를 쓰고, writeImage 함수를 호출하여 변환된 이미지를 출력 파일에 씁
니다. 그 이후에 freeImage 함수로 동적으로 할당했던 inImg와 outImg를 free 시킵니다.

62~75 상하 대칭 이미지를 만드는 함수입니다. 상하 대칭은 맨 위의 한 줄을 맨 아랫줄로 이동시켜
주는 식으로 반복합니다. 출력 이미지가 만들어지면 writeHeader, writeImage 함수를 호출하
여 변환된 이미지를 출력 파일에 쓰고 freeImage 함수로 동적으로 할당했던 inImg와 outImg
를 free 시킵니다.

77~96 잘라내기 함수입니다. h는 이미지 높이의 절반, w는 이미지 폭의 절반으로 설정합니다. 프로그램을 수정하면 원하는 영역을 잘라내게 할 수도 있습니다. w는 padding을 고려하여 수정합니다. 이미지의 크기가 바뀌었으므로 changeHeader 함수를 호출하여 이미지의 폭과 높이, 파일 크기를 헤더에서 수정합니다. outImg에 필요한 만큼의 메모리를 동적으로 할당하고 원본 이미지에서 중앙에 있는 픽셀들을 outImg에 복사합니다.

98~117 매개변수로 전달받은 비율대로 원본 이미지를 축소 확대하는 함수입니다. h는 원본 이미지의 높이에 비율을 곱하여 설정합니다. w는 원본 이미지의 폭에 비율을 곱하고 padding을 고려하여 수정합니다. changeHeader 함수와 writeHeader 함수를 호출하여 이미지의 폭과 높이, 파일 크기를 헤더에서 수정하고 출력 파일에 씁니다. outImg에 필요한 만큼의 메모리를 동적으로 할당하고 원본 이미지에서 중앙에 있는 픽셀들을 outImg에 복사합니다. w와 h에 해당하는 픽셀을 원본 이미지에서 축소 확대 비율로 나눈 곳의 픽셀로 설정합니다.

119~139 menu 함수입니다. 메뉴를 표시하고 사용자의 입력에 따라 해당하는 함수를 호출합니다. 축소는 resize(0.5) 함수를 호출하여 크기를 반으로 줄이고, 확대는 resize(1.5) 함수를 호출하여 이미지 크기를 1.5배로 만듭니다. 이 값을 사용자로부터 받아서 사용할 수도 있겠지요.

147 입력과 출력 파일을 열어서 파일 포인터에 연결합니다.

149 ifp에서 BITMAPFILEHEADER 크기의 블록을 읽어서 hBmpFile에 저장합니다.

150 checkBMP 함수를 호출하여 BMP 파일이 아니라면 프로그램을 끝냅니다.

152 ifp에서 BITMAPINFOHEADER 크기의 블록을 읽어서 hBmpInfo에 저장합니다.

153 ifp에서 컬러 테이블을 읽어서 rgb에 저장합니다.

154 BMP 파일의 정보를 출력합니다.

156~157 hBmpInfo 구조체에서 이미지의 폭과 높이를 가져옵니다.

160~164 inImg에 동적으로 메모리를 할당하고 fread 함수로 이미지를 읽어옵니다.

166 menu 함수를 호출하여 메뉴를 표시합니다.

167 변환이 끝나면 output.bmp 파일에 변환된 이미지가 저장됩니다.

169~170 ifp와 ofp를 닫습니다.

```
BMP 파일입니다.
info.biSize = 40
info.biWidth = 512
info.biHeight = 512
info.biBitCount = 8
info.biCompression = 0
info.biPlanes = 1
file.bfSize = 263224
file.bfType = 4d42
file.bfOffBits = 1078

Image Processing...
 1. 좌우 반전
 2. 상하 반전
 3. 이미지 자르기
 4. 이미지 축소
 5. 이미지 확대
Choose Menu : 1 Enter
output.bmp saved!
```

05 PART 개발

실무 프로젝트 개발

C언어
100제

088 메뉴에 의해 동작하는 프로그램 만들기

- **학습내용** 메뉴 형식의 프로그램을 만듭니다.
- **힌트내용** 메뉴를 화면에 보여주고 사용자의 입력에 따라 switch 문으로 해당 함수를 실행시킵니다.

86장과 87장에서 메뉴를 사용하는 프로그램을 작성했습니다. 특히 C 언어로는 그래픽을 사용한 사용자 인터페이스를 구현하기가 어렵기 때문에 간단한 메뉴 방식의 인터페이스를 많이 사용합니다. 메뉴를 화면에 보여주고 사용자의 입력을 유도하여 입력에 따라 해당하는 함수를 실행시킵니다. 이때 switch ~ case 문을 사용하면 잘 정돈된 프로그램을 만들 수 있습니다.

다음은 메뉴를 사용하여 원, 직사각형, 구의 면적을 계산하는 프로그램입니다.

소스 a088_menuDriven.c

```
1   #define _CRT_SECURE_NO_WARNINGS
2   #define PI     3.141592
3   #include <stdio.h>
4
5   void menu()
6   {
7       printf("== 메뉴 ==\n");
8       printf(" 1. 원의 면적\n");
9       printf(" 2. 정사각형의 면적\n");
10      printf(" 3. 구의 면적\n");
11      printf(" 4. 프로그램 종료\n");
12      printf("원하는 메뉴를 선택하세요: ");
13  }
14
15  void circleMenu()
16  {
17      float result, num;
18
19      printf("원의 반지름을 입력하세요: ");
20      scanf("%f", &num);
21      result = PI * num * num;
22      printf("원의 면적 = %f\n", result);
23  }
24
25  void squareMenu()
```

```
26   {
27       float result, side;
28
29       printf("정사각형의 한변의 크기를 입력하세요: ");
30       scanf("%f", &side);
31       result = side * side;
32       printf("정사각형의 면적 = %f\n", result);
33   }
34
35   void sphareMenu()
36   {
37       float result, radius;
38
39       printf("구의 반지름을 입력하세요: ");
40       scanf("%f", &radius);
41       result = 4 * (PI * radius * radius);
42       printf("구의 표면적 = %f\n", result);
43   }
44
45   int main()
46   {
47       int choice;
48
49       do {
50           menu();
51           scanf("%d", &choice);
52           switch (choice) {
53           case 1:
54               circleMenu();
55               break;
56           case 2:
57               squareMenu();
58               break;
59           case 3:
60               sphareMenu();
61               break;
62           default:
63               break;
64           }
65       } while (choice != 4);
66   }
```

5~13 메뉴를 표시하는 함수입니다.

15~23 원의 면적을 계산하여 출력하는 함수입니다.

25~33 사각형의 면적을 계산하여 출력하는 함수입니다.

35~43 구의 표면적을 계산하여 출력하는 함수입니다.

49~65 do~while 문으로 우선 메뉴를 선택하게 하고 종료 메뉴가 선택될 때까지 계속 반복합니다. switch~case 문으로 각 메뉴에 해당하는 함수를 호출합니다.

▌결과

```
== 메뉴 ==
1. 원의 면적
2. 정사각형의 면적
3. 구의 면적
4. 프로그램 종료
원하는 메뉴를 선택하세요: 1 [Enter]
원의 반지름을 입력하세요: 10 [Enter]
원의 면적 = 314.159210

== 메뉴 ==
1. 원의 면적
2. 정사각형의 면적
3. 구의 면적
4. 프로그램 종료
원하는 메뉴를 선택하세요: 2 [Enter]
정사각형의 한변의 크기를 입력하세요: 10 [Enter]
정사각형의 면적 = 100.000000

== 메뉴 ==
1. 원의 면적
2. 정사각형의 면적
3. 구의 면적
4. 프로그램 종료
원하는 메뉴를 선택하세요: 3 [Enter]
구의 반지름을 입력하세요: 10 [Enter]
구의 표면적 = 1256.636841

== 메뉴 ==
1. 원의 면적
2. 정사각형의 면적
3. 구의 면적
4. 프로그램 종료
원하는 메뉴를 선택하세요: 4 [Enter]
```

089 주소록 관리시스템

■ 학습내용 연결리스트와 파일 입출력을 사용하여 주소록 관리시스템을 구현합니다.
■ 힌트내용 파일에서 자료를 읽어와서 구조체의 연결리스트를 구성합니다.

53~55장에서 공부한 연결리스트는 필요한 만큼의 메모리를 동적으로 할당하여 사용하기 때문에 메모리의 낭비 없이 자료를 저장할 수 있다는 장점이 있습니다. 이번 장에서는 주소록 관리시스템을 연결리스트를 사용하여 구현합니다. 프로그램이 종료될 때 연결리스트에 저장된 데이터를 파일에 쓰고, 프로그램이 시작될 때 파일에 저장된 데이터를 읽어와서 연결리스트를 구성합니다.
연락처 정보는 person 구조체로 저장합니다. 그림과 같이 person 구조체의 마지막 멤버인 next가 다음 person 구조체를 연결하는 데 사용됩니다.

```
typedef struct person {
    int id;                // 번호
    char name[10];         // 이름
    char address[30];      // 주소
    char phone[14];        // 핸드폰
    char email[30];        // e-mail
    struct person* next;   // 다음 노드
} person;
```

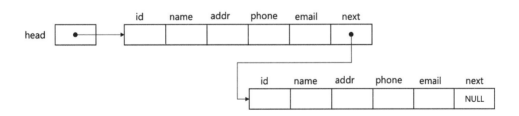

[그림 89-1] Person 구조체의 연결리스트

파일에 데이터를 저장하거나 읽어올 때는 fread와 fwrite 함수를 사용합니다. 연결리스트를 순회하고 노드를 추가하거나 삭제하는 과정은 53~55장의 내용을 참조하기 바랍니다.

```
1    #define _CRT_SECURE_NO_WARNINGS
2    #include <stdio.h>
3    #include <stdlib.h>
4    #include <string.h>
5
6    typedef struct person {
7        int id;                          // 번호
8        char name[20];                   // 이름
9        char address[50];                // 주소
10       char phone[14];                  // 핸드폰
11       char email[30];                  // e-mail
12       struct person* next;             // 다음 노드 포인터
13   } person;
14
15   person* head = NULL;                 // 리스트의 헤드
16   int lastId = 0;                      // 마지막 사람의 번호
17
18   void insertNode();                   // 노드 삽입 함수
19   void deleteNode();                   // 노드 삭제 함수
20   void display();                      // 노드 정보 출력 함수
21   void save();                         // 리스트를 파일에 저장
22
23   void append(person* p)
24   {
25       person* ptr, * temp;
26
27       temp = (person*)malloc(sizeof(person));
28       temp->id = p->id;
29       strcpy(temp->name, p->name);
30       strcpy(temp->address, p->address);
31       strcpy(temp->phone, p->phone);
32       strcpy(temp->email, p->email);
33       temp->next = NULL;
34
35       if(head == NULL) {
36           head = temp;
37       }
38       else {
39           ptr = head;
```

```
40          while (ptr->next != NULL) {
41                  ptr = ptr->next;
42          }
43          ptr->next = temp;
44      }
45  }
46
47  void readFile()
48  {
49      FILE* fp = fopen("address.txt", "a+");
50      person p;
51
52      while (fread(&p, sizeof(person), 1, fp)) {
53          if(lastId < p.id)
54                  lastId = p.id;
55          append(&p);
56      }
57      fclose(fp);
58  }
59
60  void save()
61  {
62      FILE* fp = fopen("address.txt", "w+");
63
64      for(person* ptr = head; ptr; ptr = ptr->next) {
65          fwrite(ptr, sizeof(person), 1, fp);
66      }
67      fclose(fp);
68  }
69
70  int main()
71  {
72      person* ptr;
73      int choice;
74
75      readFile();                     // 주소록 파일 읽어오기
76
77      do {
78          printf("\n== 주소록 관리 시스템 ==\n\n");
79          printf(" 1. 등 록\n");
```

```
80          printf(" 2. 출 력\n");
81          printf(" 3. 삭 제\n");
82          printf(" 4. 저 장\n");
83          printf(" 0. 종 료\n");
84          printf("\n => 메뉴를 선택하세요: ");
85          scanf("%d", &choice);
86
87          switch (choice) {
88          case 1:
89              insertNode();
90              display();
91              break;
92          case 2:
93              display();
94              break;
95          case 3:
96              deleteNode();
97              display();
98              break;
99          case 4:
100             save();
101             break;
102         }
103     } while (choice != 0);
104 }
105
106 void insertNode()
107 {
108     person* ptr, * temp;
109
110     temp = (person*)malloc(sizeof(person));
111     temp->next = NULL;
112
113     temp->id = ++lastId;
114
115     printf("이름 : ");      scanf(" %[^\n]s", temp->name);
116     printf("주소 : ");      scanf(" %[^\n]s", temp->address);
117     printf("전화번호 : ");   scanf(" %s", temp->phone);
118     printf("E-Mail : ");    scanf(" %s", temp->email);
119
```

```c
120    if(head == NULL)
121        head = temp;
122    else {
123        for(ptr = head; ptr->next; ptr = ptr->next)
124                        ;
125        ptr->next = temp;
126    }
127 }
128
129 void deleteNode()
130 {
131    person* prev, * ptr = head, * tmp;
132    int delId = 0;
133
134    printf("삭제할 Id를 입력하세요: ");
135    scanf("%d", &delId);
136
137    if(head == NULL) {
138        printf("아직 데이터가 없습니다.");
139        return;
140    }
141    else if(head->id == delId) {
142        ptr = head;
143        head = head->next;
144        free(ptr);
145    }
146    else {
147        for(ptr = head; ptr->next; ptr = ptr->next) {
148            prev = ptr;
149            if(ptr->next->id == delId) {
150                tmp = ptr->next;
151                prev->next = ptr->next->next;
152                free(tmp);
153                break;
154            }
155        }
156    }
157 }
158
159 void display()
```

```
160  {
161      person* ptr = head;
162
163      printf("——————————————————————————————\n");
164      printf("%-5s", "번호");
165      printf("%-20s", "이름");
166      printf("%-30s", "주소");
167      printf("%-20s", "전화번호");
168      printf("%-30s\n", "E-Mail");
169      printf("——————————————————————————————\n");
170
171
172      while (ptr != NULL) {
173          printf("%-5d", ptr->id);
174          printf("%-20s", ptr->name);
175          printf("%-30s", ptr->address);
176          printf("%-20s", ptr->phone);
177          printf("%-30s", ptr->email);
178          printf("\n");
179          ptr = ptr->next;
180      }
181      printf("——————————————————————————————\n");
182  }
```

6~13 person 구조체를 정의합니다.

15 연결리스트의 헤드 노드입니다.

16 lastId는 마지막으로 등록된 사람의 번호입니다.

23~45 연결리스트의 맨 뒤에 매개변수로 전달된 p의 데이터를 추가합니다.

47~58 readFile 함수는 프로그램이 시작할 때 address.txt 파일에서 등록된 주소록 정보를 하나씩 읽어와서 연결리스트에 추가합니다.

49 address.txt 파일을 "a+" 모드로 열고 파일 포인터 fp에 연결합니다. "a+" 모드이므로, 이 파일이 없으면 새로 만듭니다.

52~56 fp에서 person 구조체 크기의 블록을 하나씩 읽어서 p에 저장합니다. lastId는 등록된 사람의 id 중에서 가장 큰 값입니다. append 함수를 호출하여 연결리스트에 추가합니다.

60~68 save 함수는 4번 메뉴인 "저장"을 선택할 때 호출됩니다. address.txt 파일을 "w+" 모드로 열고, 연결리스트의 노드 정보들을 person 구조체 크기의 블록 단위로 파일에 씁니다.

75 프로그램이 시작할 때 readFile 함수를 호출하여 주소록 파일을 읽어옵니다.

77~103 반복적으로 메뉴를 표시하고 사용자의 입력에 따라 해당 함수를 호출합니다. 사용자가 0을 선택하면 종료합니다.

106~127 insertNode 함수는 1번 메뉴인 "등록"을 선택할 때 호출됩니다. person 구조체 temp를 동적할당하고 id는 lastId 보다 하나 큰 값으로 설정합니다. 이름, 주소, 전화번호, E-mail을 입력받아 temp에 저장하고 연결리스트의 맨 뒤에 연결합니다.

129~157 deleteNode 함수는 3번 메뉴인 "삭제"를 선택할 때 호출됩니다. 삭제할 id를 입력받고 연결리스트에서 해당 id를 가진 노드를 찾아 삭제합니다.

159~182 display 함수는 연결리스트의 내용을 화면에 보여줍니다.

결과

번호	이름	주소	전화번호	E-Mail
1	강병익	대전 서구	010-1234-5678	bik@abcd.com
2	아이유	서울 중구	010-2223-4456	iu@ccc.com
3	조지훈	경북 안동시	010-7766-8899	jhcho@fbcc.com

```
            == 주소록 관리 시스템 ==
        1. 등 록
        2. 출 력
        3. 삭 제
        4. 저 장
        0. 종 료
    => 메뉴를 선택하세요: 1 Enter
    이름 : 이지윤 Enter
    주소 : 충남 천안시 Enter
    전화번호 : 010-2121-5656 Enter
    E-Mail : jyl@abc.com Enter
```

번호	이름	주소	전화번호	E-Mail
1	강병익	대전 서구	010-1234-5678	bik@abcd.com
2	아이유	서울 중구	010-2223-4456	iu@ccc.com
3	조지훈	경북 안동시	010-7766-8899	jhcho@fbcc.com
4	이지윤	충남 천안시	010-2121-5656	jyl@abc.com

== 주소록 관리 시스템 ==

1. 등 록
2. 출 력
3. 삭 제
4. 저 장
0. 종 료
=〉 메뉴를 선택하세요: 3 [Enter]
삭제할 Id를 선택하세요: 3 [Enter]

번호	이름	주소	전화번호	E-Mail
1	강병익	대전 서구	010-1234-5678	bik@abcd.com
2	아이유	서울 중구	010-2223-4456	iu@ccc.com
4	이지윤	충남 천안시	010-2121-5656	jyl@abc.com

090 기숙사 방 배정 프로그램

■ 학습내용 기숙사를 신청한 학생들에게 자동으로 방을 배정하는 프로그램을 작성합니다.
■ 힌트내용 방이 중복되지 않도록 무작위로 방을 배정합니다.

이번 장에서는 기숙사에 방을 배정하는 프로그램을 만듭니다. 기숙사를 신청하는 학생들에게 랜덤하게 방을 배정하는데, 방이 겹쳐서 배정되면 안 됩니다. 배정된 결과는 파일에 저장되어 다음번 프로그램이 실행할 때 파일에서 배정 결과를 읽어올 수 있어야 합니다.

📂 a090_dormitory.c

```
1   #define _CRT_SECURE_NO_WARNINGS
2   #include <stdio.h>
3   #include <stdlib.h>
4   #include <time.h>
5   #define ROOMS  10
6
7   typedef struct dormitory {
8       int sid;                    // 학번
9       char name[10];              // 이름
10      char home[10];              // 지역
11      char gender[5];             // 성별
12      int roomNo;                 // 배정된 방 번호
13  } dormitory;
14
15  int allottedRooms = 0;          // 배정된 방의 개수
16
17  // 배정할 방 번호
18  int rooms[] = { 101, 102, 201, 202, 301, 302, 401, 402, 501, 502 };
19  int roomAllotted[ROOMS] = { 0 };   // 방의 배정 여부
20
21  void menu()
22  {
23      printf("\n== 기숙사 배정 시스템 ==\n");
24      printf("  1. 새로운 방 배정\n");
25      printf("  2. 배정 결과 출력\n");
26      printf("  3. 남아 있는 방 출력\n");
```

```c
27      printf("  0. 종료\n");
28      printf(" 〉〉 원하는 메뉴를 선택하세요: ");
29  }
30
31  int getRoomNo()
32  {
33      int rnd = rand() % ROOMS;
34
35      if(roomAllotted[rnd] == 0) {
36          roomAllotted[rnd] = 1;
37          return rooms[rnd];
38      }
39      else
40          getRoomNo();
41  }
42
43  void allotARoom()
44  {
45      dormitory dorm;
46      FILE* fp = fopen("dormitory.txt", "a+");
47
48      if(allottedRooms >= ROOMS) {
49          printf("빈 방이 없습니다\n");
50          return;
51      }
52      printf("학번 : ");
53      scanf("%d", &dorm.sid);
54      printf("이름 : ");
55      scanf("%s", dorm.name);
56      printf("지역 : ");
57      scanf("%s", &dorm.home);
58      printf("성별(남/여) : ");
59      scanf("%s", dorm.gender);
60
61      dorm.roomNo = getRoomNo();
62      allottedRooms++;
63      roomAllotted[dorm.roomNo] = 1;
64      printf("%s님은 %d호에 배정되었습니다.\n", dorm.name, dorm.roomNo);
65
66      fwrite(&dorm, sizeof(dormitory), 1, fp);
```

```
67        fclose(fp);
68    }
69
70    void display()
71    {
72        dormitory dorm;
73
74        FILE* fp = fopen("dormitory.txt", "r");
75        if(fp == NULL)
76            return;
77
78        printf("%10s%10s%10s%10s%10s\n",
79            "학번", "이름", "지역", "성별", "방번호");
80        while (fread(&dorm, sizeof(dormitory), 1, fp)) {
81            printf("%10d%10s%10s%10s%10d\n",
82                dorm.sid, dorm.name, dorm.home, dorm.gender, dorm.roomNo);
83        }
84        fclose(fp);
85    }
86
87    void printAvailable()
88    {
89        printf(" 배정된 방 수 : %d\n", allottedRooms);
90        printf(" 배정 가능한 방 수 : %d\n", ROOMS - allottedRooms);
91        printf(" 배정 가능한 방 번호 : ");
92
93        for(int i = 0; i < ROOMS; i++) {
94            if(roomAllotted[i] == 0)
95                printf("%5d ", rooms[i]);
96        }
97        printf("\n");
98    }
99
100   void readDormitory()
101   {
102       dormitory dorm;
103
104       FILE* fp = fopen("dormitory.txt", "r");
105       if(fp == NULL) { return; }
106       while (fread(&dorm, sizeof(dormitory), 1, fp)) {
```

```
107         for(int i = 0; i < ROOMS; i++)
108           if(rooms[i] == dorm.roomNo) {
109             roomAllotted[i] = 1;
110             allottedRooms++;
111           }
112       }
113 }
114
115 int main()
116 {
117    int choice;
118
119    srand(time(0));        // 랜덤 방 배정을 위한 시드 설정
120    readDormitory();       // 파일에서 배정된 방의 정보를 읽기
121    do {
122      menu();
123      scanf("%d", &choice);
124      switch (choice) {
125      case 1:
126        allotARoom();
127        break;
128      case 2:
129        display();
130        break;
131      case 3:
132        printAvailable();
133        break;
134      case 0:
135        break;
136      }
137    } while (choice != 0);
138 }
```

5   ROOMS는 기숙사에 있는 방의 개수입니다. 10개 있다고 가정합니다.

7~13   dormitory 구조체를 정의합니다. 학번, 이름, 지역, 성별, 그리고 배정된 방 번호를 저장합니다.

15   allottedRooms는 배정된 방의 개수입니다. 처음에는 0으로 초기화합니다.

18   rooms[] 배열은 방 번호를 저장하고 있습니다.

¹⁹ roomAllotted[] 배열은 rooms[] 배열과 연계하여 방이 배정되었는지를 저장합니다. 예를 들어 roomAllotted[0]이 1이면 rooms[0]에 저장된 101호가 배정되었다는 뜻입니다.

^{21~29} 메뉴를 보여주는 함수입니다.

^{31~41} roomAllotted[] 배열의 인덱스를 랜덤하게 생성하여 그 방이 배정되어 있지 않았다면 새로 배정하고 방 번호를 반환합니다. 랜덤 숫자가 이미 배정된 방의 인덱스이면 배정되지 않은 방의 인덱스를 만들 때까지 getRoomNo 함수를 재귀 호출합니다.

^{43~68} 1번 메뉴인 새로운 방을 배정하는 함수입니다. dormitory.txt 파일을 "a+"모드로 열어 fp 파일 포인터에 연결합니다. allottedRooms의 개수가 ROOMS보다 크거나 같으면 빈방이 없는 것이므로 반환합니다. 학번, 이름, 지역, 성별을 입력받아 dorm 구조체에 저장하고 getRoomNo 함수를 호출하여 빈방의 번호를 할당합니다. 할당된 방 번호의 roomAllotted[] 배열은 1로 지정합니다. 이 구조체의 정보를 파일 포인터에 써주고 파일 포인터를 닫습니다.

^{70~85} 2번 메뉴인 배정 결과를 출력하는 함수입니다. dormitory.txt를 "r" 모드로 열고 fread 함수로 dormitory 구조체의 크기만큼씩 블록으로 읽어 화면에 출력합니다.

^{87~98} 3번 메뉴인 남아 있는 방을 출력하는 함수입니다. 배정된 방수, 배정 가능한 방 수, 배정 가능한 방 번호들을 출력합니다.

^{100~113} 프로그램이 시작될 때 배정된 방의 정보를 dormitory.txt 파일에서 읽어오는 함수입니다. dormitory.txt를 "r" 모드로 열고 fread 함수로 dormitory 구조체 크기의 블록으로 읽어 roomAllotted[] 배열과 allottedRooms 변수의 값을 설정합니다.

¹¹⁹ 랜덤하게 방을 배정하기 위해 랜덤 시드를 설정합니다.

¹²⁰ readDormitory 함수를 호출하여 파일에 저장된 방 배정 결과를 읽어옵니다.

^{121~137} 메뉴를 표시하고 사용자의 입력에 따라 해당 함수를 호출합니다.

▌결과

```
== 기숙사 배정 시스템 ==
  1. 새로운 방 배정
  2. 배정 결과 출력
  3. 남아 있는 방 출력
  0. 종료
>> 원하는 메뉴를 선택하세요: 2 Enter
  학번      이름      지역      성별      방번호
  1001      강병익     대전      남       501
  1002      아이유     서울      여       101
```

== 기숙사 배정 시스템 ==
  1. 새로운 방 배정
  2. 배정 결과 출력
  3. 남아 있는 방 출력
  0. 종료
>> 원하는 메뉴를 선택하세요: 1 [Enter]
  학번 : 1003 [Enter]
  이름 : 이수현 [Enter]
  지역 : 부산 [Enter]
  성별(남/여) : 여 [Enter]
  이수현님은 401호에 배정되었습니다.

== 기숙사 배정 시스템 ==
  1. 새로운 방 배정
  2. 배정 결과 출력
  3. 남아 있는 방 출력
  0. 종료
>> 원하는 메뉴를 선택하세요: 2 [Enter]

학번	이름	지역	성별	방번호
1001	강병익	대전	남	501
1002	아이유	서울	여	101
1003	이수현	부산	여	401

== 기숙사 배정 시스템 ==
  1. 새로운 방 배정
  2. 배정 결과 출력
  3. 남아 있는 방 출력
  0. 종료
>> 원하는 메뉴를 선택하세요: 3 [Enter]
  배정된 방 수 : 3
  배정가능한 방 수 : 7
  배정가능한 방 번호 :   102   201   202   301   302   402   502

== 기숙사 배정 시스템 ==
  1. 새로운 방 배정
  2. 배정 결과 출력
  3. 남아 있는 방 출력
  0. 종료
>> 원하는 메뉴를 선택하세요: 0 [Enter]

091 삭제 기능이 추가된 기숙사 방 배정 프로그램

■ 학습내용 기숙사 신청을 취소하는 경우 배정된 방을 다른 사람에게 배정할 수 있도록 수정합니다.
■ 힌트내용 방 배정 정보를 파일에서 읽어 자료구조에 저장해두고 프로그램이 종료될 때 파일에 다시 써줍니다.

앞 장에서 만든 기숙사 방 배정 프로그램에는 취소 기능이 없습니다. 기숙사를 신청했다가 취소하는 학생이 있을 수도 있으므로 취소 기능을 추가하도록 합니다.

취소 기능 하나가 추가되었을 뿐이지만 프로그램의 구조는 많이 달라집니다. 프로그램이 처음 시작될 때 파일에 저장된 방 배정 정보를 읽어와서 dormitory 배열에 저장합니다. 추가, 삭제되는 데이터는 dormitory 배열에서 처리하고 프로그램이 끝날 때 파일에 다시 써줍니다.

다음과 같이 dormitory의 배열을 정의하고 main에서 시작할 때 readDormitory 함수로 파일에 저장된 정보를 읽어와서 배열에 저장합니다. 이 배열에서 추가, 삭제한 후 writeDormitory 함수로 파일에 저장합니다. 이렇게 하면 시작할 때 파일을 한 번 읽고, 끝날 때 파일을 한 번 쓰면 됩니다.

```
dormitory dorms[ROOMS];
```

메뉴에서 4번 방 배정 취소를 선택하면 deleteRoom 함수에서 dorms[] 배열의 해당하는 정보를 삭제하고 삭제된 원소의 뒤 원소들을 한 칸씩 앞으로 이동시켜주면서 배열을 다시 정리합니다. 예를 들어 다음과 같이 방이 배정되어 있었는데 302호가 삭제되면 그 뒤의 원소들을 한 칸씩 앞으로 복사합니다. 맨 뒤에 402호의 정보가 남아 있으나 roomsAllotted가 하나 줄어들어 다음번 추가되는 정보가 이 자리에 저장되기 때문에 상관없습니다.

```
for(int i = deleting; i < allottedRooms; i++)
    dorms[i] = dorms[i + 1];
```

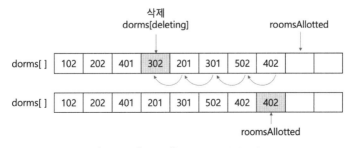

[그림 91-1] dorms[] 배열에서의 삭제 동작

```
1    #define _CRT_SECURE_NO_WARNINGS
2    #include <stdio.h>
3    #include <stdlib.h>
4    #include <time.h>
5    #include <string.h>
6    #define ROOMS 10
7
8    typedef struct dormitory {
9       int sid;                        // 학번
10      char name[10];                  // 이름
11      char home[10];                  // 지역
12      char gender[5];                 // 성별
13      int roomNo;                     // 배정된 방 번호
14   } dormitory;
15
16   // 배정할 방 번호
17   int allottedRooms = 0;             // 배정된 방의 개수
18   int rooms[] = { 101, 102, 201, 202, 301, 302, 401, 402, 501, 502 };
19   int roomAllotted[ROOMS] = { 0 };  // 방의 배정 여부
20   dormitory dorms[ROOMS];
21
22   void menu()
23   {
24      printf("\n== 기숙사 배정 시스템 ==\n");
25      printf("   1. 새로운 방 배정\n");
26      printf("   2. 배정 결과 출력\n");
27      printf("   3. 남아 있는 방 출력\n");
28      printf("   4. 방 배정 취소\n");
29      printf("   0. 종료\n");
30      printf(" >> 원하는 메뉴를 선택하세요: ");
31   }
32
33   int getRoomNo() { ... }            // 90장과 동일
34
35   void allotARoom()
36   {
37      dormitory dorm;
38
39      if(allottedRooms >= ROOMS) {
```

```
40        printf("빈 방이 없습니다\n");
41        return;
42     }
43     printf("학번 : ");
44     scanf("%d", &dorm.sid);
45     printf("이름 : ");
46     scanf("%s", dorm.name);
47     printf("지역 : ");
48     scanf("%s", &dorm.home);
49     printf("성별(남/여) : ");
50     scanf("%s", dorm.gender);
51     dorm.roomNo = getRoomNo();
52     dorms[allottedRooms] = dorm;
53     allottedRooms++;
54
55     for(int i = 0; i < ROOMS; i++)
56        if(rooms[i] == dorm.roomNo) {
57           roomAllotted[i] = 1;
58           break;
59        }
60
61     printf("%s님은 %d호에 배정되었습니다.\n", dorm.name, dorm.roomNo);
62  }
63
64  void display()
65  {
66     printf("%10s%10s%10s%10s%10s\n",
67         "학번", "이름", "지역", "성별", "방번호");
68     for(int i = 0; i < allottedRooms; i++) {
69        printf("%10d%10s%10s%10s%10d\n",
70           dorms[i].sid, dorms[i].name, dorms[i].home,
71           dorms[i].gender, dorms[i].roomNo);
72     }
73  }
74
75  void printAvailable() { ... }         // 90장과 동일
76
77  void readDormitory()
78  {
79     dormitory dorm;
```

```
80      FILE* fp = fopen("dormitory.txt", "r");
81      if(fp == NULL) { return; }
82
83      int id = 0;
84      while (fread(&dorm, sizeof(dormitory), 1, fp)) {
85          dorms[id].sid = dorm.sid;
86          strcpy(dorms[id].name, dorm.name);
87          strcpy(dorms[id].home, dorm.home);
88          strcpy(dorms[id].gender, dorm.gender);
89          dorms[id].roomNo = dorm.roomNo;
90          allottedRooms++;
91          for(int i = 0; i < ROOMS; i++)
92              if(rooms[i] == dorm.roomNo) {
93                  roomAllotted[i] = 1;
94                  break;
95              }
96          id++;
97      }
98  }
99
100 void writeDormitory() {
101     dormitory dorm;
102     FILE* fp = fopen("dormitory.txt", "w");// 파일을 새로 작성
103
104     for(int i=0; i<allottedRooms; i++)
105         fwrite(&dorms[i], sizeof(dormitory), 1, fp);
106     fclose(fp);
107 }
108
109 void clearRoom(int roomNo)
110 {
111     for(int i = 0; i < ROOMS; i++)
112         if(rooms[i] == roomNo) {
113             roomAllotted[i] = 0;
114             allottedRooms--;
115             break;
116         }
117 }
118
119 void deleteRoom()
```

```
120  {
121      int sid, deleting;
122
123      printf("삭제할 학생의 학번을 써주세요: ");
124      scanf("%d", &sid);
125      for(int i = 0; i < allottedRooms; i++)
126          if(dorms[i].sid == sid) {
127              deleting = i;
128              clearRoom(dorms[i].roomNo);      // 이 방을 빈방으로 수정하기
129              break;
130          }
131
132      // dorms[] 배열의 원소를 한자리씩 앞으로 이동
133      for(int i = deleting; i < allottedRooms; i++)
134          dorms[i] = dorms[i + 1];
135  }
136
137  int main()
138  {
139      int choice;
140
141      srand(time(0));                    // 랜덤 시드
142      readDormitory();
143      do {
144          menu();
145          scanf("%d", &choice);
146          switch (choice) {
147          case 1:
148              allotARoom();
149              break;
150          case 2:
151              display();
152              break;
153          case 3:
154              printAvailable();
155              break;
156          case 4:
157              deleteRoom();
158              break;
159          case 0:
```

```
160        writeDormitory();
161        break;
162    }
163    } while (choice != 0);
164 }
```

⁶ ROOMS는 기숙사에 있는 방의 개수입니다. 10개 있다고 가정합니다.

^{8~14} dormitory 구조체를 정의합니다. 학번, 이름, 주소, 성별, 그리고 배정된 방 번호를 저장합니다. 90장과 같습니다.

¹⁷ allottedRooms는 배정된 방의 개수입니다. 처음에는 0으로 초기화합니다.

¹⁸ rooms[] 배열은 방 번호를 저장하고 있습니다.

¹⁹ roomAllotted[] 배열은 rooms[] 배열과 연계하여 방이 배정되었는지를 저장합니다.

²⁰ dormitory 구조체의 배열인 dorms[ROOMS]를 정의합니다.

^{22~31} 메뉴를 보여주는 함수입니다.

^{35~62} 1번 메뉴인 새로운 방을 배정하는 함수입니다. allottedRooms의 개수가 ROOMS보다 크거나 같으면 빈방이 없는 것이므로 반환합니다. 학번, 이름, 주소, 성별을 입력받아 dorm 구조체에 저장하고 getRoomNo 함수를 호출하여 빈방의 번호를 할당합니다. 할당된 방 번호의 roomAllotted[] 배열은 1로 지정합니다. 이 구조체의 정보를 파일 포인터에 써주고 파일 포인터를 닫습니다.

^{64~73} 2번 메뉴인 배정 결과를 출력하는 함수입니다. dorms[] 배열에 저장된 학번, 이름, 지역, 성별, 방 번호를 화면에 출력합니다.

^{77~98} 프로그램이 시작될 때 배정된 방의 정보를 dormitory.txt 파일에서 읽어오는 함수입니다. dormitory.txt를 "r" 모드로 열고 fread 함수로 반복적으로 dormitory 구조체 크기의 블록을 읽어 dorms[] 배열에 저장합니다. roomAllotted[] 배열과 allottedRooms 변수의 값을 설정합니다.

^{100~107} dormitory.txt를 "w" 모드로 열고 fwrite 함수로 dorms[] 배열의 정보를 파일에 씁니다.

^{109~117} 매개변수로 전달받은 방 번호를 빈방으로 만듭니다. roomAllotted[] 배열의 해당 원소를 0으로 바꾸고, allottedRooms를 하나 줄입니다.

^{119~135} 4번 메뉴인 방 배정 취소를 선택할 때 실행되는 함수입니다. 학번을 입력받아서 dorms[] 배열의 학번이 입력받은 학번과 같은 원소를 찾아 그 원소의 roomNo를 clearRoom 함수로 전달합니다. 삭제될 원소의 뒤에 있는 원소들을 모두 한 자리씩 앞으로 이동합니다.

¹⁴¹ 랜덤하게 방을 배정하기 위해 랜덤 시드를 설정합니다.

¹⁴² readDormitory 함수를 호출하여 파일에 저장된 방 배정 결과를 읽어옵니다.

^{143~163} 메뉴를 표시하고 사용자의 입력에 따라 해당 함수를 호출합니다.

결과

```
== 기숙사 배정 시스템 ==
   1. 새로운 방 배정
   2. 배정 결과 출력
   3. 남아 있는 방 출력
   4. 방 배정 취소
   0. 종료
>> 원하는 메뉴를 선택하세요: 2 Enter
   학번     이름     지역     성별     방번호
   1001    강병익    대전    남       302
   1002    아이유    서울    여       201
   1003    이효리    제주    여       402

== 기숙사 배정 시스템 ==
   1. 새로운 방 배정
   2. 배정 결과 출력
   3. 남아 있는 방 출력
   4. 방 배정 취소
   0. 종료
>> 원하는 메뉴를 선택하세요: 3 Enter
   배정된 방 수 : 3
   배정가능한 방 수 : 7
   배정가능한 방 번호 :      101    102    202    301    401    501    502

== 기숙사 배정 시스템 ==
   1. 새로운 방 배정
   2. 배정 결과 출력
   3. 남아 있는 방 출력
   4. 방 배정 취소
   0. 종료
```

〉〉 원하는 메뉴를 선택하세요: 4 [Enter]
　　삭제할 학생의 학번을 써주세요: 1002 [Enter]

== 기숙사 배정 시스템 ==
　　1. 새로운 방 배정
　　2. 배정 결과 출력
　　3. 남아 있는 방 출력
　　4. 방 배정 취소
　　0. 종료
〉〉 원하는 메뉴를 선택하세요: 2 [Enter]

학번	이름	지역	성별	방번호
1001	강병익	대전	남	302
1003	이효리	제주	여	402

== 기숙사 배정 시스템 ==
　　1. 새로운 방 배정
　　2. 배정 결과 출력
　　3. 남아 있는 방 출력
　　4. 방 배정 취소
　　0. 종료
〉〉 원하는 메뉴를 선택하세요:0 [Enter]

092 학생 성적 정보 시스템①
– 구조체의 정의와 메뉴 구성

■ 학습내용 학생 성적 정보 시스템을 만듭니다.
■ 힌트내용 학생의 성적 정보는 구조체를 사용하여 저장하고 메뉴에 의해 구동됩니다.

학생 성적 정보 시스템을 위해서 데이터베이스를 사용하면 편리합니다. 하지만 C언어에서 데이터베이스를 사용하는 것은 불편합니다. API를 설치하고 사용할 수는 있으나 굳이 C언어로 MySQL이나 MS-SQL과 같은 데이터베이스를 쓰는 것은 효율적이지 않다고 생각합니다. 왜냐하면 파이선, 자바, C#과 같은 많은 현대 언어들은 데이터베이스를 사용하기 쉽게 다양한 클래스와 환경을 제공하기 때문입니다. C언어에서는 파일 입출력을 이용하여 데이터베이스의 기능을 구현할 수 있습니다. 이번 장에서는 학생 성적 정보 시스템을 위한 구조체와 메뉴를 만들겠습니다. 학생들의 성적 정보를 저장하기 위해서 다음과 같이 student 클래스를 만듭니다.

```
typedef struct {
    int sid;                // 학번
    char name[20];          // 이름
    struct subject {
        int scode;          // 교과목 코드
        char sname[20];     // 교과목 이름
        int score;          // 교과목 성적
    } sub[3];
    int total;              // 총점
    float average;          // 평균
} student;
```

학번, 이름, 3개 교과목의 성적, 총점, 평균을 구조체의 멤버로 갖습니다. 3개 교과목의 성적을 구조체 subject로 저장하는데 교과목 코드와 교과목 이름은 실제로 사용되지 않고 교과목 성적만 사용합니다. 유사한 프로그램을 만들 때 필요에 따라 사용할 수 있도록 구조체로 넣었습니다.

이번 장에서는 구조체를 정의하고 메인 함수와 메뉴를 만듭니다. 이어지는 장에서 프로그램을 완성해 가겠습니다.

```
1    #define _CRT_SECURE_NO_WARNINGS
2    #include <stdio.h>
3    #include <stdlib.h>
4    #include <string.h>
5
6    typedef struct {
7        int sid;
8        char name[20];
9        struct subject {
10           int scode;
11           char sname[20];
12           int score;
13       } sub[3];
14       int total;
15       float average;
16   } student;
17
18   void title() {
19       printf(" ┌");
20       for(int i = 0; i < strlen("STUDENT RECORD SYSTEM") + 1; i++)
21           printf("─");
22       printf("┐ \n | ");
23       printf(" STUDENT RECORD SYSTEM");
24       printf(" | \n └");
25       for(int i = 0; i < strlen("STUDENT RECORD SYSTEM") + 1; i++)
26           printf("─");
27       printf("┘ \n");
28   }
29
30   void menuDisplay() {
31       title();
32       printf(" 1. 입력");
33       printf("\t\t 2. 레코드 개수");
34       printf("\n 3. 전체 보기");
35       printf("\t\t 4. 검색");
36       printf("\n 5. 수정");
37       printf("\t\t 6. 삭제");
38       printf("\n 7. 점수로 정렬");
39       printf("\t\t 8. 학번으로 정렬");
```

```
40      printf("\n 9. 이름으로 정렬");
41      printf("\t 0. 종료");
42  }
43
44  void menuSelect(int ch) {
45      switch (ch) {
46      case 1:
47          // insert();
48          break;
49      case 2:
50          // printf("No of records = %d\n", nRecords());
51          break;
52      case 3:
53          // display();
54          break;
55      case 4:
56          // search();
57          break;
58      case 5:
59          // update();
60          break;
61      case 6:
62          // deleteStudent();
63          break;
64      case 7:
65          // sortByScore();
66          break;
67      case 8:
68          // sortBySid();
69          break;
70      case 9:
71          // sortByName();
72          break;
73      }
74  }
75
76  int main()
77  {
78      int choice = 0;
79
```

```
80        do {
81           menuDisplay();
82           printf("\nEnter Chioce: ");
83           scanf("%d", &choice);
84           menuSelect(choice);
85        } while (choice != 0);
86     }
```

^{6~16} 학생 성적 정보를 저장하기 위한 student 구조체를 선언합니다.

^{18~28} STUDENT RECORD SYSTEM의 타이틀을 출력합니다. 테두리 선은 한글 'ㅂ'을 입력하고 한자를 누르면 나오는 특수 문자를 이용하여 출력할 수 있습니다.

^{30~42} 메뉴를 출력합니다.

^{44~74} 9개의 메뉴를 switch~case 문으로 구성합니다. 레코드를 삽입, 검색, 수정, 삭제하는 데이터 베이스의 기본 동작을 구현합니다. 해당 함수들을 아직 구현하지 않았으므로 기능이 실행되지는 않습니다.

⁷⁸ choice 변수는 메뉴에서 사용자의 선택을 저장하는 숫자입니다.

^{80~85} 종료 메뉴인 0을 입력할 때까지 무한 반복됩니다. 메뉴를 보여주고 사용자의 선택에 따라 해당 함수를 실행합니다.

결과

```
┌─────────────────────────────┐
│  STUDENT RECORD SYSTEM       │
└─────────────────────────────┘

1. 입력            2. 레코드 개수
3. 전체 보기       4. 검색
5. 수정            6. 삭제
7. 점수로 정렬     8. 학번으로 정렬
9. 이름으로 정렬   0. 종료
=> Enter Chioce:
```

093 학생 성적 정보 시스템②
– 입력과 전체 보기 기능

■ 학습내용 학생 성적 정보 시스템을 만듭니다.
■ 힌트내용 학생 성적 자료를 파일 입출력을 이용하여 데이터베이스화합니다.

학생 성적 정보 시스템의 데이터베이스는 파일 입출력을 이용하여 구성합니다. 이번 장에서는 메뉴 중에서 입력, 레코드 개수, 전체 보기 기능을 구현합니다. 학생 한 명의 성적 정보는 student 구조체에 저장됩니다. 이 구조체를 fwrite와 fread 함수를 사용하여 블록 단위로 파일에 쓰고 읽습니다. 블록 단위로 만들어진 파일은 이진 파일로 저장되어 텍스트에디터에서 파일의 내용을 확인할 수는 없습니다.

92장의 코드에 다음의 코드를 추가합니다.

📁 a093_studentRecord.c

```
1   // 메뉴 1. 입력
2   void insert()
3   {
4     FILE* fp;
5     student s;
6     char buf[20];
7
8     fp = fopen("students.txt", "a");
9
10    printf("Enter sid : ");
11    scanf("%s", buf);
12    getchar();
13    for(int i = 0; buf[i] != '\0'; i++) {
14      if(!isdigit(buf[i])) {
15        printf("sid는 숫자이여야 합니다.\n");
16        return;
17      }
18    }
19    s.sid = atoi(buf);
20
21    printf("Enter name : ");
22    scanf("%[^\n]", s.name);
```

```
24      s.total = 0;
25      for(int i = 0; i < 3; i++) {
26          printf("Enter score of subject %d :", i + 1);
27          scanf("%d", &s.sub[i].score);
28          s.total += s.sub[i].score;
29      }
30      s.average = s.total / 3.0;
31      fwrite(&s, sizeof(student), 1, fp);
32      fclose(fp);
33   }
34
35   // 메뉴 2. 레코드 개수
36   int nRecords()
37   {
38      FILE* fp;
39      student s;
40
41      fp = fopen("students.txt", "r");
42      if(fp == NULL) {
43          printf("No records found!\n");
44          return;
45      }
46      fseek(fp, 0, SEEK_END);
47      int n = ftell(fp) / sizeof(student);
48      fclose(fp);
49      return n;
50   }
51
52   // 메뉴 3. 전체 보기
53   void display()
54   {
55      FILE* fp;
56      student s;
57
58      fp = fopen("students.txt", "r");
59      if(fp == NULL) {
60          printf("No records found!\n");
61          return;
62      }
63
```

```
64    if(nRecords() >= 1) {
65       printf("%-10s%-10s", "학번", "이름");
66       printf("%6s%6s%6s", "과목1", "과목2", "과목3");
67       printf("%5s%6s\n", "총점", "평균");
68       while (fread(&s, sizeof(student), 1, fp)) {
69          printf("%-10d%-10s", s.sid, s.name);
70          for(int i = 0; i < 3; i++)
71             printf("%6d", s.sub[i].score);
72          printf("%6d%7.2f\n", s.total, s.average);
73       }
74    }
75    fclose(fp);
76 }
```

8   students.txt 파일을 "a" 모드로 엽니다. "a" 모드는 파일이 없으면 새로 만들어주고, 있으면 파일에 내용을 추가할 수 있습니다.

10~19   학번을 입력받습니다. 학번은 정수인데, 혹시 잘못 입력하는 경우를 점검하기 위해 문자열로 입력받은 후, 문자열이 모두 숫자인지를 조사합니다. 만일 숫자가 아닌 값이 있을 때는 안내를 하고 함수를 끝냅니다. buf에 저장된 문자열은 atoi 함수를 호출하여 정수로 변환하여 s.sid에 저장합니다. scanf 함수는 표준 입력 스트림에서 '\n'을 남겨두기 때문에 getchar 함수를 사용하여 '\n'을 제거해야 합니다.

21~22   이름을 입력받습니다. scanf 함수 안의 포맷 문자열 "%[^\n]"는 '\n' 앞까지의 문자열을 입력받습니다. 즉, 이름에 띄어쓰기가 있어도 입력받을 수 있습니다.

24   구조체 s의 total을 초기화합니다.

25~29   3개 교과목의 점수를 입력하고, 총점에 더해줍니다.

30   평균을 계산합니다.

31~32   fwrite 함수를 사용하여 구조체의 데이터를 students.txt에 기록하고 파일 포인터를 닫아줍니다.

36~50   파일에 저장된 레코드의 개수가 몇 개인지를 반환하는 함수입니다.

46   fseek(fp, 0, SEEK_END) 함수로 파일 포인터를 맨 뒤의 위치로 이동시킵니다.

47   ftell(fp)은 파일 포인터의 위치를 알려주며 지금은 파일의 맨 뒤를 가리키고 있습니다. 이를 student 구조체의 크기로 나누면 몇 개의 레코드가 저장되었는지 알 수 있습니다.

53~76 파일에 저장된 모든 레코드를 출력하는 display 함수입니다.

64~67 레코드 개수를 반환하는 nRecords 함수를 호출하여 레코드가 1개 이상 저장되어 있다면 항목의 이름을 표시합니다.

68~73 파일 포인터에서 student 구조체 하나의 크기만큼씩 블록을 읽어와서 처리합니다. fread(&s, sizeof(student), 1, fp)는 fp 파일 포인터가 가리키고 있는 곳에서 student 구조체 1개 크기의 블록을 읽어서 &s로 전달하고, 실제로 읽은 아이템의 수를 반환합니다. while 문에서 반복이 계속될 때는 1을 반환하고 파일의 끝을 만나면 0을 반환합니다. s에 저장된 블록의 각 멤버 값을 포맷에 맞추어 출력합니다.

│ 출력

2개의 데이터가 입력되어 있을 때, 전체 보기, 입력, 레코드 개수 메뉴를 실행할 때의 결과입니다.

```
        ┌─────────────────────────────┐
        │ STUDENT RECORD SYSTEM │
        └─────────────────────────────┘
  1. 입력              2. 레코드 개수
  3. 전체 보기          4. 검색
  5. 수정              6. 삭제
  7. 점수로 정렬        8. 학번으로 정렬
  9. 이름으로 정렬      0. 종료
  => Enter Chioce: 3 Enter
학번    이름    과목1    과목2    과목3    총점    평균
1001   강병익     80      90      77     247    82.33
1002   홍길동     80      70      90     240    80.00
        ┌─────────────────────────────┐
        │ STUDENT RECORD SYSTEM │
        └─────────────────────────────┘
  1. 입력              2. 레코드 개수
  3. 전체 보기          4. 검색
  5. 수정              6. 삭제
  7. 점수로 정렬        8. 학번으로 정렬
  9. 이름으로 정렬      0. 종료
  => Enter Chioce: 1 Enter
Enter sid : 1003
Enter name : 아이유
Enter score of subject 1 :85
Enter score of subject 2 :75
Enter score of subject 3 :95
```

```
| STUDENT RECORD SYSTEM |

1. 입력           2. 레코드 개수
3. 전체 보기       4. 검색
5. 수정           6. 삭제
7. 점수로 정렬      8. 학번으로 정렬
9. 이름으로 정렬    0. 종료
=> Enter Chioce: 3 [Enter]
학번    이름    과목1    과목2    과목3    총점    평균
1001   강병익    80      90      77      247    82.33
1002   홍길동    80      70      90      240    80.00
1003   아이유    85      75      95      255    85.00
        | STUDENT RECORD SYSTEM |

1. 입력           2. 레코드 개수
3. 전체 보기       4. 검색
5. 수정           6. 삭제
7. 점수로 정렬      8. 학번으로 정렬
9. 이름으로 정렬    0. 종료
=> Enter Chioce: 2 [Enter]
No of records = 3
        | STUDENT RECORD SYSTEM |

1. 입력           2. 레코드 개수
3. 전체 보기       4. 검색
5. 수정           6. 삭제
7. 점수로 정렬      8. 학번으로 정렬
9. 이름으로 정렬    0. 종료
=> Enter Chioce: 0 [Enter]
```

094 학생 성적 정보 시스템③ – 검색, 수정, 삭제의 구현

- 학습내용 학생 성적 정보 시스템을 만듭니다.
- 힌트내용 학생 성적 자료를 파일 입출력을 이용하여 데이터베이스화합니다.

학생 성적 정보 시스템에서는 자료를 파일을 사용하여 관리합니다. 이번 장에서는 메뉴 중 4. 검색, 5. 수정, 6. 삭제를 구현합니다. 93장의 코드에 다음의 코드를 추가합니다. 수정과 삭제에서는 변경되는 내용을 tmp.txt 파일에 저장하고, 작업이 끝난 후에 student.txt로 파일이름을 바꿉니다. 이때 사용되는 remove 함수와 rename 함수는 〈stdio.h〉에 정의된 표준함수입니다.

📀 a094_strudentRecord.c

```c
1    // 메뉴 4. 검색
2    void search()
3    {
4      FILE* fp;
5      student s;
6      int sid, found = 0;
7
8      fp = fopen("students.txt", "r");
9      if(fp == NULL) {
10       printf("Error opening file!\n");
11       return;
12     }
13     printf("Enter sid : ");
14     scanf("%d", &sid);
15     while (fread(&s, sizeof(student), 1, fp)) {
16       if(s.sid == sid) {
17         found = 1;
18         printf("%-5d%-20s", s.sid, s.name);
19         for(int i = 0; i < 3; i++)
20           printf("%6d", s.sub[i].score);
21         printf("%5d%7.2f\n", s.total, s.average);
22       }
23     }
24     if(found == 0)
25       printf("Record Not Found!\n");
```

```
26      fclose(fp);
27    }
28
29    // 메뉴 5. 수정
30    void update()
31    {
32      FILE* fp, *fp1;
33      student s;
34      int sid, found = 0;
35
36      fp = fopen("students.txt", "r");
37      if(fp == NULL) {
38        printf("Error opening file!\n");
39        return;
40      }
41      fp1 = fopen("tmp.txt", "w");
42
43      printf("Enter sid to update : ");
44      scanf("%d", &sid);
45
46      while (fread(&s, sizeof(student), 1, fp)) {
47        if(s.sid == sid) {
48          found = 1;
49          s.total = 0;
50          getchar();
51          printf("Enter new name : ");
52          scanf("%[^\n]", s.name);
53          for(int i = 0; i < 3; i++) {
54            printf("Enter score of subject %d :", i + 1);
55            scanf("%d", &s.sub[i].score);
56            s.total += s.sub[i].score;
57          }
58          s.average = s.total / 3.0;
59        }
60        fwrite(&s, sizeof(student), 1, fp1);
61      }
62
63      fclose(fp);
64      fclose(fp1);
65      if(found == 1) {
```

```
66          remove("students.txt");
67          rename("tmp.txt", "students.txt");
68      }
69      else
70          printf("Record Not Found!\n");
71  }
72
73  // 메뉴 6. 삭제
74  void deleteStudent()
75  {
76      FILE* fp, * fp1;
77      student s;
78      int sid, found = 0;
79
80      fp = fopen("students.txt", "r");
81      if(fp == NULL) {
82          printf("Error opening file!\n");
83          return;
84      }
85      fp1 = fopen("tmp.txt", "w");
86
87      printf("Enter sid to delete : ");
88      scanf("%d", &sid);
89
90      while (fread(&s, sizeof(student), 1, fp)) {
91          if(s.sid == sid)
92              found = 1;
93          else
94              fwrite(&s, sizeof(student), 1, fp1);
95      }
96
97      fclose(fp);
98      fclose(fp1);
99
100     if(found == 1) {
101         remove("students.txt");
102         rename("tmp.txt", "students.txt");
103     } else
104         printf("Record Not Found!\n");
105 }
```

2~27 학번으로 학생의 정보를 검색하는 search 함수입니다.

8~12 students.txt 파일을 "r" 모드로 열어줍니다. 이 파일이 없으면 에러 메시지를 출력하고 돌아갑니다.

13~14 학번을 입력받습니다.

15~23 파일의 앞에서부터 student 구조체의 크기만큼씩 블록을 읽어 s에 저장합니다. s.sid가 입력된 학번과 같으면 검색하는 데이터를 찾은 것이므로 found 변수를 1로 바꾸어 주고 s의 내용을 화면에 출력합니다.

24~25 15번째 줄의 while 문이 끝났을 때 found 변수의 값이 0이면 입력한 학번에 해당하는 데이터가 없는 것이므로 "Record Not Found!"라고 출력합니다.

30~71 저장된 학생의 정보를 수정하는 update 함수입니다.

36~41 파일 포인터 2개를 사용합니다. fp는 students.txt 파일을 읽기 위한 파일 포인터이고 fp1은 수정된 내용을 tmp.txt 파일에 쓰기 위한 파일 포인터입니다.

43~44 수정하고자 하는 학생의 학번을 입력받습니다.

46~61 fp 파일 포인터에서 student 구조체 하나 크기의 블록을 읽어서 s에 저장합니다. s.sid가 수정하고자 하는 학생의 학번과 같으면 수정하고, 같지 않으면 수정하지 않은 채로 55번째 줄의 fwrite 함수를 호출하여 fp1 파일 포인터에 씁니다. 수정할 때는 found 변수를 1로 바꾸고 학생의 이름과 3개 교과목의 성적을 입력받아 구조체 s에 저장합니다. s.total과 s.average도 계산하여 구조체 s에 저장합니다.

63~70 fp와 fp1을 닫습니다. found가 1이면 수정할 학번을 찾아 내용을 수정한 경우이므로 students.txt 파일을 바꾸어야 합니다. remove 함수를 호출하여 students.txt 파일을 지우고, rename 함수를 호출하여 tmp.txt 파일의 이름을 students.txt로 바꿉니다. found 변수가 1이 아니면 수정할 학번의 데이터가 없다는 뜻이므로 Record Not Found!라고 출력합니다.

74~105 입력한 학번에 해당하는 데이터를 삭제하는 deleteStudent 함수입니다.

80~85 파일 포인터 2개를 사용합니다. fp는 students.txt 파일을 읽기 위한 파일 포인터이고 fp1은 수정된 내용을 tmp.txt 파일에 쓰기 위한 파일 포인터입니다.

87~88 삭제하고자 하는 학생의 학번을 입력받습니다.

90~95 fp에서 student 구조체 크기만큼 한 블록씩 읽어서 학번이 삭제할 학생의 학번과 같으면 found 변수를 1로 바꾸고 그 데이터는 fp1에 쓰지 않습니다. 학번이 다르면 fp1에 그대로 써 줍니다.

100~104 found 변수가 1이면 삭제된 데이터가 있는 경우입니다. students.txt를 삭제하고 tmp.txt 파일의 이름을 students.txt로 바꿉니다. found 변수가 1이 아니면 삭제된 데이터가 없다는 뜻이므로 Record Not Found!를 출력합니다.

출력

미리 3개의 레코드를 저장하였습니다. 여기에 탐색, 수정, 삭제 메뉴를 수행한 출력입니다.

```
   | STUDENT RECORD SYSTEM |

  1. 입력          2. 레코드 개수
  3. 전체 보기      4. 검색
  5. 수정          6. 삭제
  7. 점수로 정렬     8. 학번으로 정렬
  9. 이름으로 정렬   0. 종료
  => Enter Chioce: 3 Enter
  학번     이름    과목1    과목2    과목3    총점     평균
  1001    강병익    80      90      77      247    82.33
  1002    홍길동    80      70      90      240    80.00
  1003    아이유    85      75      95      255    85.00
         | STUDENT RECORD SYSTEM |

  1. 입력          2. 레코드 개수
  3. 전체 보기      4. 검색
  5. 수정          6. 삭제
  7. 점수로 정렬     8. 학번으로 정렬
  9. 이름으로 정렬   0. 종료
  => Enter Chioce: 4 Enter
Enter sid : 1003 Enter
  1003    아이유    85      75      95      255    85.00
         | STUDENT RECORD SYSTEM |

  1. 입력          2. 레코드 개수
  3. 전체 보기      4. 검색
  5. 수정          6. 삭제
  7. 점수로 정렬     8. 학번으로 정렬
  9. 이름으로 정렬   0. 종료
  => Enter Chioce: 5 Enter
```

```
Enter sid to update : 1001 [Enter]
Enter new name : 스티브 [Enter]
Enter score of subject 1 :85 [Enter]
Enter score of subject 2 :95 [Enter]
Enter score of subject 3 :80 [Enter]
```

```
┌─────────────────────────────┐
│  STUDENT RECORD SYSTEM      │
└─────────────────────────────┘
```

1. 입력   2. 레코드 개수
3. 전체 보기   4. 검색
5. 수정   6. 삭제
7. 점수로 정렬   8. 학번으로 정렬
9. 이름으로 정렬 0. 종료
=> Enter Chioce: 3 [Enter]

학번	이름	과목1	과목2	과목3	총점	평균
1001	스티브	85	95	80	260	86.67
1002	홍길동	80	70	90	240	80.00
1003	아이유	85	75	95	255	85.00

```
┌─────────────────────────────┐
│  STUDENT RECORD SYSTEM      │
└─────────────────────────────┘
```

1. 입력   2. 레코드 개수
3. 전체 보기   4. 검색
5. 수정   6. 삭제
7. 점수로 정렬   8. 학번으로 정렬
9. 이름으로 정렬 0. 종료
=> Enter Chioce: 6 [Enter]

```
Enter sid to delete : 1003 [Enter]
```

```
┌─────────────────────────────┐
│  STUDENT RECORD SYSTEM      │
└─────────────────────────────┘
```

1. 입력   2. 레코드 개수
3. 전체 보기   4. 검색
5. 수정   6. 삭제
7. 점수로 정렬   8. 학번으로 정렬
9. 이름으로 정렬 0. 종료
=> Enter Chioce: 3 [Enter]

학번	이름	과목1	과목2	과목3	총점	평균
1001	스티브	85	95	80	260	86.67
1002	홍길동	80	70	90	240	80.00

■ 학습내용 학생 성적 정보 시스템을 만듭니다.
■ 힌트내용 학생 성적 자료를 파일 입출력을 이용하여 데이터베이스화합니다.

이번 장에서는 메뉴 중 7번 점수로 정렬, 8번 학번으로 정렬, 9번 이름으로 정렬하는 부분을 구현합니다. 파일에서 읽어 온 데이터를 동적으로 할당한 student 구조체 배열 s에 저장하고 배열에서 정렬한 후, 파일에 씁니다. sortByScore, sortBySid, sortByName 함수는 정렬할 때 비교하는 부분만 다르고 나머지 부분은 똑같습니다.

소스 a095_studentRecord.c

```
1   // student.txt에서 정보를 읽어서 s[]에 저장
2   student* readAndSaveStudent(int* n)
3   {
4      student* s;
5      FILE* fp;
6
7      fp = fopen("students.txt", "r");
8      if(fp == NULL) {
9         printf("No record found!\n");
10        return;
11     }
12
13     fseek(fp, 0, SEEK_END);
14     *n = ftell(fp) / sizeof(student);
15     rewind(fp);
16
17     s = (student*)calloc(*n, sizeof(student));
18
19     for(int i = 0; i < *n; i++)
20        fread(&s[i], sizeof(student), 1, fp);
21     fclose(fp);
22
23     return s;
24  }
25
```

```
26    // 정렬될 s[]을 student.txt에 쓰기
27    void writeSorted(student *s, int n)
28    {
29        FILE* fp;
30
31        fp = fopen("students.txt", "w");
32        for(int i = 0; i < n; i++)
33            fwrite(&s[i], sizeof(student), 1, fp);
34        fclose(fp);
35    }
36
37    // 메뉴 7. 점수로 정렬(내림차순)
38    void sortByScore()
39    {
40        student* s, t;
41        int n;
42
43        s = readAndSaveStudent(&n);
44
45        // sort by total
46        for(int i = 0; i < n; i++)
47            for(int j = i + 1; j < n; j++)
48                if(s[i].total < s[j].total) {
49                    t = s[i];
50                    s[i] = s[j];
51                    s[j] = t;
52                }
53
54        writeSorted(s, n);
55        display();
56    }
57
58    // 메뉴 8. 학번으로 정렬(오름차순)
59    void sortBySid()
60    {
61        student* s, t;
62        int n;
63
64        s = readAndSaveStudent(&n);
65
```

```
66        // sort bt sid ascending
67        for(int i = 0; i < n; i++)
68          for(int j = i + 1; j < n; j++)
69            if(s[i].sid > s[j].sid) {
70              t = s[i];
71              s[i] = s[j];
72              s[j] = t;
73            }
74
75        writeSorted(s, n);
76        display();
77    }
78
79    // 메뉴 9. 이름으로 정렬(오름차순)
80    void sortByName()
81    {
82        student* s, t;
83        int n;
84
85        s = readAndSaveStudent(&n);
86
87        // sort by Name ascending
88        for(int i = 0; i < n; i++)
89          for(int j = i + 1; j < n; j++)
90            if(strcmp(s[i].name, s[j].name) > 0) {
91              t = s[i];
92              s[i] = s[j]
93              s[j] = t;
94            }
95
96        writeSorted(s, n);
97        display();
98    }
```

2-24 student.txt에서 정보를 읽어서 s[] 배열에 저장하는 함수입니다. 매개변수로 전달받은 정수 포인터 n에 원소의 개수를 저장하고 s[]의 주소를 반환합니다.

7-11 students.txt 파일을 "r" 모드로 엽니다.

13 ········ fseek(fp, 0, SEEK_END) 함수로 파일 포인터를 맨 뒤의 위치로 이동시킵니다.

14 ········ ftell(fp)은 파일 포인터의 위치를 알려주며 지금은 파일의 맨 뒤를 가리키고 있습니다. 이를 student 구조체의 크기로 나누면 몇 개의 레코드가 저장되었는지 알 수 있습니다.

15 ········ rewind 함수를 호출하여 파일 포인터를 맨 앞으로 이동시킵니다.

17 ········ student 구조체 포인터 s에 student 구조체 *n개 크기의 메모리를 할당합니다.

19~21 ········ fread 함수로 파일로부터 *n개의 student 정보를 읽어서 s[] 배열에 저장하고 파일 포인터를 닫습니다.

23 ········ s[] 배열의 주소를 반환합니다.

27~35 ········ 정렬된 s[]의 내용을 student.txt 파일에 쓰는 함수입니다.

31 ········ student.txt 파일을 "w" 모드로 열고 fp에 연결합니다.

32~34 ········ s[] 배열의 각 원소를 fwrite 함수를 사용하여 파일에 쓰고 fp를 닫습니다.

38~56 ········ 7번 메뉴인 "점수로 정렬" 메뉴를 구현한 함수입니다. total 점수로 내림차순 정렬하고 파일에 저장한 후 출력합니다.

43 ········ readAndSaveStudent 함수를 호출하여 파일에서 읽은 정보를 s 포인터로 반환받습니다. 데이터의 개수는 n의 주소를 매개변수로 전달하여 설정합니다.

46~52 ········ s[] 배열의 각 원소를 total 값으로 내림차순 정렬합니다.

54 ········ writeSorted 함수를 호출하여 s[]의 내용을 student.txt에 씁니다.

55 ········ 3번 메뉴인 display 함수를 호출하여 정렬된 후에 파일에 저장된 모든 레코드를 출력합니다.

59~77 ········ 8번 메뉴인 "학번으로 정렬" 메뉴를 구현한 함수입니다. sid로 오름차순 정렬하고 파일에 저장한 후 출력합니다.

80~98 ········ 9번 메뉴인 "이름으로 정렬" 메뉴를 구현한 함수입니다. name으로 오름차순 정렬하고 파일에 저장한 후 출력합니다.

3개의 자료를 저장한 후 총점, 학번, 이름으로 정렬합니다.

```
┌─────────────────────────────┐
│ STUDENT RECORD SYSTEM │
└─────────────────────────────┘

1. 입력            2. 레코드 개수
3. 전체 보기        4. 검색
5. 수정            6. 삭제
7. 점수로 정렬       8. 학번으로 정렬
9. 이름으로 정렬     0. 종료
=> Enter Chioce: 7 Enter
학번     이름     과목1    과목2    과목3    총점    평균
1003    아이유     95      88       95      278    92.67
1001    스티브     85      95       80      260    86.67
1002    홍길동     80      70       90      240    80.00
┌─────────────────────────────┐
│ STUDENT RECORD SYSTEM │
└─────────────────────────────┘

1. 입력            2. 레코드 개수
3. 전체 보기        4. 검색
5. 수정            6. 삭제
7. 점수로 정렬       8. 학번으로 정렬
9. 이름으로 정렬     0. 종료
=> Enter Chioce: 8 Enter
학번     이름     과목1    과목2    과목3    총점    평균
1001    스티브     85      95       80      260    86.67
1002    홍길동     80      70       90      240    80.00
1003    아이유     95      88       95      278    92.67
┌─────────────────────────────┐
│ STUDENT RECORD SYSTEM │
└─────────────────────────────┘

1. 입력            2. 레코드 개수
3. 전체 보기        4. 검색
5. 수정            6. 삭제
7. 점수로 정렬       8. 학번으로 정렬
9. 이름으로 정렬     0. 종료
=> Enter Chioce: 9 Enter
학번     이름     과목1    과목2    과목3    총점    평균
1001    스티브     85      95       80      260    86.67
1003    아이유     95      88       95      278    92.67
1002    홍길동     80      70       90      240    80.00
```

096 커피숍 관리시스템의 설계와 main.c

■ 학습내용 커피숍 관리시스템을 설계합니다.
■ 힌트내용 여러 개의 파일을 사용하여 프로젝트를 구성합니다.

커피숍에서 사용할 수 있는 커피숍 관리시스템을 만듭니다. 이 시스템은 메뉴만 바꾸면 커피숍뿐
아니라 식당, 작은 상점에서도 사용할 수 있습니다.

집을 지을 때도 그렇듯이 어떤 시스템을 만들기 위해서는 설계도가 필요합니다. 이 설계도는 처리해야
할 업무에 따라 시스템의 전체 흐름과 사용자 인터페이스, 화면구성과 자료구조까지를 포함합니다.

우선 시스템의 요구 사항을 정리해 볼까요.

(1) 메인 메뉴를 보여주고, 선택된 메뉴에 따라 해당 함수를 호출하게 합니다.

(2) 커피 메뉴는 판매하는 커피 종류를 보여주고, 주문을 입력하거나 취소할 수 있게 합니다.

(3) 커피 메뉴를 추가하거나 삭제할 수 있습니다.

(4) 일별 매출의 총액과 메뉴별 판매량을 확인할 수 있게 합니다.

(5) 매출 자료는 날짜별로 파일에 저장하고 필요에 따라 불러들여서 사용합니다.

(6) 시스템이 가동되고 사용자가 처음 사용할 때, 비밀번호를 확인합니다.

시스템의 규모가 커지면서 모든 코드를 하나의 파일에 넣는 것이 불편해집니다. 소스 파일이 커지
면 코드에서 찾아야 하는 변수나 함수들이 많아지므로 코딩할 때 불편하고 컴파일하는 시간도 오래
걸립니다. 따라서 기능별로 여러 개의 파일에 나누어 프로그램을 작성할 필요가 있습니다. 여러 개
의 파일로 구성된 프로젝트는 하나의 파일이 수정될 때 그 파일만 다시 컴파일하므로 컴파일 시간
도 줄어듭니다.

시스템은 다음과 같이 모듈로 나누어 작성합니다. 각 모듈을 기능별로 모아서 변수, 함수, 구조체를
만듭니다.

```
— main.h : 라이브러리 함수와 data.h를 포함하고 함수 원형들을 선언합니다.
— data.h : 시스템에서 사용하는 구조체를 정의합니다.
— main.c : 메인 함수와 커피 메뉴 읽어오기 기능을 만듭니다.
— menu.c : 메뉴와 관련된 기능을 작성합니다.
— order.c : 주문과 관련된 기능을 작성합니다.
— admin.c : 관리용 기능을 작성합니다.
— files.c : 파일에 저장하고 파일에서 읽어오는 기능을 작성합니다.
```

그림으로 모듈 간의 관계를 표시하면 다음과 같습니다.

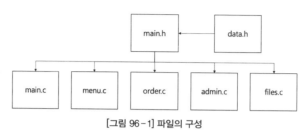

[그림 96-1] 파일의 구성

모든 .c 파일들은 main.h를 포함합니다. main.h 파일은 시스템을 구성하는 여러 파일에서 필요한 헤더 파일들과 data.h 파일을 포함하며, 여러 파일에 정의된 함수의 원형들을 모아서 선언합니다. C 소스 파일들이 모두 main.h를 포함하게 작성할 것이므로 #ifndef ~ #endif로 MAIN_H를 정의하여 한 번만 포함될 수 있도록 해야 합니다.

96장에서 100장에 걸쳐, 프로그램의 작성 과정에 따라 순차적으로 설명합니다.

소스 main.h

```
1    #ifndef MAIN_H
2    #define MAIN_H
3    #define _CRT_SECURE_NO_WARNINGS
4
5    #include <windows.h>
6    #include <stdio.h>
7    #include <stdlib.h>
8    #include <stdbool.h>
9    #include <string.h>
10   #include <malloc.h>
11   #include "data.h"
12
13   extern menuItem* menuItemList;   // 커피 메뉴의 연결리스트
14   extern orderNode* orderList;     // 주문 정보의 연결리스트
15
16   int  passwordCheck();            // 암호 체크
17   void loadCoffeeMenu();           // 커피 메뉴 읽어오기
18   void insertCoffeeMenu(int id, const char* menuName, int price);
19                                    // 커피 메뉴를 리스트에 추가
20   int  deleteCoffeeMenu();         // 커피 메뉴 삭제
21   void mainMenu();                 // 메인 메뉴 선택과 처리
22   void showMainMenu();             // 메인 메뉴 보여주기
```

```
23   void showCoffeeMenuList()        // 1번 메뉴(커피 메뉴 보기)
24   void showCoffeeMenu();           // menuItemList의 내용 출력
25   int close();                     // 0번 메뉴(끝내기)
26   void waitZeroInput();            // 0을 입력할 때까지 대기
27   void showSaleToday();            // 오늘의 매출 보기
28   void showOrderList();            // 4번 메뉴(주문 목록 확인)
29   void showOrders();               // orderList의 내용 출력
30   void saveMenuFile();             // 커피 메뉴를 파일에 저장
31   saleNode* addSales(saleNode* saleToday, orderNode* p);
32                                    // saleToday 리스트에 추가
33
34   #endif
```

1~2 #ifndef (if not define) 문입니다. 아직 MAIN_H가 정의되지 않았다면 MAIN_H를 정의합니다. 이미 정의되어 있다면 34번째 줄의 #endif로 가서 #ifndef 문장이 끝납니다. 이 사이에 있는 문장들이 한 번씩만 실행되는 효과입니다.

5~11 라이브러리와 data.h 파일을 포함합니다.

13~14 menuItemList와 orderList를 선언합니다. extern 키워드는 다른 파일에서 선언된 변수를 사용할 수 있게 합니다.

16~31 필요한 함수들의 원형을 선언합니다. 모든 함수의 원형을 선언할 필요는 없습니다.

data.h는 시스템에서 사용하는 3가지 구조체를 정의합니다. 커피 메뉴를 저장하는 menuItem, 주문 정보를 저장하는 orderNode, 매출 정보를 저장하는 saleNode이고 모두 연결리스트입니다.

소스 data.h

```
1   // 커피 메뉴를 저장하는 구조체
2   typedef struct menuItem {
3       int id;                 // 메뉴 번호
4       char menuName[30];      // 메뉴 이름
5       int price;              // 단가
6       struct menuItem* next;
7   } menuItem;
8
```

```
 9    // 주문 정보를 저장하는 구조체
10    typedef struct orderNode {
11      int orderId;          // 주문 번호
12      int menuId;           // 메뉴 번호
13      char menuName[30];    // 메뉴 이름
14      int price;            // 단가
15      int sales;            // 판매량
16      struct orderNode* next;
17    } orderNode;
18
19    // 매출 정보를 저장하는 구조체(커피 메뉴별로 저장)
20    typedef struct saleNode {
21      int menuId;           // 메뉴 번호
22      char menuName[30];    // 메뉴 이름
23      int price;            // 단가
24      int sales;            // 판매량
25      struct saleNode* next;
26    } saleNode;
```

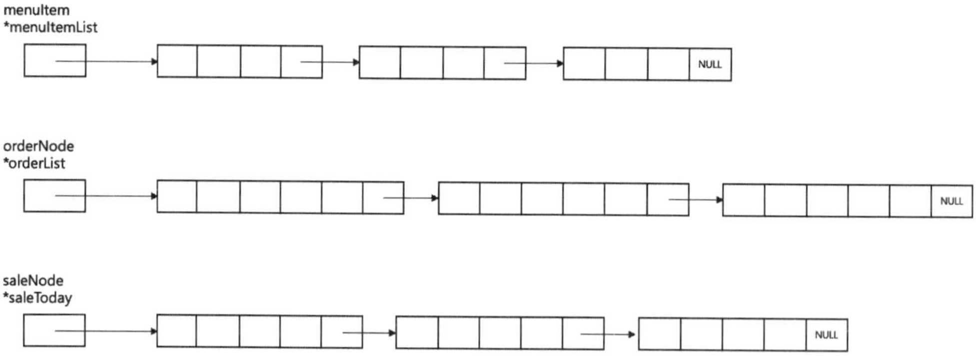

[그림 96-2] 커피숍 관리 시스템에서 사용되는 세 가지 자료구조

프로그램의 시작점인 main 함수는 main.c 파일에 있습니다. main.c를 포함하여 시스템을 구성하는 모든 C 소스 파일은 main.h를 포함합니다.

커피 메뉴가 추가, 삭제될 수 있으므로 변경된 메뉴는 곧바로 menu.txt 파일에 저장하게 됩니다. 시스템이 시작할 때는 loadCoffeeMenu 함수를 호출하여 menu.txt 메뉴 파일을 읽어서 menuItemList 자료구조에 저장합니다.

```c
1    #include "main.h"
2
3    int main()
4    {
5        system("title Coffee Shop Management System");
6        system("mode con: cols=88 lines=40");
7
8        if(passwordCheck() == 0)
9            return 0;
10
11       loadCoffeeMenu();    // 커피 메뉴 읽어오기
12       //loadTodaySales(); // 오늘의 매출 읽어오기, 100장에서 설명
13
14       //mainMenu();          // 메인 메뉴 보여주기, 97장에서 설명
15   }
16
17   int passwordCheck()
18   {
19       int password;
20
21       printf("\n\t\t\t    커피숍 관리시스템!");
22       printf("\n\n\t\t\t비밀번호를 입력하세요: ");
23       scanf("%d", &password);
24
25       if(password == 1234)
26           return 1;
27       else {
28           printf("\n\t\t\t비밀번호가 틀립니다!\n시스템을 종료합니다!\n");
29           Sleep(1000);
30           return 0;
31       }
32   }
33
34   // menu.txt 파일에서 메뉴 정보를 읽어서 menuItemList에 저장
35   void loadCoffeeMenu()
36   {
37       FILE* fp;
38       menuItem* tmp = menuItemList;
39       char line[80], menuName[30];
```

```
40      int id, price;
41
42      fp = fopen("menu.txt", "r");
43      if(fp == NULL) {
44          printf("Error(loadMenu): menu.txt 파일 오픈 에러!");
45          return;
46      }
47
48      while (fgets(line, 80, fp) != NULL) {
49          sscanf(line, "%d,%[^,],%d\n", &id, menuName, &price);
50          insertCoffeeMenu(id, menuName, price);
51      }
52  }
53
54  void insertCoffeeMenu(int id, const char* menuName, int price)
55  {
56      menuItem* head;
57      menuItem* tmp = (menuItem*)malloc(sizeof(menuItem));
58
59      if(tmp != NULL) {
60          tmp->id = id;
61          strcpy(tmp->menuName, menuName);
62          tmp->price = price;
63          tmp->next = NULL;
64      }
65      else {
66          printf("메모리 할당 에러: insertCoffeeMenu\n");
67          return;
68      }
69      if(menuItemList == NULL) {
70          menuItemList = tmp;
71      }
72      else {
73          head = menuItemList;
74          while (head->next != NULL)
75                      head = head->next;
76          head->next = tmp;
77      }
78  }
```

^{5~6} system 함수로 title을 사용하면 콘솔창의 타이틀을 바꿀 수 있습니다. mode con: 으로 콘솔 창의 폭과 높이를 조정할 수 있습니다. 88열 40줄짜리 콘솔 창을 엽니다.

^{8~9} passwordCheck 함수의 반환 값이 0이면 암호가 틀린 것이며, 이때는 바로 프로그램을 끝냅니다.

^{11~12} 암호가 맞으면 loadCoffeeMenu 함수와 loadTodaySales 함수를 호출합니다. loadTodaySales 함 수는 100장에서 설명합니다.

¹⁴ mainMenu를 호출하여 메인 메뉴를 출력합니다. mainMenu 함수는 menu.c 파일에서 정의합 니다. 97장에서 설명합니다.

^{21~23} 암호를 입력받습니다.

^{25~31} 입력받은 암호가 1234이면 1을 반환하고, 암호가 틀리면 "비밀번호가 틀립니다."라는 메시지 를 화면에 출력하고 이 메시지를 확인할 수 있도록 Sleep 함수로 1초 동안 지연 후 0을 반환합 니다. Sleep 함수를 사용하려면 〈Windows.h〉를 포함하여야 합니다.

^{35~52} loadCoffeeMenu 함수는 menu.txt 파일에 저장된 커피 메뉴를 읽는 함수이며 프로그램이 시 작될 때 한 번 호출됩니다. 커피 메뉴는 처음에 [그림 96 – 3]과 같이 텍스트 파일로 만듭니다. 판매하는 품목이 추가, 삭제되거나 가격이 변경되면 프로그램 안에서 수정할 수 있습니다. menu.txt 파일을 "r" 모드로 열어서 각 라인을 읽고 id, menuName, price로 값을 저장한 후 insertCoffeeMenu 함수로 menuItemList에 저장합니다.

^{54~78} insertCoffeeMenu 함수는 연결리스트의 삽입 연산을 수행합니다. menuItemList에 커피 메뉴 들을 저장합니다.

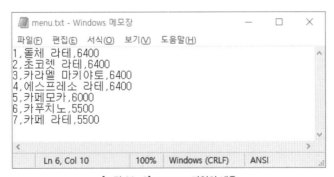

[그림 96 – 3] menu.txt 파일의 내용

시스템이 시작되면 비밀번호를 입력받아 체크하고 커피 메뉴를 읽어서 리스트로 만듭니다. [그림 96-4]의 메인 메뉴는 main 함수에서 주석처리를 했기 때문에 아직은 보이지 않습니다.

커피숍 관리시스템!
비밀번호를 입력하세요: 1234 [Enter]

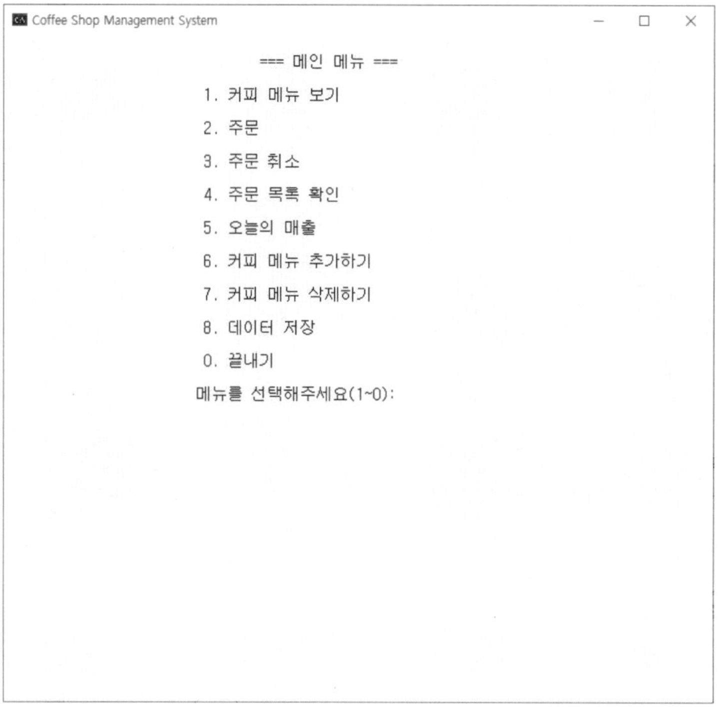

[그림 96-4] 메인 메뉴

097 커피숍 관리시스템의 메뉴 처리, menu.c

■ 학습내용 커피숍 관리시스템의 메뉴와 관련된 기능을 구현합니다.
■ 힌트내용 menu.c에 메뉴 관리를 위한 함수들을 구성합니다.

menu.c 파일은 메뉴와 관련된 함수들을 포함합니다. 이 시스템에서 메뉴는 두 가지 종류가 있습니다. 시스템에서 작업을 선택하는 9가지 메뉴와 커피숍에서 판매하는 커피 메뉴가 헷갈릴 수 있으므로, 시스템의 9가지 메뉴는 "메인 메뉴", 커피숍에서 판매하는 커피 메뉴는 "커피 메뉴"라고 하겠습니다.

menu.c에서는 main.c의 14번째 줄에서 호출되는 mainMenu 함수를 구현합니다. 96장에서 만든 main.c에서 mainMenu 호출을 막아두었던 주석을 없앱니다. mainMenu는 메인 메뉴를 보여주고 메뉴의 번호를 선택하도록 합니다. 메인 메뉴는 모두 9개가 있습니다. 그중에서 menu.c에서는 1. 커피 메뉴 보기, 0. 끝내기 기능을 구현합니다.

📄 소스 menu.c

```
1    #include "main.h"
2
3    menuItem* menuItemList;  // 커피 메뉴 연결리스트의 헤드 포인터
4
5    void mainMenu()
6    {
7        int choice;
8        int s = 0;
9
10       while (1) {
11           showMainMenu();
12           s = scanf("%d", &choice);
13
14           switch (choice) {
15           case 1:              // 커피 메뉴 보기
16               showCoffeeMenuList();
17               break;
18           case 0:          // 끝내기
19               if(close() == 1)
20                       return;
```

```c
21              break;
22          default:
23              break;
24          }
25      }
26  }
27
28  void showMainMenu()
29  {
30      system("cls");
31      printf("\n\t\t\t\t=== 메인 메뉴 ===\n\n");
32      printf("\t\t\t 1. 커피 메뉴 보기\n\n");
33      printf("\t\t\t 2. 주문\n\n");
34      printf("\t\t\t 3. 주문 취소\n\n");
35      printf("\t\t\t 4. 주문 목록 확인\n\n");
36      printf("\t\t\t 5. 오늘의 매출\n\n");
37      printf("\t\t\t 6. 커피 메뉴 추가하기\n\n");
38      printf("\t\t\t 7. 커피 메뉴 삭제하기\n\n");
39      printf("\t\t\t 8. 데이터 저장\n\n");
40      printf("\t\t\t 0. 끝내기\n\n");
41      printf("\t\t\t메뉴를 선택해주세요(1~0): ");
42  }
43
44  void showCoffeeMenuList()
45  {
46      system("cls");
47
48      printf("\n\t\t\t\t=== (1) 커피 메뉴 보기 ===\n");
49      showCoffeeMenu();
50
51      waitZeroInput();
52  }
53
54  void showCoffeeMenu()
55  {
56      menuItem* tmp = menuItemList;
57
58      printf("\n\t\t");
59      printf("─────────────────────────────────────────");
60      printf("\n\t\t");
```

```
61        printf("번호\t\t음료이름\t\t\t   가격");
62        printf("\n\t\t");
63        printf("————————————————————————————————");

64
65        while (tmp != NULL) {
66            printf("\n\t\t");
67            printf("%d\t\t%-20s\t\t%7d", tmp->id, tmp->menuName, tmp->price);
68            tmp = tmp->next;
69            printf("\n\t\t");
70            printf("————————————————————————————————");
71        }
72    }

73
74    int close()
75    {
76        char confirm[2];

77
78        printf("\n\t\t\t시스템을 종료합니다...\n");
79        printf("\n\t\t\t데이터를 저장했는지 확인하세요!\n");
80        printf("\n\t\t\t지금 종료하시겠습니까?(y/n) : ");
81        scanf(" %s", confirm);

82
83        if(!strcmp(confirm, "y"))
84            return 1;
85        else
86            return 0;
87    }

88
89    // 0이 입력될 때까지 화면 유지
90    void waitZeroInput()
91    {
92        int c = 1;

93
94        printf("\n\n\t\t메인 메뉴로 돌아가려면 0을 누르세요: ");
95        while (c != 0)
96            scanf(" %d", &c);
97    }
```

3 menuItemList는 연결리스트로 구현한 커피 메뉴의 헤드 포인터입니다.

5~26 mainMenu 함수입니다. showMainMenu 함수를 호출하여 메인 메뉴를 화면에 표시하고 선택된 메뉴에 따라 switch~case 문으로 해당 기능을 수행하도록 합니다. 총 9개의 메뉴가 있는데, 지금은 메뉴 1과 메뉴 0의 두 개만 구현했습니다.

28~42 showMainMenu 함수입니다. system("cls") 함수를 호출하여 화면을 지우고 9개의 메인 메뉴를 표시합니다.

44~52 showCoffeeMenuList 함수는 메인 메뉴의 1번 커피 메뉴 보기를 구현합니다. showCoffeeMenu 함수를 호출하여 커피 메뉴를 표시한 후, waitZeroInput 함수를 호출하여 '0'을 입력할 때까지 화면을 유지합니다.

54~72 menuItemList는 연결리스트로 만든 커피 메뉴들의 헤드 포인터입니다. menuItemList로부터 연결리스트를 순회하면서 커피 메뉴의 번호, 메뉴 이름, 가격을 표시합니다.

74~87 0번 메뉴인 끝내기를 선택하면 close 함수가 실행됩니다. 데이터를 저장했는지 확인하게 하여, 매출 내용을 저장한 후 프로그램을 끝냅니다.

90~97 하나의 메뉴가 끝나고 메인 메뉴로 돌아가기 전에 '0'을 입력할 때까지 화면을 유지합니다.

결과

```
                === 메인 메뉴 ===

     1. 커피 메뉴 보기
     2. 주문
     3. 주문 취소
     4. 주문 목록 확인
     5. 오늘의 매출
     6. 커피 메뉴 추가하기
     7. 커피 메뉴 삭제하기
     8. 데이터 저장
     0. 끝내기

  메뉴를 선택해주세요(1~0): 1 Enter
                === (1) 커피 메뉴 보기 ===
  ────────────────────────────────────────────────
  번호            음료이름                         가격
  ────────────────────────────────────────────────
  1              돌체 라테                        6400
  ────────────────────────────────────────────────
```

2	초코렛 라테	6400
3	카라멜 마키야토	6400
4	에스프레소 라테	6400
5	카페모카	6000
6	카푸치노	5500
7	카페 라테	5500

메인 메뉴로 돌아가려면 0을 누르세요:0 Enter

=== 메인 메뉴 ===

1. 커피 메뉴 보기
2. 주문
3. 주문 취소
4. 주문 목록 확인
5. 오늘의 매출
6. 커피 메뉴 추가하기
7. 커피 메뉴 삭제하기
8. 데이터 저장
0. 끝내기

메뉴를 선택해주세요(1~0): 0 Enter

시스템을 종료합니다...
데이터를 저장했는지 확인하세요!
지금 종료하시겠습니까?(y/n) : y Enter

098 커피숍 관리시스템의 주문 관리, order.c

■ 학습내용 커피숍 관리시스템의 주문과 관련된 기능을 구현합니다.
■ 힌트내용 order.c에 주문 관리를 위한 함수들을 구성합니다.

order.c 파일에서는 주문과 관련된 기능을 구현합니다. 메인 메뉴의 2. 주문, 3. 주문 취소, 4. 주문 목록 확인 기능을 구현합니다. 우선 menu.c 파일의 mainMenu 함수 안에 주문과 관련된 메뉴를 추가합니다.

소스 menu.c

```
1   ...
2   void mainMenu()
3   {
4       ...
5       while (1) {
6           ...
7           switch (choice) {
8           ...
9           case 2:     // 주문
10              order();
11              break;
12          case 3:     // 주문 취소
13              deleteOrder();
14              break;
15          case 4:     // 주문 목록 확인
16              showOrderList();
17              break;
18          ...
19          }
20      }
21  }
22  ...
```

9~17 menu.c 파일의 mainMenu 함수 안에 case 2, 3, 4를 추가합니다.

```c
1    #include "main.h"
2
3    orderNode* orderList = NULL;  // 주문 목록의 헤드 포인터
4    static int orderNo = 0;        // 주문 항목에 부여됨(예, 라테 2잔)
5
6    char* getMenuName(int menuId)
7    {
8        menuItem* ptr;
9
10       for (ptr = menuItemList; ptr; ptr = ptr->next)
11           if (ptr->id == menuId)
12               return ptr->menuName;
13       printf("해당 메뉴가 없습니다!");
14       return NULL;
15   }
16
17   bool isInMenu(int menuId)
18   {
19       menuItem* ptr;
20
21       for (ptr = menuItemList; ptr; ptr = ptr->next)
22           if (ptr->id == menuId)
23               return true;
24       return false;
25   }
26
27   orderNode* insertOrderList(int menuId, int quantity, int price)
28   {
29       orderNode* tmp = (orderNode*)malloc(sizeof(orderNode));
30       orderNode* ptr;
31
32       tmp->orderId = ++orderNo;
33       tmp->menuId = menuId;
34       tmp->price = price;
35       tmp->sales = quantity;
36       strcpy(tmp->menuName, getMenuName(menuId));
37       tmp->next = NULL;
38
39       if (orderList == NULL) {
```

```
40            orderList = tmp;
41        }
42        else {
43            for (ptr = orderList; ptr->next; ptr = ptr->next)
44                                    ;
45            ptr->next = tmp;
46        }
47        return orderList;
48  }
49
50  int getPrice(int menuId)
51  {
52        menuItem * ptr;
53
54        for (ptr = menuItemList; ptr; ptr = ptr->next)
55            if (ptr->id == menuId)
56                return ptr->price;
57        printf("해당 메뉴가 없습니다!");
58        return 0;
59  }
60
61  int addOrder(int menuId, int quantity)
62  {
63        int price = getPrice(menuId);
64
65        orderList = insertOrderList(menuId, quantity, price);
66        return quantity * price;
67  }
68
69  orderNode* addThisOrder(orderNode *thisOrder, int menuId, int quantity, int price)
70  {
71        orderNode* tmp = NULL, *ptr;
72
73        tmp = malloc(sizeof(orderNode));
74        tmp->menuId = menuId;
75        strcpy(tmp->menuName, getMenuName(menuId));
76        tmp->sales = quantity;
77        tmp->price = price;
78        tmp->next = NULL;
79
```

```
 80          if (thisOrder == NULL)
 81              return tmp;
 82          else {
 83              for (ptr = thisOrder; ptr->next; ptr = ptr->next)
 84                              ;
 85              ptr->next = tmp;
 86              return thisOrder;
 87          }
 88  }
 89
 90  // 현재 진행중인 주문 목록을 출력합니다.
 91  void printOrder(orderNode* thisOrder)
 92  {
 93          orderNode* tmp = NULL;
 94          int totalPrice = 0;
 95
 96          if (thisOrder != NULL) {
 97              printf("\n\n\t\t\t\t=== 주문 목록 ===\n");
 98              printf("\n\t\t");
 99              printf("――――――――――――――――――――");
100              printf("\n\t\t번호\t\t음료이름\t\t수량\t가격");
101              printf("\n\t\t");
102              printf("――――――――――――――――――――");
103              for (tmp = thisOrder; tmp; tmp = tmp->next) {
104                  printf("\n\t\t%d\t\t%s\t\t%3d\t%7d",
105                      tmp->menuId, getMenuName(tmp->menuId),
106                      tmp->sales, tmp->price);
107                  totalPrice += tmp->price;
108              }
109              printf("\n\t\t――――――――――――――――――――");
110              printf("\n\t\t총액\t\t\t\t\t%7d", totalPrice);
111              printf("\n\t\t――――――――――――――――――――");
112          }
113  }
114
115  // 2번 메뉴(주문)
116  void order()
117  {
118          menuItem* tmp = menuItemList;
119          orderNode* thisOrder = NULL;;
```

```c
120          int menuId, quantity, price;
121
122          while (1) {
123              system("cls");
124              printf("\n\t\t\t\t=== (2) 주문 메뉴 ===\n");
125
126              showCoffeeMenu();
127              printOrder(thisOrder);
128
129              printf("\n\n\t\t\t 주문할 메뉴를 입력하세요(주문 종료 = 0): ");
130              scanf("%d", &menuId);
131              if (menuId == 0)
132                  return;
133              if (isInMenu(menuId) == false) {
134                  printf("\n\t\t\t해당 메뉴가 없습니다!");
135                  Sleep(1000);
136                  continue;
137              }
138              printf("\t\t\t 수량을 입력하세요: ");
139              scanf("%d", &quantity);
140              price = addOrder(menuId, quantity);
141              thisOrder = addThisOrder(thisOrder, menuId, quantity, price);
142          }
143  }
144
145  // 3번 메뉴(주문 취소)
146  void deleteOrder()
147  {
148          orderNode* tmp = orderList;
149          int id;
150
151          while (1) {
152              system("cls");
153              printf("\n\n\t\t\t\t===  (3) 주문 취소 ===\n");
154              showOrders();
155
156              printf("\n\n\t\t");
157              printf("취소할 주문의 번호 입력(메뉴로 돌아가려면 0) : ");
158              scanf(" %d", &id);
159
```

```
160             if (id == 0 || orderList == NULL) {// 메인 메뉴로
161                     return;
162             }
163             if (orderList->orderId == id){ // 맨 앞번호 주문 취소
164                 orderList = orderList->next;
165                 printf("\n\n\t\t주문 번호 %d이(가) 취소되었습니다.", id);
166                 Sleep(2000);
167             }
168             else {
169                 while (tmp->next) {
170                     if (tmp->next->orderId == id) {
171                         printf("\n\n\t\t주문번호 %d이(가) 취소되었습니다.", id);
172                         tmp->next = tmp->next->next;
173                         Sleep(2000);
174                         break;
175                     }
176                     tmp = tmp->next;
177                 }
178             }
179         }
180 }
181
182 // 4번 메뉴(주문 목록 확인)
183 void showOrderList()
184 {
185     system("cls");
186
187     printf("\n\n\t\t\t\t=== (4) 주문 목록 ===\n");
188     showOrders();
189     waitZeroInput();
190 }
191
192 void showOrders()
193 {
194     orderNode* tmp = NULL;
195     int totalPrice = 0;
196
197     printf("\n\t\t");
198     printf("────────────────────────────────────────");
```

```
199        printf("\n\t\t주문번호\t음료이름\t\t수량\t   가격");
200        printf("\n\t\t");
201        printf("―――――――――――――――――――――――――――");
202        for (tmp = orderList; tmp; tmp = tmp->next) {
203            printf("\n\t\t%d\t\t%s\t\t%3d\t%7d",
204                tmp->orderId, getMenuName(tmp->menuId),
205                tmp->sales, tmp->price * tmp->sales");
206            totalPrice += tmp->price * tmp->sales;
207        }
208        printf("\n\t\t―――――――――――――――――――――――――――");
209        printf("\n\t\t총액\t\t\t\t\t%7d", totalPrice);
210        printf("\n\t\t―――――――――――――――――――――――――――");
211 }
```

3   orderList는 주문 목록을 저장하는 orderNode 연결리스트의 헤드 포인터입니다.

4   주문번호를 저장하는 orderNo를 static으로 선언합니다. static으로 선언하면 다른 파일에서는 접근할 수 없습니다. 주문하는 항목별로 하나씩 번호가 증가하면서 부여됩니다.

6~15   getMenuName 함수는 매개변수로 전달받은 menuId에 해당하는 커피 메뉴의 이름을 반환합니다.

17~25   isInMenu 함수는 menuId가 menuItemList에 있으면 참, 없으면 거짓을 반환합니다. 주문할 때 입력한 메뉴 번호가 적합한 번호인지 점검하기 위해서 사용됩니다.

27~48   insertOrderList 함수는 orderList 연결리스트의 삽입 함수입니다.

29~37   매개변수로 전달받은 menuId, quantity, price로 orderNode 구조체 tmp를 만듭니다.

39~47   orderList 연결리스트의 맨 뒤에 tmp를 추가하고 orderList를 반환합니다.

50~59   menuId를 매개변수로 받아 menuItemList에서 해당하는 메뉴의 가격을 찾아 반환합니다.

61~67   addOrder 함수는 주문한 메뉴의 번호와 수량을 매개변수로 받습니다. getPrice 함수를 호출하여 메뉴의 단가를 가져와서 insertOrderList 함수를 호출하여 orderList에 삽입합니다. 단가와 수량을 곱해서 가격을 계산하여 반환합니다.

69~88   addThisOrder 함수는 현재 고객이 주문하고 있는 주문 리스트에 주문을 추가할 때 사용되는 함수입니다. thisOrder는 현재 주문하고 있는 주문 리스트의 포인터이며, printOrder 함수에서 주문 화면의 아래에 주문한 목록과 가격을 보여주기 위해서 사용됩니다.

printOrder 함수는 현재 진행 중인 주문 목록을 출력합니다. 연결리스트의 헤드 포인터인 thisOrder를 순회하면서 주문한 메뉴의 번호, 이름, 수량, 가격과 총액을 표시합니다.

116~143 2번 메뉴인 주문을 처리하는 함수입니다. 여러 항목을 반복하여 주문할 수 있으므로 while 문으로 무한 루프를 만듭니다. (2) 주문 메뉴라고 타이틀을 쓰고 showCoffeeMenu 함수로 커피 메뉴를 보여주고 printOrder 함수로 이미 주문된 커피의 리스트를 출력합니다.

129~141 주문할 메뉴 번호를 입력하게 합니다. 주문을 끝내려면 0을 입력하게 안내합니다. 입력된 숫자가 메뉴에 있는 번호인지 확인하는 isInMenu 함수로 검사한 후, 메뉴에 있는 번호라면 수량을 입력받습니다. addOrder 함수를 호출하여 단가와 수량을 곱한 가격을 price에 할당하고 addThisOrder를 호출하여 thisOrder에 추가합니다.

146~180 3번 메뉴인 주문 취소를 처리하는 함수입니다. 여러 항목을 반복하여 취소할 수 있으므로 while 문으로 무한 루프를 만듭니다. "(3) 주문 취소"라고 타이틀을 쓰고 showOrder 함수를 호출하여 주문 목록을 출력합니다.

157~158 취소할 주문번호를 입력받습니다.

160~162 0을 입력하거나 orderList가 비어있으면 메인 메뉴로 돌아갑니다.

163~178 연결리스트인 orderList에서 주문을 삭제하는 부분입니다. 취소할 주문번호가 orderList의 맨 앞번호일 때와 그렇지 않은 경우를 구분하여 연결리스트의 orderNode를 삭제합니다. Sleep 함수를 호출하여 2초간 화면을 정지하여 취소된 주문번호를 안내합니다. Sleep 함수를 사용하지 않으면 너무 빨리 화면이 바뀌어서 화면에 출력된 내용을 확인할 수 없습니다.

183~190 4번 메뉴인 주문 목록 확인을 처리하는 함수입니다. system("cls") 함수로 화면을 지운 후, "(4) 주문 목록"이라고 타이틀을 쓰고 showOrders 함수를 호출하여 주문 목록을 출력합니다. waitZeroInput 함수를 호출하여 0을 입력할 때까지 대기합니다.

192~211 주문 목록을 출력하는 showOrders 함수입니다. 연결리스트인 orderList를 순회하면서 주문번호, 음료 이름, 수량, 가격을 출력하고, 총액을 출력합니다.

커피 메뉴 번호와 수량을 입력하여 주문합니다. 주문 취소가 가능합니다. 다음의 결과는 1번 커피 메뉴인 돌체 라테 2잔과 2번 커피 메뉴인 초코렛 라테 5잔을 주문한 후, 주문 목록에서 2번 주문을 취소한 화면입니다.

```
=== (2) 주문 메뉴 ===

번호            음료이름                          가격

1              돌체 라테                         6400

2              초코렛 라테                        6400

3              카라멜 마키아토                     6400

4              에스프레소 라테                     6400

5              카페모카                          6000

6              카푸치노                          5500

7              카페 라테                         5500

주문할 메뉴를 입력하세요(주문 종료 = 0): 1 [Enter]
수량을 입력하세요: 2 [Enter]

===주문 목록 ===

번호            음료이름            수량           가격

1              돌체 라테            2            12800

총액                                           12800

주문할 메뉴를 입력하세요(주문 종료 = 0): 2 [Enter]
수량을 입력하세요: 5 [Enter]

===주문 목록 ===

번호            음료이름            수량           가격

1              돌체 라테            2            12800
2              초코렛 라테           5            32000

총액                                           44800

주문할 메뉴를 입력하세요(주문 종료 = 0):0 [Enter]
```

```
              === 메인 메뉴 ===

1. 커피 메뉴 보기
2. 주문
3. 주문 취소
4. 주문 목록 확인
5. 오늘의 매출
6. 커피 메뉴 추가하기
7. 커피 메뉴 삭제하기
8. 데이터 저장
0. 끝내기


메뉴를 선택해주세요(1~0):3 Enter
```

```
              ===(3) 주문 취소 ===
```

주문번호	음료이름	수량	가격
1	돌체 라테	2	12800
2	초코렛 라테	5	32000
총액			44800

```
취소할 주문의 번호 입력(메뉴로 돌아가려면 0) :2 Enter
주문 번호 2이(가) 취소되었습니다.
```

```
              ===(3) 주문 취소 ===
```

주문번호	음료이름	수량	가격
1	돌체 라테	2	12800
총액			12800

```
취소할 주문의 번호 입력(메뉴로 돌아가려면 0) :0 Enter
```

099 커피숍 관리시스템의 관리 기능, admin.c

■ 학습내용 커피숍 관리시스템의 관리 기능을 구현합니다.
■ 힌트내용 admin.c에 시스템 관리를 위한 관리자용 함수들을 구성합니다.

admin.c 파일에는 시스템의 관리와 관련된 기능인 메인 메뉴의 5. 오늘의 매출, 6. 커피 메뉴 추가하기 7. 커피 메뉴 삭제하기를 구현합니다. 이 부분은 menu.c의 mainMenu 함수 안에서 아래에 있는 코드와 같이 처리됩니다. addCoffeeMenu와 deleteCoffeeMenu 함수는 커피 메뉴가 추가되거나 삭제되었을 때 1을 반환하고, 이 경우는 커피 메뉴가 변경된 것이므로 커피 메뉴를 파일에 저장하는 saveMenuFile 함수를 호출합니다. saveMenuFile 함수는 파일 처리 기능을 위한 함수들을 구현하는 files.c 파일 안에 만듭니다.

소스 menu.c

```
1   ...
2   void mainMenu()
3   {
4       ...
5       while (1) {
6           ...
7           switch (choice) {
8           ...
9           case 5:// 오늘의 매출
10              showSaleToday();
11              break;
12          case 6:// 커피 메뉴 추가
13              if(addCoffeeMenu() == 1)
14                  saveMenuFile();
15              break;
16          case 7:// 커피 메뉴 삭제
17              if(deleteCoffeeMenu() == 1)
18                  saveMenuFile();
19              break;
20          ...
21          }
22      }
```

```
23     }
24     ...
```

9~19 menu.c 파일의 mainMenu 함수 안에 case 5, 6, 7을 추가합니다.

소스 admin.c

```
1     #include "main.h"
2
3     // 5번 메뉴(오늘의 매출)
4     void showSaleToday()
5     {
6         system("cls");
7         printf("\n\t\t\t\t=== (5) 오늘의 매출 ===\n");
8         printf("\n\t\t\t오늘 현재까지 매출 : %d원\n", totalSales());
9         waitZeroInput();
10    }
11
12    // 현재 orderList에 있는 매출의 총합
13    int totalSales()
14    {
15        orderNode* ptr;
16        int totalSales = 0;
17
18        for(ptr = orderList; ptr; ptr = ptr->next)
19            totalSales += (int)(ptr->price * ptr->sales);
20        return totalSales;
21    }
22
23    // 6번 메뉴(커피 메뉴 추가)
24    int addCoffeeMenu()
25    {
26        int id, price;
27        char menuName[30];
28
29        system("cls");
30        printf("\n\t\t\t\t=== (6) 새로운 메뉴 추가 ===\n");
31        showCoffeeMenu();
32
```

```
33        printf("\n\n\t\t추가할 메뉴의 번호 입력(메뉴로 돌아가려면 0) : ");
34        scanf("%d", &id);
35
36        if(id == 0)                // 추가 없이 메인 메뉴로
37            return 0;
38
39        printf("\n\t\t추가할 메뉴의 이름 입력 : ");
40        scanf(" %[^\n]", menuName);     // 앞의 빈칸이 white space를 skip
41
42        printf("\n\t\t추가할 메뉴의 가격 입력 : ");
43        scanf("%d", &price);
44
45        insertCoffeeMenu(id, menuName, price);
46        return 1;
47    }
48
49    // 7번 메뉴(커피 메뉴 삭제)
50    void deleteCoffeeMenu()
51    {
52        int id, result;
53
54        system("cls");
55        printf("\n\t\t\t\t=== (7) 커피 메뉴 삭제 ===\n");
56        showCoffeeMenu();
57
58        printf("\n\n\t\t삭제할 메뉴 번호 입력(메인 메뉴로 돌아가려면 0) : ");
59        scanf("%d", &id);
60        if(id == 0)
61            return 0;
62
63        result = deleteMenuList(id);
64
65        system("cls");
66        printf("\n\t\t\t\t=== (7) 메뉴 삭제 ===\n");
67        showCoffeeMenu();
68
69        if(result == 1)
70            printf("\n\n\t\t%d번 메뉴가 삭제되었습니다.", id);
71        waitZeroInput();
72
```

```
73        return 1;
74     }
75
76     // menuItemList에서 노드를 삭제
77     int deleteMenuList(int id)
78     {
79        menuItem* tmp = menuItemList;
80
81        if(tmp->id == id)
82            menuItemList = tmp->next;
83        else {
84            while (tmp->next != NULL && tmp->next->id != id)
85                tmp = tmp->next;
86            if(tmp->next == NULL) { // 끝까지 찾는 id가 없을 때
87                printf("\n\n\t\t\t입력된 번호의 메뉴가 없습니다!");
88                Sleep(1000);
89                return 0;
90            }
91            else {
92                tmp->next = tmp->next->next;
93                return 1;
94            }
95        }
96     }
```

....
4~10 5번 메뉴인 오늘의 매출을 처리하는 함수입니다. "(5) 오늘의 매출"이라고 타이틀을 쓰고
totalSales 함수를 호출하여 매출 총액을 출력합니다. waitZeroInput 함수를 호출하여 0을 입력
할 때까지 대기합니다.

....
13~21 orderList에 있는 매출의 총합을 계산하여 반환합니다. orderNode 구조체는 주문한 커피 메뉴
의 단가와 수량을 저장하고 있으므로 단가와 수량을 곱하여 매출의 총합을 구합니다.

....
24~47 6번 메뉴인 커피 메뉴 추가를 처리하는 함수입니다. "(6) 새로운 메뉴 추가"라고 타이틀을 쓰
고 추가할 메뉴의 번호를 입력받습니다. 이때 0을 입력하면 추가 메뉴 없이 메인 메뉴로 돌아
가게 됩니다. 0이 아니면 추가할 메뉴의 이름과 가격을 입력받아 insertCoffeeMenu 함수를 호
출하여 메뉴를 menuItemList에 추가한 후 1을 반환합니다. 이 함수가 1을 반환하면 커피 메
뉴가 수정되었다는 뜻이므로 menu.c의 mainMenu 함수에서 saveMenuFile을 호출하여 커피
메뉴를 menu.txt 파일에 저장합니다.

50~74 7번 메뉴인 커피 메뉴 삭제를 처리하는 함수입니다. "(7) 커피 메뉴 삭제"라고 타이틀을 쓰고 삭제할 메뉴의 번호를 입력받습니다. 이때 0을 입력하면 메뉴의 삭제 없이 메인 메뉴로 돌아가게 됩니다. 0이 아닌 값을 입력하면 이 값을 매개변수로 하여 deleteMenuList 함수를 호출하여 menuItemList에서 해당 메뉴를 삭제합니다. deleteMenuList 함수는 성공적으로 노드를 삭제하면 1을 반환하고, 삭제할 메뉴가 menuItemList에 없으면 0을 반환합니다. 이 값을 result에 할당한 후, 변경된 커피 메뉴를 출력합니다. result가 1이면 해당 메뉴가 삭제되었다는 메시지를 화면에 출력합니다. deleteCoffeeMenu 함수가 1을 반환하면 커피 메뉴가 수정되었다는 뜻이므로 menu.c의 mainMenu 함수에서 saveMenuFile을 호출하여 커피 메뉴를 menu.txt 파일에 저장합니다.

77~96 deleteMenuList 함수는 menuItemList 연결리스트에서 매개변수로 받은 id와 같은 노드를 삭제합니다. menuItemList에 매개변수로 받은 id가 있으면 노드를 삭제한 후 1을 반환하고, 없으면 "입력된 번호의 메뉴가 없습니다!"라고 출력하고 0을 반환합니다.

소스 `files.c`

```
1    #include "main.h"
2
3    void saveMenuFile()
4    {
5        FILE* fp;
6        menuItem* tmp = menuItemList;
7
8        fp = fopen("menu.txt", "w");
9        if(fp == NULL) {
10           printf("Error(saveMenuFile): menu.txt 파일 오픈 에러!");
11           return;
12       }
13       while (tmp != NULL) {
14           fprintf(fp, "%d,%s,%d\n", tmp->id, tmp->menuName, tmp->price);
15           tmp = tmp->next;
16       }
17       fclose(fp);
18       printf("\n\t\t메뉴가 파일에 저장되었습니다.");
19       Sleep(2000);
20   }
```

3~20 menu.c의 mainMenu 함수의 case 6과 case 7에서 사용되는 saveMenuFile 함수입니다. saveMenuFile 함수는 커피 메뉴가 추가되거나 삭제되어 변경되었을 때 호출됩니다. 연결리스트인 menuItemList를 순회하면서 노드들의 정보를 menu.txt 파일에 저장합니다.

결과

=== (5) 오늘의 매출 ===

오늘 현재까지 매출 : 44800원

메인 메뉴로 돌아가려면 0을 누르세요:

=== (6) 새로운 메뉴 추가 ===

번호	음료이름	가격
1	돌체 라테	6400
2	초코렛 라테	6400
3	카라멜 마키야토	6400
4	에스프레소 라테	6400
5	카페모카	6000
6	카푸치노	5500
7	카페 라테	5500

추가할 메뉴의 번호 입력(메뉴로 돌아가려면 0) : 8 [Enter]
추가할 메뉴의 이름 입력 : 아메리카노 [Enter]
추가할 메뉴의 가격 입력 : 4500 [Enter]
메뉴가 파일에 저장되었습니다.

=== (7) 메뉴 삭제 ===

번호	음료이름	가격
1	돌체 라테	6400
2	초코렛 라테	6400
3	카라멜 마키야토	6400
4	에스프레소 라테	6400
5	카페모카	6000
6	카푸치노	5500
7	카페 라테	5500
8	아메리카노	4500

삭제할 메뉴 번호 입력(메뉴로 돌아가려면 0) : 8 [Enter]

=== (7) 메뉴 삭제 ===

번호	음료이름	가격
1	돌체 라테	6400
2	초코렛 라테	6400
3	카라멜 마키야토	6400
4	에스프레소 라테	6400
5	카페모카	6000
6	카푸치노	5500
7	카페 라테	5500

8번 메뉴가 삭제되었습니다.
메인 메뉴로 돌아가려면 0을 누르세요: 0 [Enter]
메뉴가 파일에 저장되었습니다.

100 커피숍 관리시스템의 파일 처리 기능, files.c

■ 학습내용 커피숍 관리시스템의 파일 처리 기능을 구현합니다.
■ 힌트내용 files.c에 파일 처리를 위한 함수들을 구성합니다.

files.c 파일에서는 파일 처리와 관련된 기능들을 구현합니다. 메인 메뉴의 8. 데이터 저장 기능과 96장의 main 함수에서 사용한 loadTodaySales 함수, 99장에서 사용한 saveMenuFile 함수가 포함됩니다.

시스템이 하루에 여러 번 구동될 수 있으므로 시스템이 시작할 때 파일에 저장된 매출 자료와 메뉴를 읽어와서 자료구조에 저장합니다. 예를 들어 오전에 시작한 시스템에서 주문 자료는 orderList에 저장되어 있는데 시스템을 끄게 되면 이 자료가 없어지므로 파일에 저장해두어야 합니다. 시스템을 끄지 않더라도 중간 중간에 매출 자료를 저장하는 것이 좋겠지요. 그리고 다시 시스템을 시작할 때는 파일에서 오늘 날짜의 매출 자료를 읽어와서 orderList 자료구조에 저장해야 합니다. 메인 메뉴의 8. 데이터 저장을 선택하면 매출 자료를 오늘 날짜의 이름을 갖는 파일에 저장합니다.

소스 main.c

```
1    #include "main.h"
2
3    int main()
4    {
5        system("title Coffee Shop Management System");
6        system("mode con: cols=88 lines=40");
7
8        if(passwordCheck() == 0)
9            return 0;
10
11       loadCoffeeMenu();    // 커피 메뉴 읽어오기
12       loadTodaySales();    // 오늘의 매출 읽어오기
13
14       mainMenu();          // 메인 메뉴 보여주기
15   }
16   ...
```

main.c 파일에서 loadTodaySales 함수의 주석을 없앱니다. loadTodaySales 함수는 시스템이 시작할 때 오늘의 매출 자료를 파일에서 읽어옵니다. files.c 파일에서 구현합니다.

소스 menu.c

```
1   ...
2   void mainMenu()
3   {
4       ...
5       while (1) {
6           ...
7           switch (choice) {
8               ...
9               case 8:                  // 데이터 저장
10                  backup();
11                  break;
12              ...
13          }
14      }
15  }
16  ...
```

menu.c 파일의 mainMenu 함수 안에 case 8을 추가합니다. backup 함수는 메인 메뉴 8. 데이터 저장을 선택할 때 호출되는 함수입니다. files.c 파일에서 구현합니다.

소스 files.c

```
1   #include "main.h"
2
3   void saveMenuFile() { ... }      // 99장에서 구현함
4
5   // 오늘 날짜 csv 파일에서 매출 자료를 읽어서 자료구조에 저장함
6   void loadTodaySales()
7   {
8       FILE* fp;
9       char date[20] = __DATE__;     // 미리 정의된 매크로
10
11      strcat(date, ".csv");
12      fp = fopen(date, "r");
13
```

```
14      if(fp == NULL) {
15          printf("\n\t\t저장된 오늘의 매출자료는 없습니다.\n");
16          waitZeroInput();
17          return;
18      }
19
20      char line[80];
21      int menuId, price, sales, total;
22      char menuName[30];
23      int savedCount = 0; // 저장되었던 매출 건수
24      int savedTotal = 0;
25
26      while (fgets(line, 80, fp) != NULL) {
27          sscanf(line, "%d,%[^,],%d,%d,%d",
28              &menuId, menuName, &price, &sales, &total);
29          savedCount++;
30          savedTotal += total;
31          addOrder(menuId, sales);
32      }
33      printf("\n\t\t파일에 저장된 %d건, 총 %d원의 매출 자료를 읽어왔습니다.",
34          savedCount, savedTotal);
35      waitZeroInput();
36  }
37
38  // 메인 메뉴 8(데이터 저장)
39  void backup()
40  {
41      saleNode* saleToday = NULL;// saleNode는 메뉴별로 매출액을 저장
42      saleNode* p;
43      char date[20] = __DATE__;
44      orderNode* ptr;
45      int totalSaleToday = 0;
46
47      strcat(date, ".csv");
48      FILE* fp;
49      fp = fopen(date, "w");
50      if(fp == NULL) {
51          printf("파일 오픈 에러\n");
52          return;
53      }
```

```c
54
55      for(ptr = orderList; ptr; ptr = ptr->next) {
56          saleToday = addSales(saleToday, ptr);
57      }
58
59      for(p = saleToday; p; p = p->next) {
60          fprintf(fp, "%d,%s,%d,%d,%d\n", p->menuId, p->menuName,
61              p->price, p->sales, p->price * p->sales);
62          totalSaleToday += p->price * p->sales;
63      }
64
65      fclose(fp);
66      printf("\n\n\t\t\t%s : 총매출 = %d", date, totalSaleToday);
67      printf("\n\n\t\t\tBackup Successfull...");
68      waitZeroInput();
69  }
70
71  saleNode* addSales(saleNode* saleToday, orderNode* p)
72  {
73      saleNode* ptr, * tmp;
74
75      // 이미 saleToday에 있는 아이템이라면 수량만 더한다.
76      for(ptr = saleToday; ptr; ptr = ptr->next)
77          if(ptr->menuId == p->menuId) {
78              ptr->sales += p->sales;
79              return saleToday;
80          }
81
82      // saleNode를 하나 만든다
83      tmp = (saleNode*)malloc(sizeof(saleNode));
84      tmp->menuId = p->menuId;
85      strcpy(tmp->menuName, p->menuName);
86      tmp->price = p->price;
87      tmp->sales = p->sales;
88      tmp->next = NULL;
89
90      // 리스트 삽입 연산
91      if(saleToday == NULL) {
92          saleToday = tmp;
93      }
```

```
94      else {
95          for(ptr = saleToday; ptr->next; ptr = ptr->next)
96              ;
97          ptr->next = tmp;
98      }
99      return saleToday;
100 }
```

6~36 loadTodaySales 함수는 main 함수에서 시스템이 시작될 때 호출되는 함수입니다. 오늘 날짜로 저장된 csv 파일의 매출 자료를 읽어와서 자료구조에 저장합니다.

8 파일 포인터 fp를 선언합니다.

9 파일의 이름을 만들기 위해 오늘 날짜를 가져오는 __DATE__를 사용했습니다. __DATE__ 는 미리 정의된 매크로이며 ISO C99, C11, C17 및 ISO C++17 표준입니다. "Oct 13 2022" 와 같은 형식으로 오늘의 날짜를 문자열로 가져옵니다.

11~12 파일의 확장자를 .csv로 하여 파일이름을 만들고 "r" 모드로 오픈합니다. 확장자 csv는 comma separated value의 약자로 쉼표로 구분된 데이터 파일입니다. csv 파일은 메모장이나 엑셀에서 읽을 수 있습니다.

14~18 시스템에서 8번 메뉴인 데이터 저장을 선택하기 전에는 매출 자료가 파일에 저장되지 않습니다. 이 경우에는 파일을 읽을 수 없으므로 "오늘의 매출 자료는 없습니다"라고 출력하고 함수를 끝냅니다.

26~32 매출 자료가 파일에 저장되어 있다면 이를 읽어서 자료구조에 저장합니다. 파일 포인터 fp에서 한 라인씩 읽어서 메뉴 번호, 메뉴 이름, 가격, 판매 개수, 판매액을 분리해내어 변수에 저장합니다. savedCount를 하나 증가시키고, 판매액을 savedTotal에 더해줍니다. order.c 파일에서 정의한 addOrder 함수를 호출하여 orderList에 저장합니다.

39~69 메인 메뉴 8. 데이터 저장을 선택할 때 호출되는 backup 함수입니다. 이 함수에서 orderList에 저장된 매출 자료를 csv 파일에 씁니다.

47~53 date 문자 배열은 오늘 날짜와 확장자 ".csv"를 연결한 파일명을 저장합니다. 이 파일을 "w" 모드로 열고 fp에 연결합니다.

55~57 orderList의 각 노드는 주문 정보를 저장하고 있습니다. 이 노드를 매개변수로 addSales 함수를 호출하여 saleToday 리스트에 저장합니다. orderList와 saleToday 리스트는 저장하는 정보가 다릅니다. orderList는 주문 내용을 주문받은 건수별로 저장한 것이고 saleToday는 메뉴별로 매출을 저장한 것입니다.

saleToday 리스트를 순회하면서 메뉴 번호(menuId), 메뉴 이름(menuName), 단가(price), 판매량(sales), 그리고 단가와 판매량을 곱한 매출액을 파일에 씁니다.

파일 포인터를 닫고 총매출을 화면에 출력한 후, 0을 입력할 때까지 대기합니다.

addSales 함수는 saleToday 리스트를 만듭니다. saleToday 리스트는 판매된 커피 메뉴별로 판매량을 저장하는 saleNode의 연결리스트입니다.

saleToday 연결리스트의 각 노드를 순회하면서 menuId가 일치하면 판매량을 추가하고 saleToday 포인터를 반환합니다.

saleToday 연결리스트에 없는 메뉴이면 saleNode를 새로 만들어 값을 저장합니다.

연결리스트의 삽입 연산입니다. saleToday 연결리스트에 새로 만든 tmp 노드를 추가하고 saleToday 포인터를 반환합니다.

예를 들어 backup 함수의 55~57번째 줄에서 orderList의 각 노드를 addSale 함수를 사용하여 saleToday 연결리스트로 만드는 과정을 [그림 100 - 1]로 설명하겠습니다. orderList는 주문을 저장하는 연결리스트이고 saleToday는 메뉴별로 매출을 저장하는 연결리스트입니다. orderList의 각 노드는 주문 정보를 저장하는 orderNode 구조체이며 주문한 순서대로 3개의 주문 내용이 연결리스트로 저장되어 있습니다.

```c
// 주문을 저장하는 구조체
typedef struct orderNode {
    int orderId;
    int menuId;
    char menuName[30];
    int price;
    int sales;  // 판매량
    struct orderNode* next;
} orderNode;


// 매출을 저장하는 구조체(메뉴별로 저장)
typedef struct saleNode {
    int menuId;
    char menuName[30];
    int price;  // 단가
    int sales;  // 판매량
    struct saleNode* next;
} saleNode;
```

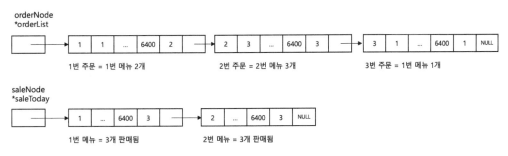

[그림 100 – 1] orderList와 saleToday

orderList의 각 노드를 addSales 함수를 호출하여 saleToday 리스트에 저장하는데, 이미 메뉴 번호가 저장되어 있으면 판매량만 추가하여 저장하고, 새로운 메뉴 번호이면 saleToday 연결리스트에 삽입하게 됩니다. 이 과정을 통해 3개의 주문 내용은 1번 메뉴 3개, 2번 메뉴 3개와 같이 메뉴별 판매량으로 saleToday 리스트에 저장됩니다.

59~63번째 줄에서 저장되는 오늘 날짜의 csv 파일을 메모장에서 보면 다음과 같은 형태가 됩니다.

```
1,돌체 라테,6400,7,44800
2,초코렛 라테,6400,8,51200
```

또한 이 csv 파일을 엑셀 프로그램으로 열면 다음과 같이 스프레드시트로 볼 수 있습니다.

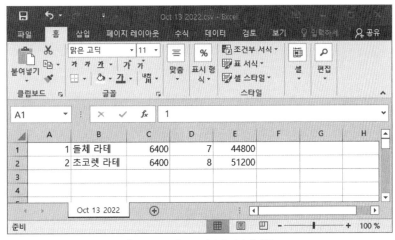

[그림 100 – 2] csv 파일에 저장된 내용

결과

```
                      ===(4) 주문 목록 ===
_____

주문번호          음료이름            수량          가격
_____

1                 돌체 라테           2           12800

2                 초코렛 라테          5           32000

3                 돌체 라테           5           32000

4                 초코렛 라테          3           19200
_____

총액                                              96000
_____
```

메인 메뉴로 돌아가려면 0을 누르세요: 0 Enter

```
                    === 메인 메뉴 ===

1. 커피 메뉴 보기
2. 주문
3. 주문 취소
4. 주문 목록 확인
5. 오늘의 매출
6. 커피 메뉴 추가하기
7. 커피 메뉴 삭제하기
8. 데이터 저장
0. 끝내기


메뉴를 선택해주세요(1~0): 8 Enter


Oct 13 2022.csv : 총매출 = 96000


Backup Successfull...
```

메인 메뉴로 돌아가려면 0을 누르세요:

찾아보기